우리 안의 파시즘

우리 안의 파시즘

2000년 5월 30일 초판 1쇄 발행
2016년 9월 10일 2판 1쇄 발행
2019년 3월 15일 2판 2쇄 발행

펴낸곳 (주)도서출판 삼인

지은이 임지현 권혁범 김기중 박노자 김은실
권인숙 유명기 김근 김진호 전진삼 문부식

펴낸이 신길순

등록 1996.9.16. 제25100-2012-000046호
주소 03716 서울시 서대문구 연희로 5길 82(연희동 2층)
전화 (02) 322-1845
팩스 (02) 322-1846
전자우편 saminbooks@naver.com

표지디자인 (주)끄레어소시에이츠
출력 문형사
인쇄 대정인쇄
제본 은정제책

ISBN 978-89-6436-119-1 03300

값 12,000원

우리 안의 파시즘

삼인

파시즘은 살아 있다

총선이 끝났다. 허탈해 하는 벗들의 표정이 어둡다. 총선연대의 분투가 인상적이었지만, 지역주의의 성벽은 생각보다 강고했나. 선강한 시민 의식에 대한 호소는 뻔뻔한 지역주의적 선동 앞에서 여지없이 무너졌다. 적어도 영·호남의 경우. 경상도 사람과 전라도 사람이라는 사투리의 정체성이 시민이라는 민주적 정체성을 대체했다. 좀처럼 참담한 느낌에서 벗어날 수 없는 것은, 이번 선거에서 절정에 오른 영·호남의 지역 감정이 폭력적으로 강제된 것이 아니라 결국에는 민중의 자발적 의사였다는 새삼스러운 깨달음 때문이다. 총선연대로 상징되는 건강한 시민 의식의 다른 한켠에는 파시즘의 민중적 기반이 상당히 두텁고 우리의 일상적 삶 속에 깊이 뿌리 내리고 있다는 부정할 수 없는 현실이 있다. 총선의 진행 과정과 결과에서 드러난 우리 사회의 한 특징은 건강한 시민 의식과 지역 이기주의가 천연덕스럽게 공존하는 "비동시적인 것의 동시성"이다.

4·13 총선이 우리에게 주는 메시지가 있다면, 그것은 민중 신화의 두터운 껍질을 깨고 현실을 직시해야 한다는 것이다. 민중은 독재의 희생자이며 그렇기 때문에 몸을 던져 독재 정권에 저항하고 투쟁해 왔다는 신화에 안주하는 한, 민중의 일상적 삶과 의식 속에 깊이 뿌리 내린 일상적 파시즘은 설명할 길이 없

다. 총선에서 드러난 지역주의를 저질 정치인들의 선동 탓으로 돌린다고 해서, 그들에게 한 표를 던진 우리 자신의 행위에 면죄부가 주어지는 것은 아니다. 4·19와 6·3, 부마항쟁과 광주민중항쟁, 1987년의 6·10항쟁과 노동자 대투쟁의 빛나는 역사적 깃발에 자위할 것이 아니라, 그것이 어떻게 빛 바랜 지역주의의 누더기 조각으로 전락했는가에 대한 투철한 자기 반성이 절실하게 요구되는 시점이 아닌가 한다.

자기 반성을 촉구한다고 해서, 독재와 파시즘에 대한 민중들의 헌신적 투쟁과 희생을 근본적으로 부정하는 것은 물론 아니다. 국가 권력의 의지와는 상관없이 민중은 늘 자신들의 자율적 세계를 구축해 왔으며, 일상 생활에서 민중이 구축한 이 자율 세계는 국가 권력이 강제하는 공적 영역과 팽팽한 긴장 관계에 놓이기도 했다. 경우에 따라서는, 권력에 대한 수동적 복종조차도 실은 내밀한 저항의 다른 표현인 경우가 많았다. 권력과의 긴장 관계가 고조되어 견딜 수 없는 상태가 될 때, 민중의 내밀한 저항은 공공연한 민중 항쟁으로 폭발하곤 했다. 한국 현대사는 민중 항쟁의 결코 짧지만은 않은, 자랑스러운 목록을 갖고 있다.

그러나 권력과 민중간의 관계를 항쟁사의 시각에서만 본다면, 그것은 역사의 일면만을 포착할 뿐이다. 4·13 총선에서 드러났듯이, 항쟁 신화의 이면에는 두텁고 단단한 독재의 민중적 기반이 존재한다는 또 다른 측면이 엄존하는 것이다. 많은 신문 사설들이 지적했듯이, 지역 감정을 파고들어 그것을 정략적으로 이용하려는 저질 정치인들에게 지역주의의 큰 책임이 있는 것은 사실이다. 그러나 문제는 왜 그러한 저질 정치인들이 압도적인 다수 표를 얻어 당선되느냐는 것이다. 민주화 신화의 주인공에서 지역 감정의 대상으로 전락한 것은 궁극적으로 우리 자신의 책임이 아닐 수 없다. 물론 발생론의 관점에서 소외되고 억눌려 온 호남의 지역 정서를 이해할 수는 있다. 그러나 발생론적으로 이해한다는 것과 그것의 역사적 현재를 정당화한다는 것은 전적으로 다른 일이다. 더이상 "소수의 정의"라는 논리로 호남의 지역주의를 정당화하는 것은 곤란하다.

나는 새벽녘까지 개표 방송을 지켜보면서, 현실 사회주의에 대한 동유럽 역사가들의 자기 비판적 역사 평가 작업을 문득 떠올렸다. 특히 선명하게 기억에 와닿은 것은, 1996년 "희생자인가 공범자인가?"라는 제목으로 바르샤바에서 개최된 세미나와 1997년 독일 포츠담에서 열린 "동독─근대적 독재?"라는 학술 대회였다. 이 작업들이 공유하는 문제 의식은 노멘클라투라의 독재 권력이 민중들의 일정한 합의를 바탕으로 존재할 수 있었다는 "합의 독재"(Consensus Dictatorship) 개념으로 압축된다. 민중은 독재 권력의 희생자였지만 동시에 공범자였다는 통렬한 자기 비판이 그 밑에는 깔려 있다. 위로부터의 강압에 의한 폭력적 지배가 독재 권력의 한 축이었다면, 아래로부터의 민중의 자발적 동의도 독재 권력을 지탱하는 또 다른 축이었다는 것이다.

가장 폭력적인 통치 체제인 나치즘이나 스탈린 체제조차도 힘에 의한 억압뿐만 아니라 민중의 자발적 동의를 어느 정도 전제했다는 평범한 역사적 사실에서도 그것은 다시 한 번 확인된다. 아우슈비츠 수용소에서 유대인 학살을 집행한 101 경찰예비연대 병사들의 대부분은 열렬한 나치 당원이 아니라 예비군으로 각지에서 소집된 평범한 독일 아저씨들이었다. 나치즘의 사회적 기반은 소수의 광신자들이 아니라 바로 이들 평범한 독일인들이었다. 스탈린의 장례식에 몰린 엄청난 애도 인파와 그 큰 슬픔의 물결 속에서 깔려 죽은 평범한 시민들은 말할 것도 없고, 스탈린의 죽음을 애통해 하면서 흘린 큰 지식인 사하로프의 눈물 또한 "합의독재"의 상징이다. "신경제정책"(NEP)을 유토피아적 기획으로부터의 일탈이라 보고 눈을 흘겼던 소련의 애국 시민들은 자발적 스탈린주의의 기둥이었다. 박정희 동상 건립을 추진하는 구미의 시민들이나 박정희를 복제하고 싶은 인물 1위로 뽑은 한 명문 사학의 대학생들, 박정희에 대한 향수를 뿌리

치지 못하는 평범한 시골 농민들, 이들 모두는 "합의 독재"의 기반이다.

어느 면에서 폭력은 권력이 의존하는 최후 수단에 불과하다. 권력은 정신과 일상을 교묘하게 조작하여 사람들을 자발적으로 굴종하게 만들고 일상 생활의 미세한 국면에까지 지배력을 행사한다. 그것은 우리의 머리를 지배하는 민주주의에 대한 추상적 사고와는 달리 우리의 일상을 지배하는 생활 양식 속에 견고하게 자리 잡고 있다. "합의 독재"가 발붙이는 사회적 기반도 바로 여기에 있다. 민중들의 삶 속에는 권력을 거부하는 자율적 세계와 더불어 교육과 언론, 다양한 상징 조작 등을 통해 권력이 위로부터 주입한 지배 이데올로기가 관철되는 "내적 식민지"가 동시에 존재하는 것이다. 독재에 저항하면서 동시에 독재를 지지하는 모순이 가능한 것도 바로 이와 같은 민중적 삶의 이율 배반성 때문이다.

이번 총선은 권력이 이식한 지역주의라는 "내적 식민지"가 우리의 일상생활과 의식 속에 얼마나 견고하게 자리 잡고 있는가를 여실히 보여 주었다. 사회주의의 이성적 논리가 민족주의의 감정적 선동 앞에서 무기력했듯이, 한국의 진보 진영은 권력이 이식한 지역주의라는 "내적 식민지"의 완강한 성채 앞에서 무력하기만 했다. 권력의 "내적 식민지"인 지역주의라는 완강한 성채를 공략하지 못하는 한, 독재와 파시즘은 시퍼렇게 살아 있고 또 앞으로도 그럴 것이다. 법제적 민주화가 겉으로 드러나는 사회적 무늬라면, 파시즘은 물밑에서 살아 움직이는 한국 사회의 결이다. 아직도 질식할 듯한 중압감으로 다가오는 "무엇을 할 것인가?"라는 질문에 대한 우리의 소박한 대답은 먼저 우리 사회의 결을 읽는 데서부터 시작하자는 것이다.

이 책의 모태가 된 『당대비평』의 특집 「우리 안의 파시즘」은 기본적으로 이러한 문제 의식에서 출발하였다. 독재와 민주, 자본과 노동, 제국과 민족 등의 선명한 이분법이 밝게 빛나는 밤하늘의 별빛으로 길을 비추며 우리를 인도하던 시대는, 힘들었지만 차라리 행복했다. 분노의 대상이 명확했고, 정확한 좌표가 있었고, 나아갈 길이 분명했다. 제도적 민주화의 정착과 베를린 장벽의 붕괴라는 안팎의 변화는 이분법의 선명한 지형을 잠식하고 흔들어 놓았다. 그 결과 이분법으로 훈련된 눈으로는 포착하기 힘든 다층적 층위를 지닌 불연속적인 전선이 형성되고 있다. 우리 안에도 적이 있고 적 안에도 우리가 있는, 또 적의 적도 적일 수 있는 이 새로운 불연속 전선의 지형도를 그리는 것이 우선은 급선무라는 판단이다.

어찌 보면 지형이 바뀐 것이 아니라, 그 동안 우리가 지형을 잘못 읽은 측면도 있다. 그 밑에는 이념적 당위에 천착함으로써 스스로의 눈을 가리고, 현실이 이념을 따라올 것이라는 헛된 기대가 있었다. 그 눈부신 이념적 당위조차 사실은 위태로운 것이었다. 좌·우를 막론하고, 이분법의 단순 논리와 그 논리적 박토에 뿌리 내린 최대주의의 논리적 폭력이 이념적 당위를 만들어 내는 이론적 무기였던 탓이다. 한국 현대사의 척박한 역사 현실 그 자체가 논리적·물리적 폭력의 충분한 자양분을 제공했다. 좌와 우 모두에게 선명한 것처럼만 보였던 그 지형도(圖) 자체가 실은 관념적 최대주의의 산물이라는 느낌도 든다. 인간이 시대의 제약으로부터 자유로울 수 없는 한 그리고 의식이 현실의 반영인 한, 관념적 최대주의가 만들어 낸 지형도 또한 굴곡진 한국 현대사의 한 단면이다.

의식과 관념은 실재의 반영이지만, 또 동시에 실재를 구성한다. 제국주의가 강제한 식민지 규율 체제, 뒤이은 분단과 냉전, 한국전쟁이 결과한 반공 규율 체제, 유신 독재와 1980년대라는 어둠의 긴 터널을 통과하면서 생긴 집단 심성은 한국 사회의 결을 이루고 있다. 시민 사회를 규율화시키는 이념적 도구인 반공주의, 전체주의적 심성과 위계 질서를 구조화하는 언어 생활, 청소년 시절부터 규율과 복종을 내면화시키는 학교 교육, 군사화된 생산 현장과 회사 조직, 카드 섹션처럼 일사불란한 학생 운동, 사적 이해를 공적으로 포장한 의리에 죽고 사는 정치 문화, 여성을 내적 식민지로 만든 가부장주의, 여성과 외국인 노동자-약자와 소수자를 타자화시키는 가부장적 혈통주의…… 파시즘의 집단 심성이 한국 사회의 결을 이룬다고 볼 수 있는 징후는 수없이 많다. 그것은 일일이 다 열거할 수 없을 정도로 긴 목록을 구성한다.

정작 큰 문제는 대안 세력으로 자처하는 이들의 사고와 운동 방식조차 밑으로부터 파시즘을 떠받치고 있는 한국 사회 고유의 결에서 크게 자유롭지 못하다는 점이다. 자신만이 절대적 정의를 독점하고 있다고 착각하는 일부 좌파들의 도덕적 폭력은 극우 반공주의의 매카시즘적 폭력과 결을 같이한다. 상대방에게 이러저러한 딱지를 붙임으로써 자신의 헤게모니를 확보하려는 권력 지향적 글쓰기가 여전히 지배적이며, 좌파들의 논쟁 또한 권력 지향적 문화에서 자유롭지 못하다. 심지어는 공공적 논의를 아예 사유화하려는 조짐까지 엿보인다. "현실 정치 공간으로부터 해방된 공간"이라는 사이버 공간의 의사 소통 역시 쌍방향적 민주적 의사 소통의 방식보다는 언어와 논리의 폭력이 상승 작용을 일으키며, 현실 정치 공간의 논리를 그대로 재현한다. 파시즘적 현상을 비판하는 논리 자체가 파시즘의 인식 지평 속에 갇혀 있는 것이다. 그런가 하면 가장 자유롭고 재기 넘치며 신선해야 할 학생 운동조차 행동 양식과 의식 구조는 파시즘의 결에서 크게 벗어나지 못한 것은 아닌가 하는 우려를 자아낸다. 일상적 파시즘이 우리 사회의 저변에 얼마나 깊이 뿌리 내리고 있는지를 잘 보여 주는 예들이다.

사회 구조와 경제 체제, 법과 제도, 정치 제도와 사회 운동 등 다양한 현상들의 물밑에서 우리의 일상과 의식을 옭아매고 있는 한국 사회의 파시즘적 결이 바뀌지 않는 한, 진정한 변화는 기대하기 어렵다는 것이 내 판단이다. 정치 제도의 민주화나 사회·경제적 구조의 바람직한 변화가 파시즘의 결에서 벗어나지 못하는 한, 우리의 삶에서 그것이 갖는 의미는 왜소해지고 축소될 수밖에 없다. "모든 죽은 세대들의 전통이 악몽과도 같이 살아 있는 사람들의 머리를 짓누른다"는 마르크스의 낡은 통찰이 새삼 큰 울림으로 다가오는 것도 같은 맥락에서이다. 이 낡은 통찰이 마르크스 자신의 교리에 입각해서 세워진 현실사회주의를 분석하는 데 가장 효과적이라는 것은 역사의 아이러니이다. 사회가 변한다는 것은 과연 무엇인가라는 진부한 질문이 새삼스레 어려워지는 대목이기도 하다.

존 리드(John Reed)가 『세계를 뒤흔든 10일』에서 감동적으로 그린 러시아혁명도 밑바닥에서부터 자신을 규정한 전제주의의 결로부터 결코 자유롭지 못했다. 2월 혁명은 차르 체제에 정치적 사형을 선고했지만, 차리즘의 결은 혁명 러시아의 심층에서 살아 있었다. 전선을 방문한 케렌스키(A.F. Kerensky)의 옷자락과 신발, 심지어는 그가 밟은 땅에 입맞추고 무릎을 꿇고 울며 기도하는 러시아 병사들에게, 2월 혁명의 이 지도자는 새로운 차르일 뿐이었다. 2월 혁명에 환호하며 혁명의 거리로 쏟아져 나온 군중들이 외친 구호는 "훌륭한 차르를 뽑자"는 것이었다. 레닌을 박제된 미라로 만들고 스탈린을 성인으로 만들었던 개인 숭배는 러시아혁명을 밑으로부터 규정하는 결이었다. 21세기의 밝은 대낮에 낙선 인사차 방문한 청와대에서 대통령에게 큰절 올리는 1980년대의 운동 상징, 한 명문대 학생 회장의 삶을 떠받치는 결이 1917년 러시아 민중의 그것과 얼마나 다른지 나는 의심스럽다. 1980년대의 그 학생장님과 그의 운동이 추구하는 기획이 실현되었다 해도, 그것은 우리가 기대하는 세상과는 전혀 다른 것이었으리라.

혁명 러시아 지식인들의 집단 심성도 전선에 배치된 농민 출신의 적군 병사들의 그것과 결을 같이한다. 같은 아파트 동(棟)에 살았던 연극 극장 지배인인 루스라노프(Ruslanov)와 포포프(Popov)의 화분 싸움은 그야말로 한편의 연극이다. 루스라노프는 포포프가 자기 집 베란다에 내놓은 화분이 마음에 들지 않았다. 루스라노프는 친구인 동네 파출소장을 찾아가 화분을 치우라는 명령서를 포포프에게 발부하도록 청탁했다. 화가 난 포포프는 친구인 시 경찰국장을 찾아가 화분을 치우라는 명령을 취소하도록 압력을 넣었다. 루스라노프는 다시 친구의 친구인 내무장관을 찾아가 화분을 치우라는 명령서를 받아 냈고, 포포프 역시 친구의 친구인 국방장관을 찾아가 내무장관의 명령을 취소시켰다. 최후의 승자는 소련의 국가 원수인 칼리닌(Mikhail Kalinin)에게서 화분을 치우라는 명령서를 받아 낸 루스라노프였다. 혁명이 꿈꾸었던 합리적 의사 소통은 이렇게 해서 사적인 연줄망으로 대체되었다. 노멘클라투라의 마피아 정치는 확실하게 자기 기반을 확보하고 있었던 것이다. 시·공간의 차이에도 불구하고 한국 사회는 이 마피아 정치와 같은 결로 짜여져 있다.

혁명 담론의 결 또한 크게 다르지는 않았다. 1924년 스베르드로프 공산주의자 대학 총장인 리아도프(Martyn Liadov)는 인간의 성에 대한 책을 출간했다. 요점인즉, 여성의 멘스는 옛날부터 있었던 것이 아니라 자본주의가 여성의 신체에 미친 영향 때문이라는 것이다. 즉 발정기에만 성적 충동을 갖는 동물과는 달리 인간만이 유독 상시적인 성적 충동을 갖는 것은, 시장 경제가 발전함으로써 여성이 사유 재산으로 전락하고 따라서 남자 주인의 성적 요구에 언제라도 응해야 했기 때문에 멘스를 정기적으로 하게 되었다는 것이다. 시장 경제가 발전하기 이전에는 인간도 다른 동물처럼 일 년에 한 번만 짝을 지었다는 그의 강변 앞에 합리적 토론의 여지가 있을 수 없다. 나는 리아도프가 자본주의를 거부했기 때문에 일 년에 한 번만 섹스를 했는지 더 자주 했는지는 알 길이 없다. 더 자주 했다는 쪽에 돈을 걸겠지만, 내 승패와는 상관없이 그러한 강변이 스탈린주의의 문화적 토대가 되었다는 것은 분명하다. 좌·우를 막론하고 수많은 새끼 리아도프들을 거느린 한국 사회의 담론 시장은 충분히 흥미롭지만, 그만큼 절망적이다.

이 책의 의도는 체제나 제도 혹은 이념의 픽션에 현혹되지 않고 물밑에서 움직이는 한국 사회의 미세한 결을 포착한다는 데에 있다. 우리의 의식과 일상적 삶의 심층에 깊이 들어 와 내면화되고 구조화된 규율 권력이 이 책에서 겨냥하는 일차적 목표이다. 궁극적으로 그것은 권력과의 싸움에서 정치 영역에만 머물렀던 전선의 외연을 일상적 삶의 영역으로까지 확대하겠다는 의지의 표현이다. 일상적 파시즘의 문제 제기는 지금까지 한국의 비판 세력이 겨냥해 왔던 정치적 파시즘 혹은 제도적 파시즘의 극복이 그 자체만으로는 분명한 한계를 갖고 있다는 반성에서 출발한다. 일상적 파시즘의 극복이 동시에 시도되지 않는 한, 정치적 파시즘이나 제도적 파시즘의 극복 노력은 벽에 부딪치게 마련이다. 정치 무대나 행정 체제, 교육과 법조계에서 나치 잔당을 일소하고 사회주의 경제 체제를 확립하는 등, 정치·경제적 파시즘의 청산에 철저했던 동독의 역사적 경험은 일상적 파시즘의 현재적 의의에 대한 귀중한 시사점을 던져 준다.

통일 독일에서 드러난 주목할 만한 현상 중의 하나는 구연방주들(서독 지역)보다 신연방주들(동독 지역)에서 외국인에 대한 적대감을 비롯한 네오 파시즘의 징후가 더 뚜렷하게 나타나고 있다는 점이다. 반파시스트 민주주의의 구호 아래 정치적 나치즘을 청산하고 사회주의 국제주의를 표방했던 동독의 인민들이 아데나우어 시절 냉전을 빌미로 나치 잔당을 재등용하는 등 나치즘의 청산에 미온적이었던 서독의 인민보다 네오 나치의 공세에 더 쉽게 흔들린다는 역설은 정치적 파시즘의 전망으로는 설명하기 힘들다. 동독인들의 상대적 박탈감이 한 이유임에는 틀림없다. 그러나 이 역설을 이해하는 관건은 나치즘의 축을 이루었던 평범한 독일인들의 전통적 집단 심성과 일상적 관행, 의식 등이 동독에서 더 뿌리 깊게 남아 있었다는 데에 있다. 관료적-후견적인 국가주의의 전통, 일반 국민들의 일상적 삶 속에 깊이 침투된 반의회주의, 반다원주의, 군국주의의 관성 등을 일소하는 문제는 정치적 파시즘의 청산 작업으로 환원될 수 있는 것이 아니었다. 정치적 파시즘을 철저하게 청산했다는 자부심은 곧 동독인들의 구체적 삶 속에 완강하게 남아 있던 이 일상적 파시즘을 은폐하는 기제였다.

어찌 보면 현실 사회주의의 체제 동학이 일상적 파시즘을 은밀히 요구한 측면도 있다. 민중들의 일상적 삶에 깊이 뿌리 내린 파시즘적 사고와 관성은 비단 현실 사회주의뿐만 아니라 모든 권력이 필요로 하는 것이기도 하다. 그러나 민주주의의 이념적 정통성을 부정할 수 없는 이상, 일상적 파시즘을 공개적으로 표방한다는 것은 권력의 자살을 의미할 뿐이다. 정치적 혹은 제도적 파시즘의 공개적 청산은 이 점에서 일상적 파시즘을 은폐하는 선전의 기제로 사용될 뿐이다. 탤만(Ernst Thälmann)과 같은 전전의 공산당 지도자를 반파시스트 운동의 기수로 내세우면서, 사민주의자들 및 자유주의자들의 반파시스트 운동을 역사의 기억에서 지워 버리려는 노력 또한 일상적 파시즘을 온존시키는 보조 기제였다. 그것은 기본적으로 파시즘을 자본가 계급의 책임으로 환원시켜 버리는 원시적 환원론의 논리적 결론이기도 했다. 그 결과 자본가 계급을 제외하면, 나치를 지지하고 그들의 정책에 적극적으로 동조했던 평범한 독일인들의 책임은 역사에서 지워진 것이다. 원시적 환원론 자체가 일상적 파시즘에 면죄부를 발행해 준 셈이다.

홀로코스트에 대한 반성적 고찰이 결여되고 심지어는 유대인에 대한 차별 정책이 버젓이 실시된 구동독의 역사 현실은 정치적 혹은 제도적 파시즘의 청산 작업이 갖는 한계를 단적으로 드러내 준다. 나치 부역자나 협력자를 철저하게 색출 숙청하고 나치 점령기의 정치적 잔재들을 철저하게 청산한 폴란드의 경우도 상황은 유사하다. 정치적 청산에 주력한 결과 나치 점령 이전 전간기의 폴란드 사회 구석구석에 깊이 뿌리 박은 반유대주의의 대중적 기반을 뿌리 뽑는다는 문제 의식은 뒷전으로 밀렸다. 전간기의 폴란드 사회당 우파나 점령기의 반나치 레지스탕스 운동의 일부 부대들이 유대인 지원자들의 입당을 거부한 데서 보듯이, 사회의 저변에 깊이 뿌리 박은 반유대주의는 결국 공산당이 사실상의 권력을 행사하던 1947년 키엘체라는 중소 도시에서 유대인 대학살을 불러 왔다. 이후에도 필요에 따라 권력이 손짓할 때마다, 사회의 저변에 잠복된 반유대주의는 일제히 큰 대중적 에너지로 일어서곤 했다. 일상적 파시즘의 문제 의식이 뒷받침되지 않는 정치적 파시즘의 제도적 청산은 사실상 파시즘의 토대가 아니라 상부 구조만을 제거하는 형국에 불과할 뿐이다.

실천의 문제를 진지하게 고민한다면, 정치적 파시즘의 제도적 청산 작업 또한 일상적 파시즘의 존재 양식에 따라 크게 제약된다는 것을 알 수 있다. 그것은 남한 사회의 국가보안법 개폐 문제에서 단적으로 드러난다. 헌법에서 사상의 자유를 보장하는 이상, 사상의 자유를 가로막는 국가보안법은 물론 폐지되어야 마땅하다. 그러나 사회 저변에 완강하게 뿌리 박고 있는 레드 콤플렉스는 정치권에서 국가보안법 문제를 이슈화하는 것조차 어렵게 만들고 있다. 민주주의를 지지하면서 반공주의를 견지하는 이 모순은 국민의 다수가 국가보안법의 존속을 지지한다는 여론 조사 결과에서 단적으로 드러난다. 일상적 파시즘을 이루는 한 줄기인 반공 규율 권력의 크기가 얼마나 큰 것인가를 잘 나타내 주는 예이다. 국가보안법의 폐지를 도모하는 개혁 주체들도 사상의 자유라는 원론만으로는 여론 조사 결과를 들이대며 국가보안법 폐지를 반대하는 보수 집단의 공세에 맞서기는 어려울 것이다. 이 문제를 공안 관료들의 저항 차원으로 단순하게 환원시킨다면, 문제의 해결책은 보이지 않는다. 그것은 국가보안법으로 상징되는 정치적 파시즘의 청산 작업 자체가 시민들의 의식과 삶 속에 깊이 뿌리 내린 반공 규율 권력에 크게 제약받는다는 사실을 의미한다. 일상적 파시즘의 문제 제기가 서 있는 지점도 바로 이 지점이다.

『당대비평』에서 제기한 일상적 파시즘의 문제에 대해서 많은 독자들이 뜨거운 반응을 보여 주었다. 적절한 문제 제기였다는 평도 많았지만, 정치적 파시즘의 문제를 덮어 버리는 근본주의 또는 진보 허무주의라는 비판도 있었다. 심지어는 일상적 파시즘론이 모든 것을 에티켓의 문제로 환원시키며 결과적으로는 극우와 '내통'하는 논리라는 지적까지 나왔다. 실로 놀라운 상상력의 비약이 아닌가 한다. 이 놀라운 상상력의 비밀은 그 비판자가 주창한 한 '극우 신문'에 기고하지 말자는 캠페인에 일상적 파시즘의 문제를 제기한 내가 동참하지 않았다는 데에 있다. 그것은 자신의 방식만을 유일한 절대선으로 못박고 문제 의식을 공유하는 사람들의 다층적인 접근 방식을 자신의 원시적 환원론에 기대어 마녀 재판을 주관함으로써, 합리적 비판의 선을 넘어선 것이 아닌가 한다. 더 큰 문제는 그 개인이 언론 문제에 대한 공공적 문제 의식을 마녀 사냥의 논리로 사유화함으로써, 이 문제에 대한 공공적 논의를 사실상 봉쇄하고 있다는 점이다.

미국에 매카시가 있었다면, 소련에는 앞서 언급한 리아도프가 있었다. 모든 어둠을 공산주의의 탓으로 돌리는 매카시나 여성의 생리 주기마저 자본주의로 환원시키는 리아도프는, 극우 반공주의와 교조적 공산주의라는 대립항에도 불구하고 파시스트적 환원론의 인식 틀을 공유한다. 그 극우 신문의 논설이 한국의 매카시즘을 대변한다면, 그 비판자의 주장은 한국의 리아도프를 상징한다. 현상적으로는 팽팽하게 대치선을 긋지만 인식론적 차원에서는 놀라울 정도의 닮은꼴을 보여 주는 한국판 매카시와 리아도프의 이 역설적 화해는 한국 사회의 일상적 파시즘이 얼마나 폭 넓고 뿌리 깊게 존재하는가를 잘 드러내 주는 생생한 예이다. 매카시나 리아도프의 마녀 사냥식 논리가 지배하는 한, 일상적 파시즘은 더 강화될 뿐이다. 언론 파시즘을 비판하고 자신만의 대안이 절대적으로 옳다고 확신하는 자신의 논리 자체가 파시즘의 인식 지평 속에 갇혀 있다는 사실을 그 비판자가 빨리 깨달았으면 한다. 일상적 파시즘의 문제 제기가 모든

것을 에티켓의 문제로 환원시키는 환원론인지 아니면 그 비판자의 논리가 리아
도프식 원시적 환원론인지의 여부에 대한 판단은 온전히 독자들의 몫이다.

　권력이 강하다는 것은 억압과 강제보다는 동의의 기제에 의존할 때라는 그람
시의 테제는 여전히 유효하다. 일상적 파시즘론의 출발점은 여기에 있다. 물론
현수준에서 일상적 파시즘론이 갖는 한계는 분명하다. 시론적 차원에 불과하다
는 점도 있지만, 여러 가지 픽션 장치들 밑에 은폐되어 있던 결을 드러내는 데
급급해 "무엇을 할 것인가?"에 대한 준비된 답변이 없기 때문이다. 그렇다고 해
서 억지 정답을 강변하려는 자세는 피했다. 낡은 평면도 밑에 은폐된 입체적 지
형을 그려 냈다면 그나마 다행이겠다. 얽히고 설킨 문제들을 풀기 위한 실마리
를 찾는 계기가 되었으면 하는 바람뿐이다. 어찌 보면 싸움은 이제부터이다. 그
것은 필자들만의 몫이 아니라 비판적 독자들의 몫이기도 하고, 결국 우리 모두
의 몫이다.

　흔쾌히 기획에 참가해 준 필자들, 문부식 주간과 삼인 식구들, 따뜻한 관심을
갖고 비평해 준 『당대비평』의 독자들 모두에게 감사 드린다.

새 천년의 잔인한 오월에

임지현

차례

1. 일상적 파시즘의 코드 읽기 임지현

일상적 파시즘의 코드 읽기

임지현

"혁명은 전제정과 민주주의간의 싸움이 아니라 '지배'와 '우애' 사이의 싸움
이다."

—윌리엄 모리스(William Morris)

자화상

1. 코스타 가브라스의 영화 「Z」. 군사 쿠데타를 전후한 시기의 그리스를
배경으로 한 이 영화는 파시즘의 가공할 폭력과 집단적 가학 심리를 생생
하게 드러내 준다. 내 기억에 가장 오래 남는 것은 급격한 카메라 움직임
으로 잡은 극적인 장면들이 아니라, 검찰총장이 대변한 권력의 지혜이다.
'국민들을 좀먹는 이념 병'을 근절하기 위한 예방 조치를 그는 3단계로 나
누어 설명한다. 1단계: 초 · 중등학생→2단계: 대학생과 청년 노동자→3
단계: 군 복무 시기. 가장 확실한 처방은 물론 힘과 폭력이 뒷받침되는 3

단계이지만, 1～2단계의 예방은 국민들의 자율적인 청결을 유도한다는 점에서 장기 지속의 효과를 갖는다. 3단계의 처방은 단기 처방일 뿐이다. 민주 국가이므로 집회를 금지하지도 않겠으며, 또 집회 반대자도 막지는 않겠다는 검찰총장의 공언은 자신들의 공권력을 신뢰한다는 표현이다. 그가 믿는 것은 또 있다. 초등학교부터 성인이 될 때까지 오랜 기간에 걸쳐 구조화된 예방 조치의 힘이다. 영화 속에서 집회를 방해하기 위해 동원된 왕당파 시위 군중의 집단적 가학 심리는 지속적인 예방 조치를 통해 이미 '구조화된 구조'이다.

　Z의 암살 이후 쿠데타로 집권한 군부는 이념적 전염병을 막기 위해 강력한 도덕적 방역 조치를 취한다. 장발, 미니 스커트, 록 음악, 톨스토이, 도스토예프스키, 사르트르, 파업, 출판의 자유 등이 '퇴폐'의 이름으로 금지된다. 군대에서 실시되는 3단계의 강력한 예방 조치를 사회의 전부문에 강제하려는 시도이다. 그러나 장발 단속 등에서 보듯이, 군부 독재는 권력의 행사 대상을 정신이 아니라 신체에 두고 있다는 점에서 저개발된 권력이다. 그것은 지배의 기반을 규율의 세련됨이 아니라 신체에 대한 가시적 폭력에 두고 있다는 점에서, 폭발적인 저항을 불러일으키고 결국에는 실패할 수밖에 없다. 원초적 폭력에 의존하는 군부 파시즘은 가시적 권력이기 때문에 상대적으로 덜 위험하다. 그것은 신체에 대한 고통스러운 처벌을 정신에 대한 조작적 징벌로 대체한 근대 권력의 음험한 메커니즘을 이해하지 못한 원시 권력일 뿐이다. 그러므로 영화 「Z」에서 가장 위험한 것은 그리스의 군부 정권이 아니라 관객들에게 파시즘에 대한 비판적 정보를 파시즘적으로 강요하는 코스타 가브라스 감독의 은밀한 영화 전략이다. 너무 지나친 억측일까?

2. 1999년 2월. 한 초등학교의 졸업식. 졸업식 풍경은 예나 지금이나 큰 차이가 없다. 살을 에는 듯한 추위에 아이들은 군대식 대열로 한 시간 이상 운동장에 방치되어 있고, 국기에 대한 맹세, 애국가 제창 등의 국민 의례와 교장 선생님 훈시, 내빈 축사, 송사와 답사 등으로 이어지는 식순은 내가 졸업할 때와 똑같다. 달에 한 번 전교생이 운동장에 모여서 하는 조회에서도 국민 의례는 빠질 수 없다. 거듭되는 국민 의례를 통해 아이들의 자아는 '조국'과 '민족'의 추상화된 집단적 자아 속에 함몰된다. 온통 추상인 이 집단적 자아 속에서 유일하게 구체적인 것은 그 중심에 있는 국가 권력이다. 각종 행사 의식뿐만 아니라 매일매일의 일상에서 학생들의 신체에 강요되는 규율 또한 만만치 않다. 아침마다 교문 앞에 두 줄로 도열해 학생들의 복장과 용모, 좌측 통행 등을 규제하는 주번 제도는 자율을 가장한 규율이다. 일본 식민지 시기의 '황국신민 의식(儀式)'은 사라졌지만, 획일성과 통일성을 강요하는 규율은 여전히 식민지 잔재로 남아 있다. 흥미로운 것은 어린 학생들에게 애국심을 고양하는 해방 후의 민족 교육이 일본 제국주의의 방법론을 적지 않게 물려받았다는 점이다. 유신 때 도입된 교련 수업에서 그것은 절정에 달했다.

1997년 일본 사이타마 현의 공립고등학교. 졸업식 행사에서 일장기를 게양하고 기미가요를 제창할 것을 지시한 교장의 조치에 반발한 학생들은 학생회 권리장전을 선포하고, 일제히 식장에서 퇴장했다. 일본의 이 학생들은 국가 권력에 의해 추상화된 민족의 권리를 거부하고 구체적인 개인의 권리를 택했다. 자율이 규율을 구축한 것이다. '자유주의사관연구회'를 비롯한 일본의 신보수 세력들은 학생들의 애국심이 땅에 떨어졌고, 그 책임은 자유주의적 학교 교육에 있다고 분노를 금치 못했다. 만약 한국의 한 고등학교에서 이러한 일이 벌어진다면, 언론을 비롯한 한국 사회의 반응은 '자유주의사관연구회'의 그것과 크게 다르지 않으리라는 것이 내 판단이다. 종군 위안부의 존재 자체를 부정하는 '자유주의사관연구회'는 한국 사회의 일반 여론과 대척점에 서 있는 것처럼 보이지만, 사실상 양자는 동일한 담론 구조를 갖고 있다. 과거에 대한 집단적 기억을 코드화하는 데 똑같은 소프트웨어를 사용하는 것이다.

3. 1999년 6월. 고려대학교 노천 극장. 1999 콘서트 자유의 열기가 뜨겁다. 학생들이 대부분인 청중들은 '노래를 찾는 사람들'이나 정태춘/박은옥이 아니라 록 그룹에게 더 뜨거운 반응을 보낸다. 거대 담론을 해체하고 미시적 삶의 세계로 관심이 옮겨가는 포스트모던적 경향은, 록 밴드의 몸짓과 노래에서 그리고 그에 대한 청중들의 열렬한 반응에서 쉽게 확인된다.

가볍지만 흥겹고 또 끝내 가볍지만도 않다. 적절한 유머와 제스처로 관중들의 참여를 유도해 가는 윤도현 밴드나 김광석을 추모하기 위해 즉석에서 음을 맞춘 프로젝트 밴드인 '김광석 밴드'도 재미있다. 박노해의 시 「이 땅에 살기 위하여」에 곡을 붙였다는 윤도현의 노래는 유럽의 '프로그레시브 송'(Progressive Song)을 연상케 한다. 몇 년 전 영국에서 열린 좌파들의 학술 대회에 참가했다가, 저녁 때 특별히 초청된 아일랜드 록 그룹의 프로그레시브 송을 즐긴 기억이 났다. 그때 그 그룹은 연주보다는 술 마시는 데 더 정신이 팔려서 깊은 인상을 주지는 않았다. 솔직히 윤도현 밴드가 훨씬 낫다는 느낌이다.

윤도현 밴드에 이어 김진표라는 랩송 가수 등장. 청중들의 반응에서 그의 인기를 직감한다. 같이 간 딸아이의 설명에 의하면, 정통 록을 구사하던 넥스트의 멤버들과 최근에 같이 팀을 만들었단다. 그 랩퍼는 자기는 어른들이 싫다며 기성 세대를 향해 직격탄을 날린다. 김진표가 "외쳐 봐" 하고 절규하면, 청중들은 일제히 "닥쳐 봐"라고 응답한다. 그가 "아저씨" 하고 외치면, 우리는 다시 "닥쳐 봐" 하고 소리 지른다. 자신이 싫어하는 어른들에게 입 닥치라는 메시지를 전하고 싶었다는 것이다. 김진표가 "아저씨" 할 때마다, 중학교 1학년인 딸아이는 손가락으로 나를 가리키며 "닥쳐 봐"라고 악을 쓴다. 충분히 반항적이고 전복적이다. 어느 새 반항의 주체가 아니라 대상이 된 어설픈 나이가 씁쓸하다.

그러나 정작 씁쓸한 것은 자신의 밴드 멤버들을 소개하는 그 가수의 태도이다. 어른들에게 "닥쳐 봐" 하던 기세는 온 데 간 데 없고, '형님들'을 소개하고 대하는 그의 태도는 '조직의 쓴맛'을 본 사람처럼 정중하기 짝이 없다. 어느 쪽이 그의 진짜인지 판단할 길이 없다. "닥쳐 봐"는 상업적 전략이고, '형님들'이 그의 진짜라는 혐의를 쉽게 지울 수 없다. 이 랩퍼의 몸에 밴 규율 권력은 어디서부터 유래하는 것인가 하는 생각에, 아직 "닥쳐 봐"를 되뇌는 딸아이의 손을 잡고 내려오는 밤길 내내 마음이 무거웠다.

4. "'머슴들' 제 목소리 낸다." 구한말의 이야기가 아니다. 21세기를 내다보는 1999년 6월 한국, 한 진보적 신문의 기사 제목이다. 기사의 내용인즉, 그 동안 항공사 안에서 '머슴살이'를 해 온 조종사들이 제 목소리를 내기 위해서 조종사 노조 설립을 추진한다는 것이다. 이 기사의 옆에는, 최근 잇단 사고로 만신창이가 된 한 항공사가 '조종실 문화 혁명'을 시도한다는 내용의 기사가 자리 잡고 있다. '조종실 문화 혁명'은 먼저 미국식 조

종 습관을 도입하는 데서 시작한다고 기사는 전한다. 기장의 판단이 뻔히 잘못되었음을 알면서도 부기장이 아무런 이의를 제기하지 못하는 권위주의적 조종실 풍토가 교정 대상 1호라는 것이다. 기장과 부기장의 상명하복 관계를 수평적 관계로 바꾸겠다는 것인데, 이는 문제의 근원이 조종사들의 기술이 아니라 권위주의적 문화에 있음을 잘 드러내 준다. 그러나 조종사들의 대부분이 직업 군인 출신임을 감안할 때, 초등학교부터 성년에 이르기까지 규율 권력에 젖은 이들의 문화가 얼마나 바뀌어질지는 의문이다. 아예 군 출신 조종사들을 채용하지 않는 독일 루프트한자 항공사의 원칙은 이 점에서 매우 시사적이다.

미국식 조종 습관의 도입과 더불어 이 항공사는 교관들을 모두 보잉사 교관으로 대체했다. 연고주의의 뿌리를 잘라 내기 위한 조치라고 기사는 전한다. 한 조종사의 말을 빌면, "그 동안 교관들끼리 육해공군 등 출신 문제나 학연, 지연 등을 따지며 조종사들의 운명을 바꿔 놓는 일이 적지 않았다"는 것이다. 요컨대 막강한 권력을 지닌 교관들의 권한 행사가 상당히 자의적이라는 거다. 회사는 또 회사대로 조종사들을 '머슴 기술자'로 취급함으로써, 이 회사 고유의 독특한 조직 문화를 만들었다. 족벌 경영의 최고 경영진으로부터 비행기의 말단 승무원에 이르기까지, 이들은 같은 문화를 공유했던 것이다. 600억 원의 돈을 쏟아부어 회사와 조종실의 문화 혁명을 일으키려는 이 회사의 시도가 성공적인 결과를 낳을지 여부는 각별한 관심거리가 아닐 수 없다. '한국' 호라는 큰 비행기에 탄 승객들의 운명을 지배하는 것도 실은 이 항공사의 권위주의적 조종실 문화인 것이다. '한국' 호 기장에 대해 "말하는 건 상당히 민주적인데, 태도는 그렇게 권위적일 수 없었다"는 한 프랑스 기자의 인상기를 덧붙인다. 단지 그 문화에 길들여진 우리만이 그것의 위험성을 인식하지 못하고 있을 뿐이다.

일상 생활, 규율 권력, 교실 이데아

1942년 당시 10살의 소년이었던 움베르토 에코는 파시스트가 주관한 청소년 글짓기 대회에서 최우수상을 받았다. 글짓기 주제는 '무솔리니의 영광과 이탈리아의 불멸적 운명을 위해서라면 목숨을 바쳐야만 하는가' 였다. 에코 자신의 표현을 빌면, 그는 이 질문에 '거만한 수사'로 그렇다고 답해서 최우수상을 받았다는 것이다. 에코처럼 거만한 수사는 못 되지만, "민족 중흥의 역사적 사명을 띠고 이 땅에 태어나" "조국과 민족의 무궁한 영광을 위하여 몸과 마음을 바쳐 충성을 다할 것을 굳게 다짐"한 우리의 정답 또한 어린 에코의 대답과 일치한다. 학교 규율을 동원하여 이 초라한 수사를 어린 학생들에게 외우도록 강제했던 인격화된 정치 권력은 가고 없지만, 그의 의도는 우리의 일상 생활과 의식 속에 깊이 뿌리 박고 있다.

일상 생활은 혁명, 민족, 민주 등의 추상적 신화에 가려 주목받지 못하고 소외된 삶의 영역이다. 그것은 하찮지만 견고하다. 규칙적으로 반복되고 이어지면서 일상을 구성하는 그것은 어느 누구도 의심하지 않는 당연하고 무기한적인 삶이다. 현실을 직시한다는 것은, 우리의 머리를 지배하는 추상적 신화의 틈을 헤집고 들어가 우리의 일상을 지배하는 그 견고한 생활 양식을 읽어 내는 작업이기도 하다. "모든 죽은 세대들의 전통이 악몽과도 같이 살아 있는 사람들의 머리를 짓누른다"는 마르크스의 통찰이나, "삶을 통째로 바꾸자"는 랭보의 절규, 범죄와 마약, 심지어는 자살이라는 극단적인 방법을 동원해서까지 현실 순응주의를 깨부수고자 했던 앙드

레 브르통, 주어진 생활 양식에 자발적으로 복종하도록 만드는 '보이지 않는 테러'를 경고한 앙리 르페브르 등의 문제 의식은 그 집요한 일상 생활에 대한 도전이다.

이제 문제는 신체에 직접적인 권력을 행사하는 저개발된 권력으로서의 군부 파시즘이 아니다. 한국 사회에서 그것은 더 이상 재발할 가능성이 높지 않다. 또 재발한다 해도 새삼 그 폐해를 지적할 필요는 없다. 그것은 투명할 정도로 가시적이며, 따라서 타격 지점도 명백하다. 문제는 사람들을 자발적으로 굴종하게 만들어 일상 생활의 미세한 국면에까지 지배권을 행사하는 보이지 않는 규율, 교묘하게 정신과 일상을 조작하는 고도화되고 숨겨진 권력 장치로서의 파시즘이다. 나는 그것을 '일상적 파시즘'이라 부르겠다. 일상적 파시즘은 전체주의 체제로서의 나치즘이나 이탈리아의 파시즘과는 존재 양식을 달리한다. 그것은 사람들이 체제의 배후에서 생각하고 느끼는 방식, 전통이라는 이름의 문화적 타성들, 설명하기 힘든 본능과 충동들 속에 천연덕스럽게 자리 잡고 있다. 말 그대로 '보이지 않는 테러'인 것이다. 일상적 파시즘은 그러므로 잡식성이다. 자본주의든 사회주의든, 민주정이든 전제정이든 무엇과도 손쉽게 짝을 이룬다. 그것은 남과 북의 동질성을 확보해 주는 연결 고리이다. 일상적 파시즘은 한반도의 속살이다.

일상적 파시즘은 보통 사람들의 일상 생활 속에 깊이 뿌리 박고 있는 전사회적 현상이지만, 그것의 재생산 구조는 기본적으로 학교 교육에 있다. 근대 국가에서 의무 교육이 도입된 이래, 학교 교육은 사회 구성원을 권력의 요구에 따라 재생산하는 기제이다. 학교에서 가르치는 지식과 상징의 구조는 권력의 사회 문화적 통제 원리를 담고 있다. 학생들은 수업 시간에 배우는 선택된 지식뿐만 아니라, 교실 내의 일상적 생활 속에서 은연중에 특정한 사회적 규범을 배우게 된다. 그 규범을 거부하는 학생들은 문제아, 학습 지진아 등의 이름으로 타자화되어 배제된다. 그것은 반드시 명령적 복종의 형식을 취하지는 않는다. 각급 학교에서의 체벌 금지 조치는 명령적 복종에서 자발적 복종으로 작동 방식을 바꾸려는 규율 권력의 의도를 보여 준다. 유럽 최초로 체벌을 금지한 폴란드보다 무려 200여 년 이상 뒤떨어진 때늦은 체벌 금지 조치는 권력의 근대화가 그만큼 늦었음을 의미하는 것이다.

체벌 금지를 전후해 나타난 '왕따' 현상은 이 점에서 주목된다. 그것은 명령적 복종 단계를 벗어나 근대화된 규율 권력이 학생들에게 강제하는 자발적 복종의 극단적 결과이다. '왕따'는 명령적 복종 단계에서 선생님의 문제아가 자발적 복종 단계에서 동료 급우들 사이의 문제아로 자태 전환한 것일 뿐이다. 그러므로 "급우를 사랑하자"는 식의 추상적 구호가 학생들이 자발적으로 설정한(사실은 위로부터 교묘하게 부과된) 규범에서 벗어난 '왕따'를 구할 수는 없다. 근본적인 해결책은 왕따를 만들어 낸 규율 자체를 파괴하는 것이다. '공부'라는 이름으로 학생들을 옭아 매고 길들이는 학교 생활을 그린 「여고괴담」에 구름같이 몰린 여고생 관객이나 거대한 포장 센터에 불과한 학교를 뛰쳐나오라고 노래한 서태지의 「교실 이데아」에 보낸 청소년들의 열광적인 반응은, 규율에 복종하면서 또 동시에 거부하고자 하는 청소년들의 이중 의식을 드러내고 있어 흥미롭다. 그러나 학교의 현실은 규율을 거부하고자 하는 의식을 제거하고 자발적 복종의 길로 학생들을 몰고 간다.

해방 후 교육의 역사는 곧 학생 키우기가 아니라 길들이기의 역사였다.

미군정기의 새교육 운동은 학생 개개인의 개성과 자율성을 강조했지만, 초등학교부터 학생들의 일상을 관리하고 통제하는 규율의 메커니즘은 여전히 존속했다. 조회, 각종 검사, 학급 운영 구조, 주훈 등의 운영 메커니즘은 기본적으로 일본 제국주의 시대의 타성에서 벗어나지 못하였다. 독립된 나라의 초등학교에서 강조된 덕목들은 자율, 자치, 준법 정신, 복종심, 책임감 등으로, 이것들 또한 일제 말기 학교의 규율로서 강조되었던 것들이다. 집단의 규칙에 순응하고 상급자에게 복종할 것을 주입시키는 학생 관리, 한 학급의 학생들을 묶어 주는 반장, 부반장, 분단장 등의 수직적 위계 질서, 수평적 토론이 아니라 상명하복의 권위를 상징하는 높은 교단과 낮은 책상들, 교훈과 급훈 등의 이름으로 규율을 부과하는 학교 문화는 사실상 독립국 대한민국에서도 변하지 않았던 것이다. 유일한 변화는 천황에 대한 충성을 조국에 대한 충성으로 대체하였다는 점이다. 새로운 교육 지표인 '애국적 민주 시민'은 국가와 사회에 복종하는 인간형을 양성한다는 점에서, '황국신민화 교육'과 목표를 같이했다. 변한 것은 권력의 주체뿐이었다.

5·16 이후에는 국가의 자주성, 민족 주체성, 국민의 사명감 및 반공 교육을 강조하는 교육 이념이 개성과 자율성의 교육 이념을 대체하였다. 물론 그 이전에도 개성은 개인차로, 그리고 개인차는 다시 성적 차이로 해석되어 개성 중심적 교육은 성적의 우열에 따른 차등 교육으로 곧잘 둔갑하는 형편이었다. 그러나 5·16은 학교 교육에서 그나마 어린 싹이었던 개성을 죽이고, 집단 규율을 강조하는 전환점이었다. 국민교육헌장과 국기에 대한 맹세 등의 보조 장치를 통해 고양된 국가주의적 경향은 민족 주체의식의 고양, 전통에 기초한 민족 문화의 창조, 개인과 국가의 조화로운

발전을 표방한 유신 체제의 교육 지표로 명시되기에 이르렀다. 교육 지표가 민족적 정체성을 강조하는 한, 이 교육은 미래 지향적 발전의 의미가 이미 제거된 것이었다. 다른 한편으로는 교과서의 국정 제도와 검인정 제도를 통해 교과서의 구체적인 내용들을 사실상 검열함으로써, 학교의 일상 문화로부터 교과서와 수업 내용에 이르기까지 권력의 지배가 공고해졌다.

초등학교에서부터 규율 권력의 세례를 받고 규율이 요구하는 모범생으로 자라 대학에 들어온 학생들에게 일상 생활의 미세한 국면에까지 촉수를 뻗치고 있는 규율 권력에 대한 해방된 감수성을 기대한다는 것은 사실상 불가능하다. 대학에도 교실 이데아가 없기는 마찬가지이다. 교단은 여전히 30센티미터의 높이로 권위를 유지하고, 학생들의 좌석은 열병식의 군대 대오처럼 절도 있게 배치되어 있다. 대학 강의실의 공간 구조에서 수평적 토론은 애초부터 배제되어 있다. 강의실의 공간 구조는 그러므로 교수와 학생을 묶는 것이 권력 관계라는 점을 상징적으로 드러내 준다. 교수들 사이에서도 동료 개념은 찾아보기 힘들다. 그들을 지배하는 것은 수평적 동료 관계가 아니라 선후배 또는 사제 관계이다. 따라서 교수 사회를 관통하는 것은 학문 권력도 아닌 전근대적 권력일 뿐이다. 대학의 조직 또한 철저하게 중앙 집중적이고 위계적이다. 대학의 계서제에서 말단에 있는 학과장 업무는 동사무소 말단 직원의 업무와 다를 바 없다. 총장의 비서라고 해서, 청와대 비서실장의 역할을 하지 말란 법도 없다.

교수들 사이의 전근대적 권력 관계와 대학의 위계 질서는 학생들에게 그대로 대물림된다. 유신 잔재의 교육 세례를 받고 자라 윗사람에게 깍듯하고 조국과 민족에 대한 사랑이 각별한 학생 조직은 군대식의 일사분란한 '강철 대오'를 자랑한다. 조직의 다양한 층위에서 크고 작은 권력을 휘두르는 새끼 수령들의 이 집합에서 권력으로부터 해방된 상상력을 기대한다는 것은 죽기보다 어려운 일이다. 위계 질서와 권력을 존중한다는 점에서, 이들이 살아가고 생각하는 방식은 철저하게 체제 논리에 묶여 있다. 규율 권력의 입장에서는, 이들의 정치 노선이 남한의 정치 권력을 전면적으로 부정하는 급진적인 것이라고 해서 두려울 것은 없다. 이들의 삶과 사고, 그리고 행동 양식은 규율 권력이 쳐 놓은 촘촘한 그물망에서 한치도 벗어나지 못한다. 어느 면에서는 북한식 사고 방식과 태도야말로 권력이 가장 선호하는 양식이다. 생활로부터 자유로운 대학에서 벗어나 사회인이 되었을 때, 상명하복 문화에 길들여진 이들은 체제의 충실한 파수꾼이 된다. 1980년대 학생 운동 출신들이 기성 정치권에 대거 편입되어 발빠르게 적응하는 것도 부분적으로는 같은 맥락이다.

서태지의 「교실 이데아」에 대해 발매 즉시 방송을 금지시킨 권력의 신속한 조치는 권력의 근원이 어디에 있는가를 상징적으로 드러내 준다. 그 배후에 본능적으로 위기를 느끼는 잘 발달된 후각이 있는지 혹은 권력의 치밀한 계산인지 나로서는 알 길이 없지만, 적어도 문제의 핵심이 무엇인지는 분명하다. 전교조에 대해 역대 정권이 취한 과잉 반응도 같은 맥락에서 이해된다. 권력의 가장 든든한 기반인 시민들의 자율적 복종을 보장하는 학교 교육에 대한 독점적 후견권은, 권력으로서는 결코 놓칠 수 없는 근원적 지배 장치이다. 권력의 입장에서 볼 때, "매일 아침 7시 30분까지 우리를 조그만 교실에 몰아 놓고 전국 900만 아이들 머리 속에 똑같은 것만 집어넣고 있어"라며 규율 권력을 거부하는 교실 이데아의 절규만큼 무서운 것은 없다. 폭력과 군대에만 의존하는 권력은 취약할 수밖에 없다는 점을 절실하게 깨닫고 있기 때문이다. 교실 이데아를 교실 레알리아에 묶어 둘 것. 그것이야말로 한국의 어린 에코들이 조국과 민족을 위해, 그리고 끝내는 권력을 위해 죽음을 각오하고 헌신할 수 있는 사회 구조를 구축하는 지름길이다.

파시즘의 아비투스—가족, 시민 사회, 국가

1997년 서울. 서울대학교가 타교생이나 졸업생들의 도서관 출입을 막기 위해 학생증 바코드를 만들었다는 1단 기사. 고시와 취업 때문에 느닷없이 대학가를 강타한 면학 열풍이 도서관을 늘 만원으로 만들었고, 자리가 부족한 도서관에 대한 학생들의 불만이 누적되어 학생회와 협의 끝에 취한 조처라는 설명이다. 서울대학교만큼 언론의 조명은 못 받았지만, 다른 대학들도 사정은 마찬가지이다. 그런데 나는 어느 대학의 학생회도 외부인의 도서관 이용 금지 조치에 대해 진지하게 토론하고 그것의 사회적 의미를 물었다는 소리를 들은 적이 없다. 정치적 지향이나 운동의 논리에서 볼 때, 1968년의 파리와 1997년 한국의 학생 운동간에 이념적 차이는 찾기 어려울지도 모르겠다. 그들은 적어도 노동자-학생 연대라는 구호를 공유했다. 그럼에도 불구하고 나는 양자 사이의 메울 수 없는 문화적 거리를 직감한다. 각 행위 주체의 의식 심층에 깊게 뿌리 박고 있는 이 문화적 차이는 정치적 구호를 공유한다고 해서 지워지는 것이 아니다. 그 차이는 궁극적으로 대학과 사회의 관계를 설정하는 방식의 차이로 드러난다. 1968년의 파리가 대학의 공공성을 쟁취했다면, 1997년 이후의 한국은 대학의 생산성 논리에 패배했다.

1968년 파리의 대학생들은 24시간 내내 소르본느를 노동자들에게 개방한다고 선언했다. 투쟁은 엘리트 양성과 권위주의 구조, 학생들에 대한 가부장주의와 학교-학부-학과 사이에 존재하는 철통 같은 위계 질서, 학생들의 특권적 지위, 전문 지식의 신비화 등에 대한 비판에서 촉발되었다. 그것은 대학을 기술 관료의 요구에 따라 산업 생산의 기지로 바꾸려는 정치 권력과 자본의 기도에 대한 학생들의 투쟁이었다. 노동자-학생 연대라는 구호는 이제 대학을 모든 사람들에게 개방한다는 '장벽 없는 대학'이라는 목표로 이어졌다. 1968년의 밑에 깔려 있는 문제 의식은 정치 권력의 문제가 아니라 그것을 넘어서 일상을 지배하는 규율 권력에 대한 문제 제기이기도 했다. 여성에 대한 남성 지배, 소수 민족에 대한 지배 민족의 억압, 소비주의에 대한 문화적 순응, 정치 권력을 강화해 주는 맹목적 애국심, 가부장주의의 온상인 가족 제도 등 그야말로 일상 생활을 지배해 온 자연스러운 전제들이 의문시되고 부정되었다. 대학은 이로써 '반문화'(counterculture)의 핵심 거점이 되었고, 사회에 대한 비판적 기능이라는 고유의 공공성을 지킬 수 있었다.

1997년 서울대학교 및 기타 대학들에서 노동자—학생 연대라는 전통적 구호와 함께 진행된 재학생 도서관 독점 운동(?)은 대학과 사회의 관계에 대한 한국 대학생들의 이중 잣대를 드러내 주고 있어 매우 시사적이다. 기본적으로 이 이중성은 발전된 정치 의식과 일상을 지배하는 보수적 문화간의 괴리라는 학생 운동의 현실에서 찾아야 하지 않을까 한다. 대학 도서관에 대한 독점은 대학생들의 의식이 여전히 특권 의식, 혹은 잘 보아야 집단 이기주의의 틀에서 벗어나지 못했음을 드러내 주는 상징적 사건이다. 그것은 자본주의에 대한 비판적 담론에도 불구하고, 의식의 심층에서는 대학에 대한 이들의 주인 의식이 자본주의적 소유 관념에서 크게 벗어나지 못했음을 보여 준다. 한국의 대학이 '반문화'의 거점이 되지 못하고, '신지식인'의 구호 아래 대학을 자본주의의 생산 기지로 탈바꿈하려는 권력의 구조 조정 시도에 대학인들이 무력할 수밖에 없는 것도 기본적으로는 이러한 이유에서이다. 대학 도서관에 대한 독점 의식은 결국 한국의 학생 운동이 국민 교육과 언론 등을 통해 기성 체제가 부과했던 규율 권력의 틀을 부수지 못하고, 체제의 틀 속에 포섭되고 만 것이 아닌가 하는 의구심을 불러일으킨다. 그것은 운동의 신체적 격렬성이나 구호의 급진성과 대조되어 흥미롭다.

　도서관 독점 의식에서 드러나듯이, 대학인들의 의식 심층에 자리 잡고 있는 특권 의식 혹은 소유 의식 앞에서 급진적 구호는 불 앞의 얼음이다. 적지 않은 운동 인자들이 대학을 졸업하자마자 손쉽게 기성 체제에 포섭되는 것도 같은 이유에서이다. 한국의 대학 문화는 어찌 보면 처음부터 체제에 포섭된 '하위 문화'(subculture)였을 뿐이다. 반문화가 아닌 하위 문화는 대학의 생산성에 대한 권력과 자본의 공세적 요구에 손쉽게 굴복한다. 한국의 대학에는 유감스럽지만 기성 체제의 공세에 맞서 대학의 공공성을 지켜 낼 수 있는 '반문화'가 애초부터 존재하지 않았던 것이다. 학벌=출세라는 등식이 성립되는 사회에서, 명문 학교 대학생은 자녀의 대학 입학을 통해 가족의 번영을 도모하고자 하는 원자화된 가족 전쟁의 승자이다. 가정에서는 부모를 공경해야 한다는 '효'의 가정 교육을 받고, 학교에서는 '효'와 더불어 '충'의 덕목을 착실하게 배워 익힌 이들이 성인으로서의 정치 의식을 갖게 되었을 때, 1968년의 정신을 기대한다는 것은 처음부터 무리한 것이었다.

　가족은 사회를 구성하는 가장 기본적인 공동체 단위지만, 한국 사회의 경우 그것은 실재하는 거의 유일한 공동체가 아닌가 한다. 특히 식민지와 전쟁, 정통성을 결여한 군부 독재 등을 거치면서 한국인의 삶은 광장으로 나오기보다는 안으로 움츠러드는 경향이 강하였다. 존경받는 진보적 지식인들이 생을 정리할 나이에 족보에 집착하는 등의 현상은 흔히 목격되는 바이다. 이것은 단순한 뿌리 찾기의 문제가 아니다. 가족주의가 우리의 의식 심층에 얼마나 깊이 뿌리 박고 있는가를 보여 주는 것이다. '효'의 정신은 가족을 객관화시키기보다는 어른으로 공경할 것을 가르치고, 완강한 가족주의는 가족 내적으로 신분제 사회의 유산인 가문의 정통에 집착하면서 가부장제적 경향을 강화시킨다. 가문의 계통에 대한 추구는 필연적으로 부계 혈통주의를 강조하게 마련이고, 그것은 곧 전통의 이름으로 남성 국수주의를 변호한다. 진보적 남성 국수주의자라는 형용 모순의 존립 근거는 바로 여기에 있다. 남녀간의 내외법은, 그러므로 진영을 막론하고 사회와 가정을 각각 남성과 여성의 영역으로 구별하는 방식으로 온존한다. 대학 교육의 남녀 성비는 비슷하지만, 취업에서는 성별 불균형이 극심한 데서도 그것은 잘 드러난다. 남아 선호 사상이 첨단 의료 장비와 결합되어 자연적 성비를 파괴한다든지 하는 등의 부작용도 사실은 가문의 정통에 집착하는 가부장적 가족주의의 결과이다. 이것은 한국 사회에서 여성 해방의 과제가 완고한 가족주의의 해체와 밀접한 관련이 있음을 시사해 준다.

한편 대(對)사회적으로 그것은 가족의 안녕을 모든 가치의 우위에 두는 가족 이기주의를 낳았다. 가족의 울타리를 넘어서는 공공적 삶은 설 땅을 잃게 만들었다. 공동체적 전통에 대한 끊임없는 강조에도 불구하고, 가족을 제외한 여타 공동체는 한국인들의 삶에서 사실상 관념 속에서만 존재했던 것이다. 전근대적 공동체를 기반으로 곧장 사회주의로 이행하고자 했던 탄자니아 사회주의의 실패는 이 점에서 우리에게 시사적이다. 이들의 공동체 의식은 대가족 내부의 구성원들 사이에서만 존재하는 것이었으며, 울타리 밖의 다른 사람들에게는 연장되지 않는 것이었다. 한국의 경우에도 공동체적 전통에 대한 강조는 사실상 가족 이기주의를 강조하는 결과만을 낳은 것이 아닌가 한다. 그 결과 혈연에 기초한 가족 이기주의와 배타성이 사회의 지배적 기풍으로 자리 잡았으며, 사회의 구성 원리 또한 가족주의적 배타성의 연장에 불과했다. 혈연은 물론이고 학연과 지연 등의 연고주의가 사회의 합리적 구성 원리를 대체한 것이다. 학연의 중요성은 다시 특정 집단의 테두리 안으로 들어가야 한다는 절박한 욕구를 불러일으켰다. 명문 대학에 들어가기 위한 입시 전쟁은 그 결과이지만, 동시에 초·중등학교에서 규율 권력이 아무런 제한 없이 작동할 수 있는 비옥한 토양을 제공하기도 했다. 이 악순환의 고리가 깨지지 않는 한, 한국의 학생 운동은 특권적 성역이라는 이름으로 규율 권력이 쳐 놓은 체제의 그물망에서 벗어나기 어려울 것이다.

후쿠야마의 비유에 의하면, 한국 사회는 말 안장 형의 사회이다. 무소불위의 권력을 휘두르는 비대한 국가 기구와 혈연적 배타성에 사람들의 의식을 묶어 두는 가족이 각각 큰 비중으로 사회의 위와 아래를 장악하고 있는, 그렇기 때문에 중간 허리에 해당하는 시민 사회가 발전하지 못한 사회라는 것이다. 그러나 엄밀히 말하면, 국가 기구와 가족은 각각 위와 아래로 분절되어 사회를 구성하는 것이 아니라 서로 맞닿아 있다. 연고주의가 최소한의 관료적 합리성마저 밀어 내고 국가 기구를 움직이는 보이지 않는 원칙이기 때문이다. 군부 독재가 무너지고 민간 정부가 들어서면서, '소통령'이라는 독특한 용어가 나왔다는 사실에 주목할 필요가 있다. 수

년 전에 폴란드의 한 외교관이 내게 이렇게 물은 적이 있다. 왜 한국의 신문들은 선거 관련 보도를 하면서, 각 당의 정강 정책에 대해서는 입을 다물고, 허구한 날 몇몇 보스들의 이름만 거론하고 사람들의 계보만 그리냐고. 중앙의 정치가 그러하다면, 지방 정치에서는 종친회, 동문회, 향우회의 동향이 가장 중요한 예측 지표가 된다. 전통의 위력 앞에서 이러한 현상에 대한 비판은 곧 힘을 잃는다.

이 독특한 현상은 기본적으로 사상 운동이나 시민 사회 운동을 억압해왔던 한반도의 20세기사가 낳은 기형아이다. 이념적 지향이나 공적 이해를 중심으로 모이는 것이 기본적으로 불가능했기 때문에, 모든 집단 행위는 가문이나 동창회 또는 향우회의 형식을 빌 수밖에 없었던 것이다. 과도하게 성장한 국가의 권력 기구가 위로부터 파시즘을 강제하는 정치적 기제라면, 확대된 가족주의 혹은 연고주의는 밑으로부터 파시즘을 담보하는 견고한 문화적 기제이다. 가족이나 지역의 특수 이해를 넘어서 공적 이해를 추구하는 시민 운동의 부재는 결국 국가 권력에게 공공적 이해에 대한 해석의 독점권을 부여했다. '충'의 덕목을 강조하는 국가 권력은 조국과 민족의 이름으로 자신의 특수한 이해를 보편적 이해라고 강변했다. 국가 권력을 비판하고 반대하는 세력 또한 조국과 민족이라는 코드를 공유함으로써, 국가 권력의 정통성을 문제삼았을 뿐 국가 권력이라는 존재 자체가 정당한가 하는 물음은 제기하지 못했다. 조국과 민족이라는 추상의 헤게모니를 둘러 싼 국가 권력과 저항 운동의 투쟁 속에서, 구체적인 인간들의 삶은 관심의 뒷전으로 물러났고 규율 권력은 조용히 일상 생활 속에 침투했다. 그리고 끝내는 저항 운동 자체가 권력의 코드에서 벗어나지 못했다.

지성사의 관점에서 볼 때, 한국 사회의 이 같은 특징은 '근대'를 보는 독특한 시각과 밀접하게 연관되어 있다. 다양한 입장에도 불구하고, 그것은 '동도서기'(東道西器)론으로 압축될 수 있지 않을까 한다. 박정희의 '한국적 민주주의'가 자본주의 동도서기론이라면, 김일성의 주체 사상은 사회주의 동도서기론이다. 양자의 공통점은 기술로서의 근대는 수용하지만, 해방으로서의 근대는 부정한다는 것이다. 한국적 민주주의가 프랑스 대혁명의 성과들을 서구적인 것이라고 건너뛰었다면, 주체 사상은 노동 해방의 의미를 민족 해방의 이름으로 거부했다. 한국적 민주주의와 주체 사상은 결국 조국과 민족의 이름으로 민중을 억압하고 동원하는 동원 이데올로기라는 특징을 공유했다. 동원 체제의 원활한 작동을 위해서는 민중의 자발적인 호응을 필요로 하였는데, 해방의 논리보다는 전통의 논리가 그러한 필요를 만족시켰다. 남과 북이 공히 학교 교육에서 '충'과 '효'를 가장 중요한 덕목으로 강조한 것 등이 그러한 예이다. 그것은 일상 생활의 영역에 깊이 뿌리 박고 있는 가부장주의 또는 부계 혈통주의와 결합함으로써 파시즘의 아비투스를 강화시킨다. 위로부터의 파시즘과 밑으로부터의 파시즘이 변증법적 자기 발전을 시작하는 것이다.

가부장주의나 부계 혈통주의는 자연스럽게 혈통적 민족관으로 이어진다. 사회 전체가 가족주의적 연계에 의지하는 한, 그것은 당연한 결과이기도 하다. 혈통적 민족관은 인간의 정체성이 자율적 의지가 아니라 출생에 의해 결정된다는 의미를 함축한다. 출생에 의한 선험적 정체성은 사유하는 자아를 부정한다. "나는 생각한다. 그러므로 나는 민족에 속해 있다." 식민지와 분단이라는 역사적 경험은 이 명제를 정당화하기에 충분하다. '우리'라는 단일한 정체성을 요구하는 반제국주의 투쟁에서 파생된 이 명제는 이제 획일을 강요하는 강압적 동질성을 의미한다. 그 결과 개인의 권리는 민족의 이름으로 무시되고, 민족은 같은 혈통이라는 보호막 아래 추상적인 일반 의지를 표명하는 획일적 실재로 파악된다. 국가와 개인의 관계는 혼연 일체의 민족이라는 신비적 모델로 대변되며, 그것은 독재 권력을 정당화한다. 문제는 그것이 권력의 의지에 국한되지 않고, 한국 사회가 일반적으로 공유하는 집단 정서라는 점에 있다. 남과 북의 권력이 사용하는 담론 구조가 같은 것은 물론, 남한 운동의 담론도 같은 구조 속에 있다. 그 결과 남한의 운동은 남과 북의 정치 권력 앞에서 이론적으로 무장 해제 당했다.

이른바 진보적 인사들이 중앙아시아와 몽골 등 아시아의 변방에 대한 제국주의적 욕망을 부추기고 있다는 것은 이 점에서 매우 시사적이다. TV 방송국의 잇단 다큐멘터리 프로그램이 증폭시킨 과잉된 중앙아시아 열기에는 한민족의 기원을 빌미로 현대 세계의 미개한 지역으로 진출하려는 식민주의적 의도가 담겨 있다. 그것은 서구의 선진 자본주의 국가들이 이룩한 제국주의적 풍요에 대한 식민주의적 모방에 불과하다. 인식론적 관점에서 볼 때, 기원에 대한 집착은 민족을 역사 속에서 형성되는 것으로 보지 않고 고착된 자연적 실재로 간주한다는 것을 반영한다. 그것은 한국인들의 의식 속에 깊이 뿌리 박은 가부장적 부계 혈통주의가 민족으로 외연을 넓혔을 때 나타나는 필연적인 결과이기도 하다. 조상 숭배의 한 형태인 단군 숭배가 그 대표적인 예이다. 지식인들에 의해 그것은 다시 '동도동기'라는 이름 아래 근대화 이전의 목가적 사회와 문화적 고유성에 대한 향수를 불러일으킨다. 근대 이후를 지향한다고 하지만, 그것은 사실상 근대 이전으로 돌아가자는 것이다. 이들의 근대관에는 기술로서의 근대만 있을 뿐, 해방으로서의 근대는 없다. 해방으로서의 근대를 포섭하지 못한

'근대 이후'는 전근대일 수밖에 없다.

한국판 '자유주의사관연구회'라 할 수 있는 극우적인 '국사 찾기 운동', 운동의 명망가들이 주축이 되어 최근 결성된 '민족정신회복시민운동연합', 북한의 주체 사상. 이념상 도저히 융합될 것 같지 않은 이 삼자가 동일한 역사관을 공유한다는 사실은 20세기 한반도 지성사의 이정표이다. 그것이 자기 충족적인 지식인 담론에 그친다면 문제는 간단하다. 무시하면 그만이다. 그러나 역사적 기억과 망각의 정치라는 관점에서 보면, 문제는 그리 간단치 않다. 권력은 억압을 통해서만 작동하지 않는다. 그것은 사람들의 집단적 기억을 적절히 조작하여 현재를 이해하는 틀을 은연중에 강요한다. 즉 특정한 인식에 진실성을 부여함으로써 권력은 진정한 효력을 발휘하는 것이다. 이 점에서 위의 역사 해석은 "조국과 민족의 무궁한 영광을 위하여" 민중들에게 희생과 헌신을 강요하는 권력의 논리를 교묘하게 대변한다. 이 은폐된 파시즘은 학교와 가정에서 국가 민족주의와 가부장주의의 규율 세례를 거친 대중들의 정서와 결합되어 다시 큰 파장으로 증폭된다. 파시즘적 아비투스의 이 도도한 문화적 힘 앞에서 이념의 이성적 항변은 무력하다. 이들의 신비주의적 역사관과 역사 해석이 사회적 호소력을 갖는 문화적 바탕은 우리의 일상 생활에 깊이 뿌리 박고 있는 일상적 파시즘이다.

맺음말

독일의 혁명가들은 "잔디를 밟지 마시오"라는 팻말을 보면 돌아간다는 우스갯소리가 있다. 프로이센적 규율이 몸에 밴 탓이다. 제1차 세계대전 당시 유럽 최대의 좌파 정당인 독일 사회민주당이 관료적이라는 비판에서 벗어나지 못한 원인이기도 하다. 프랑스의 생디칼리스트들에게 생리적으로 그것은 도저히 참을 수 없는 구조였다. 로자 룩셈부르크는 독일 사회민주당 지도부의 여성관이 전근대 독일의 가부장적 전통인 이른바 3K(Küchen-부엌, Kinder-아이들, Kirche-교회) 의식에서 한치도 벗어나지 못했다고 비판했다. 그래서 절친한 친구 루이제 카우츠키에게 보내는 편지에서는 끊임없이 남편 카우츠키에 대한 반란을 선동하곤 했다. 그러나 정작 그녀 자신도 첫사랑이었던 요기헤스와는 이상할 정도로 지배-종속 관계에 놓이곤 했다. 이 헌신적 혁명가들의 삶에서조차 드러나는 이율배반은 일상 생활의 관성과 전통의 끈에 묶여 있는 문화적 타성의 힘이 얼마나 무서운 것인가를 잘 드러내 준다.

일반 대중들의 경우에는 더 말할 나위가 없다. 국민전선이야말로 프랑스에서 가장 노동자적인 정당이라는 르펜의 호언장담은 결코 허풍이 아니다. 인종주의적이고 국수주의적 선전에 그만큼 프랑스의 노동자들이 호응하고 있다는 이야기이다. 1960년대 영국에서 가장 전투적인 부두 노동자들이 북아일랜드의 극우파 목사 에녹 포웰을 지지하는 시위를 벌였다거나, 미국 백인 노동자들의 완강한 인종 차별주의, 큰 죄의식 없이 홀로코스트에 가담한 평범한 독일 노동자들, 로마제국의 영광스러운 부활을 외친 무솔리니의 손을 들어 준 이탈리아 노동자들, 의식의 심층에 숨어 있다 권력의 선동에 따라 일제히 일어서곤 했던 소련과 동유럽 민중들의 반유대주의, 외국인 노동자들과의 연대를 위한 위원회는 아직까지 시기 상조일 수밖에 없는 민주노총의 분위기, 이 모든 것들은 일상적 파시즘의 토대가 얼마나 단단한가를 보여 준다.

기존의 정치 경제 구조는 결코 힘에 의해서만 유지되지는 않는다. 그것은 사람들이 이미 결정된 생활 방식을 일상적으로 받아들임으로써, 안정된 재생산 구조를 유지한다. 정치의 영역을 국가에서 일상 생활로 이동시키고자 했던 1968년의 시도가 소중한 것은 바로 이러한 이유에서이다. 변혁 운동이 지배적인 담론 구조와 코드를 공유하는 한, 변혁은 없다. 권력을 향유하는 집단의 변화만이 있을 뿐이다. 그것은 현실 사회주의의 몰락이 우리에게 주는 교훈이기도 하다. 혹은 전통의 이름으로 혹은 민족의 이름으로 아니면 민중의 이름으로 우리의 일상 생활 속에 깊이 뿌리 내린 일상적 파시즘을 고사시키지 않는 한, 진정한 변혁은 불가능하다. 독재 권력을 타도하는 싸움에 그친다면, 그것은 혁명이 아니다. 수직적인 '지배'의 아비투스를 수평적인 '우애'의 아비투스로 대체하는 것, 그것이 혁명이다. 말년의 엥겔스가 혁명은 기독교가 로마제국을 점령했던 방식대로 일어나야 한다고 했을 때, 그의 흉중에는 바로 이런 문제 의식이 있었던 것이 아닐까?

2. 반공 규율 사회의 집단 의식

내 몸 속의 반공주의 회로와 권력
'분단 규율'을 넘어서기 위하여 권혁범

전체주의적 법 질서의 토대, 주민 등록제 김기중

인간성을 파괴하는 한국의 '군사주의' 박노자

내 몸 속의 반공주의 회로와 권력[1)]
'분단 규율' 을 넘어서기 위하여

권혁범

나는 망설이다가 용기를 내어 지하철 객차 출입문의 위쪽에 있는 안기부의 광고「잘 보면 보입니다」에 카메라를 들이대었다. 그리고 셔터를 눌렀다. 플래시가 번쩍 터지자 사람들의 시선이 나에게 쏠렸고 또 동시에 내가 카메라를 겨누었던 대상으로 옮겨갔다. 그들의 시선을 애써 외면하고 바로 옆에 있는 또 하나의 간첩 신고 홍보물「주변에 혹시 이런 사람 없습니까」를 찍었다. 다시 한번 나에게 시선이 집중되었다. 약간의 웅성거림을 느꼈다. 식은땀이 흘렀다. 아니 흘렀다고 느꼈다. 의혹의 눈길, 수군거림, 호기심에 찬 시선 등을 느끼며 결국 나는 카메라를 반공 표어 옆에 있는 기저귀를 차고 있는 아이 사진이 들어 있는 이유식 광고에 조준하고 셔터를 눌렀다. 연이어 그 반대쪽에 있는 다른 소주 광고로 카메라를 돌려 재빠르게 셔터를 눌렀다. 사람들은 비로소 안심했다는 듯이 나에게서 시선을 거두고 각자 원래 취하고 있던 자세로 돌아갔다.

---

1) 원래 이 글은 『통일을 준비하는 사람들—통일된 땅에서 더불어 사는 연습 2』 (또하나의 문화, 1999)에 실렸다. 그때 빠진 두 단락을 보충하고 몇 군데 문장을 고쳤다.

나는 지난 3년간 '남과 북—문화 통합' 프로젝트[2]의 일환으로 1990년대 한국의 반공주의에 대한 연구를 해 왔다. 주로 초, 중, 고 교과서 및 언론에 드러나는 반공주의와 길거리에서 접하는 반공 표어 분석을 통해서 한국 사회에서 여전히 일정한 정치 사회적 효과를 발휘하는 반공주의의 의미 체계를 밝혀 내는 작업이었다. 그 덕택에 나는 경기도 강원도에서 제주도까지 전국을 누비며 수많은 반공 표어 및 구호를 수집했고[3] 또 어느 시점부터는 그것을 카메라 슬라이드 필름에 담는 작업도 병행했다. 앞에 소개한 경험은 서울의 지하철에서 안기부 명의의 홍보물을 카메라로 찍으면서 일어난 일이다. 반공주의가 지배해 온 사회에서 그것을 '객관적으로' 연구하는 것이 얼마나 어려운가를 깨닫게 해 준 개인적 '사건'이었다.

사실 '국민의 정부' 하에서 반공 표어를 연구한다고 그것을 카메라에 담았다고 잡혀 가지는 않는다. 지하철 승객들 중 애국심이 투철한 사람이 신고해서 설사 내가 경찰서에 끌려가 조사를 받는다 해도 학술진흥재단 프로젝트의 일환으로 대학 교수가 하고 있는 일을 불온시하지는 않을 것이다. 그리고 어떤 몰지각한 신문이나 검찰에서 내가 그 동안 북한이나 쿠바의 사회주의에 대해 쓴 논문을 정밀히 검토한다 해도(나는 '공직'에 있지 않기 때문에 그런 일은 벌어지지 않을 것이지만) 내가 사상이 의심스러운 사람이라는 증

---

2) 이 프로젝트의 연구 결과인 여섯 편의 연구 논문은 「'탈분단'의 문화 정치학: 어디서 어떻게 만날 것인가?」라는 제목으로 『통일연구』(연세대 통일연구원) 제2권 제2호(1998)에 발표되었다. 내 연구 논문 「반공주의 회로판 읽기—한국반공주의 의미 체계와 정치 사회적 기능」은 『당대비평』 1999년 가을호에 재수록되었다. 이 글은 내 논문에 대해 요약을 하면서 내 경험을 성찰적으로 드러내기 때문에 어쩔 수 없이 그것과 부분적으로 중복된다. 독자의 양해를 구한다.

3) 도로변에 있는 반공 표어판만 해도 수십만 개를 넘을 것이다. 내 경험에 비추어 보면 아무리 떨어져도 약 20~30킬로미터 간격으로 또 해변이나 비무장 지대 근접 도로에서는 500미터 간격으로, 평균 약 5~7킬로미터마다 반공 표어판을 발견할 수 있었다. 과연 이 수많은 반공 표어판은 간첩 신고와 안보 강화를 위한 것인가?

거를 찾지 못할 것임에 틀림없다. 왜냐하면 나는 무슨 주의자도 아니고 특히 북한의 체제나 주체 사상에 대해서는 이미 매우 비판적인 관점을 갖고 있는 연구자이기 때문이다.(꼭 이런 주장을 삽입하고 마는 나!)

그런데도 나는 찍는 데 약간 망설였고 찍고 나서도 주변 사람들의 시선을 의식했으며 결국 그 시선의 압력을 견디지 못해 나도 모르게 이유식 광고에 카메라를 들이대고 말았던 것이다. 아니, 찬찬히 냉정하게 돌이켜보면 과연 주변 사람들의 '따가운 시선'이 과연 존재했는지도 의문이다. 그것은 내가 만들어 낸 '따가운 시선'이었을지도 모른다. 과연 지하철에서 내가 느낀 것은 객관적 관찰의 결과인가 아니면 나도 모르게 움츠러든 그리고 그 순간에 확장된 과대 망상적 피해 의식에서 나오는 주관적 감정에 불과했는가? 별 희한한 놈도 다 있다면서 한 번 쓱 쳐다본 것에 불과했을지도 모르는데 왜 나는 약간의 긴장을 느꼈으며 그 평범한 승객들을 잠재적 신고자로 느꼈던가?

그것은 나(특히 북한을 연구하고 있는 나!)로 하여금 어떤 경우에도 '좌경 용공' '친북 용공'의 혐의를 받지 않도록 항상 조심하고 또한 주변 사람들이 그런 혐의가 있는 자를 멀리하거나 신고할 것이라는 강박 관념 때문이었다. 개인적 가족적 피해에 대한 과대 망상(「한순간의 좌경사상 후손에게 눈물 된다」) 그것에 기초한 자기 검열(「설마 하는 방심 속에 불순분자 스며든다」), 낯선 주변에 대한 불신 및 경계 (「의심나면 다시 보고 수상하면 신고하자」)의 메커니즘이, 오랜 사회과학적 훈련에도 불구하고, 내 몸 안에서 작동하고 있음을 깨달았을 때 소스라치게 놀라지 않을 수 없었다.[4]

내 머리와 논리와 이성 속에서 한심스러운 것으로 비웃었던 그 반공주의가 순간적으로 어디에선가 솟아올라 내 감정을 순간적으로 지배하고 나에게 일정한 행동을 강제했다는 사실! 유식한 말로 풀자면 반공주의 '생체 권력'이 연구자의 몸 속에서 이렇게 활발하게 움직이는 현실에서 과연 반공주의에 대한 객관적 연구는 어떻게 가능한가 하는 의문이 들었다. 오해를 사서 '용공'이라는 딱지가 붙지 않도록 균형을 유지해야 한다는 강박 관념

---

4) 사실 내 몸 속에 내면화된 반공주의를 처음으로 접한 것은 오래전이었다. 1980년대 미국 유학 시절에 접한 주변 사람들은 비슷한 시기에 대학을 다녔고 비슷한 사회적 교육적 배경을 가졌지만 철저하게 반공주의 그리고 북한에 대한 공포와 두려움이 내면화된 이들이었다. 그러나 나도 예외가 아니라는 사실은 도착 첫날 깨달았다. 창피스러운 일이지만, 대학이 있던 마을에 도착해서 같은 과 미국 학생에게 전화를 걸고 나서 정거장에 서 있는데 동양인으로 보이는 사람의 차가 바로 앞에 섰다. 영어로 대화를 나누다 보니 그들은 한국인이었다. 다짜고짜 그들이 내 짐을 차 트렁크 안에 싣고 자기 집으로 가자고 하면서 내 마음 속 깊이 숨겨져 있던 반공주의적 기제가 튀어나와 갑자기 작동하기 시작했다. 나는 이들의 집으로 향하는 차 안에서 그리고 그 집에서 하룻를 신세 지면서도 경계와 의심의 시선을 거두지 못했다. 출국 직전에 받은 싸구려 반공주의 '소양 교육' 때문만은 아니었다. 그들이 나를 '포섭'하거나 '납치'하려는 친북계 한국인일지도 모른다는 어처구니없는 의심이 솟아오른 것은 지금도 내 얼굴을 화끈 달아오르게 한다. 해외에서 접하게 되는 자유가 오히려 한국인들의 반공주의를 더욱 자극, 세계관의 중심으로 이동케하고 강화한다는 사실을 처음 자각하는 순간이었다. 나도 모르고 있었던 내 내면의 괴물의 정체에 대한 자의식이 생겼다. 한 가지 역설적인 것은 해외라는 특수한 공간에서 오히려 한국 유학생이나 교포가 더욱더 반공주의적 세계관을 강화하고 (대다수가 북쪽 사람을 실제로 접하는 것도 아닌데) 한국인들의 주류 이탈적 비판적 사고나 행위를 그것에 의존해서 재단한다는 사실이었다.

에서 자유롭지 못하면서도 다른 한편으로는 혹시 이것이 '반공주의의 잔재'로 오해받지는 않을까 약간은 걱정하는 나를 인정하지 않을 수 없었다. 결국 나는 연구 논문의 긴 각주를 통해서 매우 복잡하게 내 정치적 입장에 대한 설명을 늘어놓았다. "나는 현실사회주의의 역사적 실험을 실패로 보며 북한 사회주의 체제 및 정권에 대해서도 매우 비판적이다. 그러니까 반공주의에 대한 비판적 연구를 '용공'이나 북한 정권에 대한 이념적 면죄부를 주려는 불온한 연구로 봐서는 절대로 안 된다"고 못박고 시작했다. 사실이기는 하지만 이 얼마나 구차하고 바보 같은 각주인가? 나는 해외라는 특수한 공간에서 제3세계, 특히 북한과 쿠바의 사회주의 발전에 대한 연구를 진행하면서 또 귀국해서 항상 그 쪽 얘기나 발표 끝에 두 정권 및 체제의 부정적인 특징을 애써 강조하고 끝내는 버릇을 갖게 되었다. 주변의 부담스러운 시선 때문에 갖게 된 필요 이상의 피해 의식에서 나오는 이 버릇은 현실 사회주의의 실패와 그것의 문제점을 객관적으로 밝혀 내는 학술적 자세와는 관련이 없는 것이다.

이런 쓸데없는 설명이 요구되는 이유는 무엇일까? 내가 유독 예민하거나 피해 의식이 과도한 탓일까? 물론 난 유별나게 예민하다. 특히 쿠바나 북한의 사회주의적 발전의 문제를 연구하면서 민주화와 통일에 대해 관심을 가졌던 1980년대에 내가 겪었던 몇 가지 개인적인 경험이 나를 주변의 반응에 예민하게 하고 또 피해 의식을 필요 이상으로 확대시켜 놓은 탓임을 부인할 수는 없다. 그러나 그것만은 아닐 것이다. 혹자는 탈냉전 시대에서 반공주의는 쇠퇴하거나 그것의 '약발'이 현저하게 떨어졌다고 주장하며 나의 지나친 신중성을 시대 착오적인 것으로 비판할 수 있다. 물론 이념적수준에서 보면 그 주장은 일리가 있다. 현실사회주의는 실패했으며 북한 사회주의의 정치 경제 체제는 이미 남한 사회에서 정당성과 매력을 상실한 지 오래며 그곳의 처절한 기아 상태는 극우 보수 언론에 의해 왜곡된 사실이 아니라 엄연하게 존재하는 사실임을 잘 안다. '색깔'의 대명사였던 김대중 씨가 대통령이 된 세상이다. '북풍'도 제대로 제때 불지 않았다. 1998년 가을을 시끄럽게 만들었던, 어떤 신문의 '최장집 교수 죽이기'도 일단은 실패로 돌아가고 있는 것처럼 보인다. 세상이 많이 변한 것은 부인할 수 없는 사실이다. 그러니까 나도 이런 글을 겁없이 쓰고 있는 것이다.

그러나 반공주의가 사라졌다고 믿는 것은 순진한 생각이다. 노장은 죽지 않는 법이다. 반공주의는 이제 정치·안보·군사의 영역에서 확산되어 오히려 우리의 일상적 사고에 깊게 스며들어 있다. 그것은 단순히 북한 공산주의에 대한 적대적 비이성적 정치 논리와 정서만을 의미하지 않는다. 한국의 반공주의는 단순한 북에 대한 적대적 감정과 비난이면서 동시에 그것과 교묘하게 결합된 고도의 계산적이고 이성적인 목적 활동의 성격을 갖는다. 일종의 권력 이성은 그것에 순응하고 굴복하는 대중의 처세술적인(역사적 경험으로 볼 때 대중의 입장에서 사실은 매우 현명하고 합리적인) 사리 판단을 북에 대한 적대적 감정 및 정서와 결합시킨다.[5]

그것은 오랜 세월 내면화 과정을 통해 사회 구성원의 정신과 가슴 속에 특정한 정치 사회적 사고와 행위를 자동적으로 유발시키는 기제를 만들어 놓았다. 그것은 사상적 획일성과 단순성, 군사 동원주의적 심리, 배타적 감시자적 태도, 굴종적 순응적 태도, 반정치적 일원주의 질서 및 도덕주의에 대한 강한 동경과 요청을 유발한다.

어린 시절부터 끊임없이 주입되었던 이러한 동경과 요청의 기제가 사회

---

5) 이러한 생각은 내 논문 「반공주의 회로판 읽기」에 대한 임화연 교수의 개인적 논평에서 빌려 왔다.

과학적 분석과 비판에 의해 내게서 사라진 줄 알았지만 사실은 내 몸 속 깊은 곳에 철저히 정서의 일부로 내면화되어 내 행위와 사고를 제한하고 있었다. 그리고 그것은 국가보안법의 현존과 반공주의의 이데올로기적 헤게모니 확보라는 여전한 분단 현실에 의해 뒷받침되고 지속되고 있는 권력이다. 이 권력이 대한민국 남녀노소의 마음 속에 깊이 박혀 있는 한 예민한 북한 연구자의 바보 같은 사족은 사회적으로 요청되는 것이다. 나는 친북 용공이 아니고 북한을 싫어하며 빨갱이가 아님을 확실히 밝혀 놓고 주류적 생각에 시비를 걸어야만 안전하다는 생각이 저절로 솟아나는 것이다. 이 점을 자세히 살펴보자.

내 연구 논문의 핵심은 한국의 반공주의 기제가 우리의 몸 안에 특정한 정치 사회적 사고와 행위를 유발하는 일종의 자동적 조건 반사의 회로판을 만들어 놓았다는 점이다. 그 회로판에는 크게 보아 두 가지의 회로가 형성되어 있다.

첫째 회로에서는 모든 비판적 생각과 운동, 주류 이탈적 사고나 행위는 '좌경' '불순' '용공' '친북' 의 혐의로 즉각 연결된다. 또한 반공주의 '좌' 에 대한 알레르기적 반응은 스탈린주의에서 유럽식 사회민주주의에 이르기까지 모든 진보적 사상을 '좌익 불순 사상' 의 카테고리로 단순화시킨다. 「민주위장 좌익세력 다시 보고 신고하자」, 「민주의식 저해하는 불순행동 배격하자」, 「의심나면 다시 보고 수상하면 신고하자」, 「사회혼란 조장하는 불온문서 신고하자」고 할 때 민주적 주장, 불순한 행동, 수상한 행위 등은 좌익 혐의를 자동적으로 받는 것이고 그 다음 순서로 친북 용공 혐의와 간첩 혐의까지도 받을 수 있다. 즉 수상-불순-좌익/좌경-친북-용공-간첩의 회로를 타고 우리들의 의심은 첫 번째 단계에서 마지막까지 자동적으로 이

동한다. 수상한 사람과 간첩은 백지 한 장 차이인 것이다. 「분별없는 좌경용공 북한오판 자초한다」, 「좌익세력 경계하여 민주화합 이룩하자」, 「좌익폭력 밀어내어 민주안정 이룩하자」, 「좌경용공 이적행위 경계하고 신고하자」 등의 표어나 '좌익 사범 신고……' 운운은 자유민주주의 사회인 한국에서 이미 좌파적 언행의 공간을 완전히 죄악시, 불법시함으로써 사상의 자유에 대한 권리를 부정하는 것이다. 내가 보기에 이것은 대한민국 헌법 제21조 1항과 제37조 2항을 위반하는 것이다. '좌경 용공' 논리를 확대하면 좌파 사회민주주의자도 신고와 경계의 대상이 되어야 하며 유럽의 사회민주주의적 정당이 정권을 잡은 국가들과의 교류도 끊어야 한다. 토니 블레어를 경계하자!? 민주노동당을 신고하자!?

이러한 반공주의의 렌즈에서는 분홍색, 주황색, 빨간색의 구분이 없다. 모두 다 '빨갱이'인 것이다. 더구나 자유민주주의 원칙을 어기는 '좌'에 대한 정치적 공간 박탈을 정당화하기 위해 모든 '좌익' '좌경'은 '위장' '폭력' '불순' '혼란'의 담론과 동일시된다. 한 발 더 나아가서 전혀 좌파나 공산주의와 관계없는 영역에서의 지배적 담론에 대한 도전도 반공·용공의 이분법에 걸려 들기 쉽다. 왜냐하면 반공주의처럼 기존 질서에 대한 도전자를 순식간에 완전히 수세에 몰아넣는 좋은 무기는 없기 때문이다. '그 사람 수상한 데가 있어서……' '그 사람 사상이 좀 이상한 게……'라고 낙인을 찍어버리면 그 당사자는 아무런 근거 없이도 자신을 열심히 방어해야 하는 수세적 위치에 저절로 놓이게 된다. 그리고 자신의 대한 혐의가 풀려도 여전히 그를 의심하는 주변의 눈초리는 사라지지 않는다.(물론 과거에는 이런 혐의를 받으면 상당한 물리적 폭압의 대상이 되는 일이 빈번했다.) 당사자의 사상이나 행위가 '친북 용공' '좌경'이냐에 관계없이 이런 낙인 찍기의 효과는 발휘된다.

따라서 반공주의는 한국 사회의 대다수 구성원들을 지배적 규범 지키기의 감시자로 만들어 버리며 체제 규범으로부터 이탈하려는 사람에게 '혹 이러다가 용공으로 오해받지 않을까' 하고 겁먹게(「좌경용공 이적행위 경계하고 신고하자」, 「국가발전 가로막는 용공책동 분쇄하자」), 이탈자를 목격하는 사람에게는 '혹 저 사람이 북에서 내려온……' (어떤 맥주 광고는 장난이 아니다!)이라고 생각하게 만들면서(「간첩은 표시 없다 너도나도 살펴보자」, 「우리 마을 간첩 있나 다시 한번 살펴보자」) 양측에게 심적 부담을 부과한다. 더구나 「밝아오는 선진조국 자수하여 동참하자」, 「속은 인생 어제까지 밝은 생활 오늘부터」라는 구호는 그것을 읽는 주체인 '나'를 간첩으로 가정하는 의미를 갖고 있다. 따라서 간첩이 분명히 아닌 우리도 그것을 읽는 순간 자신이 언제고 간첩으로 오인될 수 있다는 부담을 스스로도 모르는 새 갖게 된다. 신고와 자수를 권유하거나 강제하는 반공 구호가 과연 '간첩' 잡기만을 위한 것인가? 이러한 부담을 통해서 억제되는 것은 단순히 진짜 간첩의 첩보 활동만이 아니고 모든 형태의 수상하고 이탈적이고 진보적인 그리고 모든 영역에서의 기득권 세력에 대한 도전적 생각과 행위이다.(오해하면 안 된다. 내가 대한민국에 간첩이 존재하지 않는다고. 그래서 이런 모든 표어는 사기라고 주장하는 것은 아니다. 다만 간첩은 우글거리지 않을 뿐이며 따라서 수십만 개의 반공 표어가 무엇을 위한 것인지에 대해 생각해 보지 않을 수 없다는 점이다. 잘 보이지는 않지만 만약 진짜 간첩을 '보면' 112 혹은 113으로 신고하면 된다. 사실로 밝혀지면 엄청난 상금도 받는다. 「숨어있는 간첩 신고하여 애국하고 상금타자」!)

두 번째 회로에서는 혼란, 분열, 해이는 즉각 불순 책동, 북한의 도발 위험, 안보 불안과 동일시된다. 「혼란 속에 간첩 오고 안정 속에 번영 온다」,

「좌익폭력 사회혼란 북한오판 초래한다」, 「분별없는 좌경용공 북괴오판 자초한다」, 「너와 나의 방심속에 무너지는 국가안보」, 「흔들리는 안보정신 경제불안 사회불안」 따위의 구호는 자동적으로 혼란과 방심과 분열에 대한 대항 정서 다시 말해 질서, 안정, 안보, 단결, 번영을 준강제적으로 즉각 요청하는 심리를 만들어 낸다. 걸핏하면 언론이나 정부가 사회 불안을 강조하면서 '안보 의식 해이' '기강 이완' 이니 '우리 내부의 허점' '뒤숭숭한 세태' 운운할 때 뻔히 요청되고 강화되는 것은 '풀어 줬더니 군기가 빠졌다'는 식의 군사주의적 질서 의식이다. 24시간 경계하고 의심하고 방심하지 않고 긴장하며 살아야만 한다는 심리적 강박을 요구함으로써 이러한 질서 의식이 강화된다. 최근에 남북 관계의 긴장 완화나 탈냉전의 분위기 속에서 오히려 약화되기 쉬운 이러한 의식을 강화하기 위해서 동원되는 것은 여전히 북한에 대한 공포다. 「북한은 변함없다 위장평화 경계하자」, 「붕괴직전 북한체제 대남도발 경계하자」, 「인민은 기아절망 김정일은 남침준비」 등의 구호에는 남한의 북한에 대한 경제적 정치적 압승에도 불구하고 북한에 대한 공포를 조장, 주입하려는 집요한 의도가 살아 있다.

이러한 '분열 공포' 혹은 '이완 공포'는 집단 광증이며, 중요한 것은 그것이 단순한 적대적 감정만으로 환원될 수 없고 반드시 그 배후에 앞서 설명한 권력 이성이 도사리고 있다는 점이다. 이 권력 이성이 노리는 것은 단순히 북한의 도발 경계나 예방이 아니라 매우 권위주의적이며 수직주의적인 질서의 정당화이고 그것에 대한 도전을 사전에 억지하거나 혹은 일시에 무화시키는 것이다.(물론 인간은 로봇이 아니고 한국인은 모두 바보가 아니므로 이러한 권력 이성이 설치한 회로를 발견하고 그것을 제거하는 사람들도 매우 많다. 그러나 그것을 시도한 수많은 사람들은 엄청난 폭압과 공포에 시달리지 않을 수 없었다. 따라서 그것을 목격한 대다수 사람들은 회로 제거, 아니 회로 발견조차 스스로 거부하며 그것을 자발적으로 내면화하며 살아 왔다.)

한 마디로 우리는 반공주의 회로판의 작동을 통해 매사에 겁먹고 움츠리게 되면서 타인의 눈에 의존해서 사는 비주체적 주체로 전락한다. 아니 오로지 반공과 애국의 주체만이 활개를 치고 개인/여성/시민 등으로서의 주체는 말살되는 결과를 빚었다.[6] 북이 호시탐탐 노리고 있는데 개인의 인권과 행복, 여성의 권리, 사상의 자유가 뭐 그리 중요할 것인가. 또한 분열과 혼란을 금기시하는 정치 사회적 심리가 아예 한국인의 심성의 일부로 전환되면서 모든 형태의 사회적 도전과 이탈을 두려워하는 사회적 차원의 문화가 굳건한 헤게모니를 확보했다.("벽에 틈이 생기면 바람이 들어오고 마음에 틈이 생기면 마가 들어온다."[7]) 더 무서운 것은 우리 자신의 눈이 타인의 눈, 정확하게 말하면 소수 집단에 의해 의도적으로 조작되고 생산된 '타인의 시선'에 의해 이미 대체되었다는 사실조차 인식하지 못하는 상황이다. 반세기를 넘게 재생산된 반공주의 회로는 모든 불법적이고 부패한 현실을 코 앞에서 보면서도 그럭저럭 순응하고 사는 버릇("좋은 게 좋은 거지 뭐. 세상이 다 그런 거지"), 그것에 대한 도전이 도전자 개인에게 쓸모없는 고통과 번민을 안겨 줄 것이라는 공포 ("너 혼자 그래 봐야 너만 손해야. 세상이 바뀌겠냐"), 이것을 통해 유지되는 집단적 범죄 행위에 대한 동참과 인정("너나 나나 다 그렇게 뜯어먹으며 사는 거지. 도덕 군자라고 별 수 있냐?")의 정치 사회적 문화를 더욱 강화하는 데 결정적으로 이바지하였다.

우리 몸 안에 자리 잡은 이러한 반공주의 회로는 체제 순응성을 강제하

6) 조한혜정, 「불균형 발전속의 주체형성」, 『철학과 현실』 1998년 여름호 참조.
7) 박홍·남용우, 『레드 바이러스』 (서울: 기독청년문화연구소, 생명문화연구소, 1997), 1면.

는 정치 사회화 과정을 통해 불균형 발전과 사회 이익의 불균등 재분배로부터 오는 사회적 약자의 저항을 봉쇄하고 길들이는 역할을 수행한다. 반공주의는 이제 단순히 북한 공산주의에 대한 비판이나 거부가 아니고 한국 사회의 억압적이고 불평등한 질서를 정당화하고, 보호하고 그것을 재생산하는데 결정적으로 기여하고 있는 생체 권력이 되어 버렸다. 그것은 이미 안기부/교육부를 정점으로 한 국가 권력이 강제적으로 구성원들에게 요구하는 외부적 이데올로기의 차원을 넘어선 지 오래다. 반공주의는 이미 한국 사회 구성원들의 정신과 가슴 속에 '한국적 정서'의 일부로 내면화되었으며 따라서 그것은 국가 권력 못지않은 또 하나의 권력인 것이다. 그것을 국가나 극우 언론이 강요하거나 조작하는 외부적 이데올로기로만 보는 것은 반공주의의 뿌리와 비강제성을 과소 평가하는 것이다. 그것은 남북한의 군사적 긴장 고조나 한국 사회의 위기시에 일상적 의식의 저변으로부터 순식간에 부상하여 안보 최우선성을 앞세우고 정당화하는 집단적 심리의 결집을 불러일으키면서 실천적 힘으로 전화한다. 그 힘을 바탕으로 지배 집단은 지배 층 내부의 파열을 봉합하고 그것에 도전하는 세력의 힘과 정당성을 일시에 무력화시킨다.(물론 그게 시간이 갈수록 뜻대로만 잘 되지 않는 현상이 나타나고 있다.)

이 짧은 글에서 길게 설명할 수는 없지만 나는 이러한 내면화된 반공주의 생체 권력을 일종의 '분단 규율'의 중요한 요소로 보았다. 그것은 북한의 시대 착오적 봉건적 주체 사상이 그러한 것처럼 현대 민주주의 사회에서 불필요한 과잉 억압적 기능을 담당하고 있으며 사상의 자유를 축으로 하는 근대적 자유와 권리를 제한함으로써 개인의 행복 추구와 한국 사회의 정상적 발전에 치명적 장애를 초래했다. 북한에서는 자유민주주의와 시장 경제에 대한 논의가 완전히 제거된 반쪽 사회가, 남한에서는 사회주의와 좌파 사상에 대한 객관적 이해와 수용이 철저히 금기된 반쪽 사회가 형성되어 한반도 주민들의 의식과 행위를 비정상적으로 절단하고 옥죄어 왔다. '레드 콤플렉스'와 '블루 콤플렉스'를 남북한에서 지난 반세기 동안 주조하는 이 과정이 얼마나 폭력적이었는가는 굳이 설명하지 않기로 하자.

모든 것을 '용공'과 '반공'의 이분법으로 재단하는 사회, 안토니오 그람시의 헤게모니 이론 수용자가 빨갱이로 매도되는 사회, 차이와 다양성을 묵살하는 사회, 적과 동지를 명확히 할 것을 강요하는 사회, 절 입장권·자판기 컵·지하철 안내 방송을 통해 모든 이웃을 잠재적인 간첩으로 의심할 것을 24시간 요구하는 사회, 모든 비판적이고 이탈적인 문제 제기가 불순 혐의를 받을 수 있는, 그래서 말조심해야 하는, 또 그래서 나는 빨갱이가 아님을 확실하게 증명하고 일을 시작해야 하는 사회, 사실 여부에 관계없이 혐의를 받은 즉시 집단적 이지메 대상으로 전락하는 사회, 좌경 자체가 범죄인 사회, 사상의 자유가 사회적 법적으로 보장되지 않는 사회, 이런 사회에서 우리들은 일종의 집단적 정신병으로부터 자유로운가? 이 사회가 변하지 않고서 우리들은, 아니 나는 과연 온전하고 행복할 수 있을까? 이러한 집단적 정신 병리로부터 자유롭지 않은 남한이나 북한이 과연 통일을 할 수 있을까?[8] 가능하다 해도 그런 통일이 어떤 의미가 있을까? 반공주의 회로판에 토대한 분단 규율을 넘어서는 일, 즉 탈분단은 꼭 통일만을 위한 것이 아니다. 그것은 궁극적으로 나의, 우리의 행복을 위한 것이다.

나는 내 몸 속에 들어와 있는 반공주의 권력과 오늘도 씨름하고 있다. 내 몸에서 이 이질적인 회로를 발견한 것은 이미 오래전이다. 문제는 그것을, 이 몸 속 외계인을 내 몸에서, 가슴에서 영원히 추방하는 일이다. 그것은 과연 어떻게 가능할까? 일단 나는 지하철에서 안기부 홍보물을 찍을 때 타인의 시선을 의식해서 이유식 광고 따위를 이유 없이 찍는 짓을 하지 않기로 결심했고 얼마 전 드디어 실천에 옮겼다. 그러나 그 순간에도 주변인들의 '따가운 시선'을 느꼈던 것은 부인할 수 없다. 그것은 그들의 시선이었나 아니면 또 하나의 나의 시선이었나? 질문은 계속된다.

---

8) 이 점에 대해 많은 생각을 빌려 주신 '탈북 지식인' 김수행 선생께 감사 드린다.

전체주의적 법 질서의 토대, 주민 등록제

김기중

들어가며

나는 지난 3월 제주도에서 열린 세계인권선언 50주년 기념 학술 행사에서 「국가의 국민관리체계와 인권 — 호적과 주민등록제도를 중심으로」라는 제목의 글을 발표한 적이 있다. 이 발표문의 요지는 대략 다음과 같았다. 우리의 주민 등록제는 군사적 방위 목적으로 도입된 것으로, 도입 이후에도 군사 정권의 통제 전략에 따라 계속 성장·발전해 오면서 우리 국민을 종횡으로 묶어 관리하는 전체주의 질서 지향의 제도이므로 폐지되거나 전면 개편되어야 한다. 주민 등록 제도가 이처럼 비정상적으로 '과대 성장'하게 된 까닭은 우리 국가 부문이 '과대 성장'해 온 탓이기도 하지만, 보다 근본적으로는 출생과 사망, 혼인과 이혼 등을 관리하는 호적 제도가 현실의 생활 관계를 반영하지 못하고 추상적인 족보의 역할만을 하고 있기 때문이다.

그즈음 정부는 1996년부터 추진해 오던 전자 주민 카드 사업을 포기하고 기존의 주민등록증을 플라스틱 형태로 일제 경신하겠다고 발표하고, 1999년 5월 말부터 17세 이상의 성인 3천 600만 명으로부터 사진과 지문을 채취하기 시작했다. 여기에 대해 몇 개 시민 운동 단체들이 17세 이상의 모든 국민으로부터 열 손가락의 지문을 채취하는 것은 인권을 침해하는 사태라고 주장하며 지문 날인 거부 운동을 전개하고 있으나, 큰 호응을 얻지는 못하고 있다. 거부 운동을 선언한 이후 접수된 다양한 사람들의 의견은 두 가지 특징을 갖고 있었다. 하나는 일반 국민들은 물론 교수, 변호사 같은 사람들도 갖고 있는 생각으로, 효율적인 범죄 수사 등의 사회 방위를 위해서는 지문 날인이 필요하지 않느냐는 것이다. 또 하나는 대부분의 일반인이 보인 반응인데, 국가 지침에 대한 거부 자체에 대한 '공포', 주민등록증을 발급받지 못할 때 입을 수 있는 불이익에 대한 막연한 '공포'였다. 국가와 시민 사회를 동일시하는 사고나 국가에 대한 막연한 '공포', 모두가 국가나 정부를 상대로 할 때 느끼던 벽과는 또 다른 커다란 벽이었다. 이런 벽은 어쩌다 생긴 것일까?

게다가 정부는 불과 2개월 동안 대상 국민의 70퍼센트 이상에게서 사진과 지문을 채취하였다고 한다. 두 달 새에 2천 500만 명의 성인이 자신에게 아무런 이익이 없으면서도 "나라가 시키는 일인데"라며 지문을 찍기 위해 동사무소를 직접 방문한 것이다. 2개월 동안 2천 500만 명의 성인이 아무런 강제가 없이도 동원되는 나라라니……

사실 위 발표문에서 나는 주민 등록제를 전체주의적 질서를 지향하는 우리 법 제도의 토대라고 하면서 주민 등록제의 폐지 없이 우리 사회의 민주 발전은 있을 수 없다는 주장을 하였으나, 그것은 논리적인 결론에 불과하였지 체화된 나의 주장은 아니었다. 하지만 마치 중범죄자처럼 열 손가락의 지문을 날인하면서도 "나라가 시키는 일이라면", "사회 방위를 위해 필수적인 제도이므로" 필요하다고 하는 생각의 벽을 느끼면서, 또 나라에 대한 막연한 '공포'에 휩싸여 있는 사람들을 만나면서, 2개월 동안 2천 500만 명의 성인이 일시에 동원되는 현실을 보면서, 이 나라는 병영 사회, 동원 국가라는 생각을 굳히지 않을 수 없었다. 그리고 절망하였다.

이제 우리는 전면적인 동원 체계를 가능하도록 하는 주민 등록 제도가 어떤 내용으로 구성되어 있는지 섬세하고 구체적으로 따져 볼 때가 되었다. 호적 제도와 주민 등록 제도는 우리의 생활 그 자체이기 때문에 그 내용을 하나하나 따져 보지 않으면 별 문제가 아닌 것으로 보일 가능성이 많고, 외국 제도와 비교할 경우에도 서로 대충 비슷한 것으로 보이기 때문이다. 그러나 하나하나 따져 가다 보면 비슷한 듯한 제도의 본질적인 차이를 감지할 수 있을 것이다. 물론 국가의 기본적인 인적 자원 관리 체계인 주민 등록 제도는 국가에 대한 분석과 국가 안에서 주민 등록 제도가 개인에게 어떤 방식으로 적용되는지에 대한 실증적 검토를 전제로 해야 그 정확한 의미와 한계를 알 수 있을 것이나, 이는 필자의 능력을 벗어나는 부분이어서 이 글에서는 따로 다루지 않는다.

주민 등록, 국민 등록, 국가 신분증의 의미

이 분야의 논의가 거의 없어서 사용하는 말의 의미가 뒤엉키는 경우가 자주 있어, 먼저 중요 용어에 대한 개념을 분명히 정하는 것이 매우 중요하다.

근대 국가에서 체계적으로 완성된 '모든 국민의 등록 제도'는 신분 등록제와 주거 등록제가 있고, 이들 제도와 직간접으로 관련된 개인 식별 번호와 국가 신분증 제도가 있다. 신분 등록 제도는 국민을 관리하는 가장 기본적인 제도로 그 형태는 다르지만 어느 나라에나 있다. 신분 등록 제도는 출생, 혼인, 이혼, 사망을 등록하는 제도로, 우리 호적 제도가 신분 등록 제도의 일종이다. 주거 등록 제도는 말 그대로 국민의 주거지를 등록하도록 하는 것인데, 행정적 통제, 복지 급부 및 통계의 목적으로 시행되고 있다. 우리 주민 등록 제도가 주거 등록제의 하나이다. 신분 등록제와 주거 등록제를 포괄하는 의미로 국민 등록제라는 용어를 사용할 수 있다.

개인 식별 번호 제도는 우리의 주민 등록 번호와 같은 것을 말한다. 부여 대상자 중에 중복되는 것이 없으며(유일 독자성), 일생 동안 변하지 않고(영구성), 개인을 특정하는 데 사용하는(전속성) 것이다. 신분 등록이든 주거 등록이든 그 정보를 전산 처리하고 있는 현실에서, 개인 식별 번호는 국민 등록 제도의 핵심이라고 할 만큼 중요한 제도이다.

한편 국민 또는 주민의 동일성을 보통 카드식으로 된 단일한 형태의 증명서에 의해서 증명하도록 하기 위하여 국가(연방 정부의 경우는 보통 지방정부)가 국가 신분증(National ID Card)을 발행하는 경우가 있다. 우리 주민등록증은 용어만 '주민' 등록증이지 전국적으로 통일된 '국가 신분증'이다. 국가 신분증은 엄밀하게 보면 신분 등록 제도나 주거 등록 제도와 구분되나, 우리 주민 등록 제도는 국가 신분증인 주민등록증을 제도의 하나로 포섭하고 있다.

우리 나라의 기본적인 국민 관리 체계

우리 나라의 국민 관리 제도는 호적과 주민 등록이 기본적인 것이다. 병역과 같은 동원 체계나 의료 보험, 국민 연금과 같은 복지 체계, 세금·금융·운전 면허와 같은 규제 체계는 물론이고, 경찰 수사 체계도 호적과 주민 등록 시스템을 전제로 하거나 그것을 그대로 이용한다.

그런데 기본적 국민 관리 체계인 호적과 주민 등록은 그 목적과 쓰임새가 서로 다름에도 불구하고, 서로 구분이 되지 않거나 심지어 주민 등록이 호적을 대체하고 있는 것이 현실이다. 주민 등록 시스템이 워낙 훌륭하게 (?) 구축되어 있고, 대부분의 호적 사무가 주민 등록을 통해 이루어지기 때문에, 국민은 호적의 존재를 거의 인식하지 못할 정도이다. 이는 시민 사회의 자율적인 거래 관계에 인적 사항을 공증해 주는 신분 등록 제도가 국민 관리라는 행정 목적의 통제 시스템에 의해 유명무실해진 것을 의미하며, 결과적으로 시민 사회의 자율적인 거래 관계가 행정 목적의 통제 시스템에 의존하게 된 것을 뜻한다. 그 구조는 호적과 주민 등록 시스템의 내용을 들여다봄으로써 이해할 수 있다.

국적과 호적

일단 대한민국의 국적을 얻은 사람은 호적법에 따라 신고하게 되어 있다. 이 신고는 주민 등록 신고와 동시에 이루어진다. 속인주의 원칙을 채택하고 있는 우리 국적법에 따라 대한민국의 국적은 아버지나 어머니가 대한민국 국민인 사람으로부터 출생함으로써 취득한다. 그 뒤 혼인, 이혼, 사망 등의 사유가 생겨나면 그때마다 신고에 의하여 호적부가 정리된다. 별도의 국적부가 없기 때문에 호적부는 국적에 관한 증명부의 역할을 한다.

우리 신분 등록 제도의 특징은 먼저 사람을 중심으로 작성하는 '인적 편제 방식'을 채택하고 있다는 데에 있다. 프랑스, 독일, 미국에서 채택하고 있는 사건별 편제 방식(예컨대 출생부, 사망부, 혼인부 등)과 달리 각 사람의 신분 변동을 하나의 기록부에 반영한다. 따라서 그 사람의 신분 관계(친족 관계)를 쉽게 파악할 수 있는 장점이 있지만, 반면 어떤 사람의 신분 관계가 누구에게나 노출될 수 있으며, 제적부의 보존 연한이 80년이므로 사실상 거의 무한으로 혈연 관계를 추적할 수 있는 단점이 있다.[1]

우리 호적제의 가장 중요한 특징은 '가 (家)별 편제 방식을 채택하고 있다는 점이다. '가'를 중심으로 호적을 편제하는 사례는 중국 민법과 스위스 민법에서도 찾아볼 수 있지만, 중국 민법과 스위스 민법상의 '가'는 현실에서 함께 생활하는 '가족'을 의미하므로(가족 편제 방식), 호주를 중심으로 현실적 생활 공동체를 이루고 있는지 여부에 관계없이 혈통 체계로 편제하고 있는 우리의 경우와는 다르다.[2] 또한 우리 나라와 가장 유사한 제도로 알려져 있는 일본의 호적도 호주라는 제도 없이 현실적 생활 공동체인 세대(世帶)를 드러내는 제도이므로, 우리의 호적 제도와는 본질적으로 다르다.

주민 등록 제도[3]

주거 등록 제도는 원래 복지 수급의 정확성을 유지하고 주소와 관련되어 있는 권리와 의무 관계를 명확하게 할 것을 목적으로 하나, 우리 주민 등록 제도는 연혁상으로 통제 목적에서 수립되고 발전되어 왔다. 돌이켜볼 때,

---

1) 장영아, 「호적제도의 개선방안에 관한 연구」, 한국여성개발원, 『'96 연구보고서』 200-4 (1996. 10.), 37쪽. 이하 외국의 호적에 관한 서술은 대부분 이 보고서를 기초로 한 것으로 따로 주석을 달지 않는다.
2) 김갑동, 「우리 나라 호적 제도의 의의 및 연혁」, 『법조』 (1994. 8.), 176쪽.
3) 이 부분에 관한 자세한 사항은 김기중, 「우리나라 주민관리제도의 비판적 분석」, 『인권과 정의』(대한변호사협회지) (1997. 7.), 39쪽 이하 참조.

지금의 주민 등록 제도는 국가재건최고회의가 1962년 5월 10일 주민등록법을 만들면서 도입되었다. 이 주민등록법은 모든 대한민국 국민에게 이름, 성별, 생년월일, 주소, 본적을 시 · 읍 · 면에 등록하도록 하고, 세대의 전부 또는 일부가 이동할 때에도 퇴거와 전입 신고를 하도록 규정하고 있다.

또 주민등록증은 1968년 5월 29일 주민등록법 제1차 개정 때 "간첩이나 불순 분자를 용이하게 식별, 색출하여 반공 태세를 강화하기 위하여"(개정 이유 중에서) 만들어졌다. 1968년은 1 · 12 무장 공비 침투 사건으로 국가 안보론이 드높았던 한 해였다. 당시 정부와 공화당은 국가 안보를 내세워 향토예비군의 조직과 무장을 강화하는 내용의 향토예비군설치법 개정안을 내놓았으나, 야당인 신민당은 국민의 기본권 침해, 정치적 목적 이용 우려 등을 이유로 강력히 반대하였다. 이에 공화당은 5월 10일 국회 본회의에서 신민당이 불참한 가운데 단독으로 법안을 통과시켰고, 주민등록증의 발급 규정을 넣은 주민등록법 1차 개정안은 위 향토예비군설치법 개정안이 단독 처리될 때 함께 통과된 것이다.[4] 이 개정법에 따라 정부는 1968년 12월 말까지 주민등록증 발급 대상자 1천 574만 명 대부분에게 각자 고유한 주민 등록 번호가 새겨진 주민등록증을 발급하였다.[5] 그런 다음 1975년 7월 25일의 3차 개정 때에는 "안보 태세를 강화하고 민방위대, 예비군, 기타 국가의 인력 자원을 효과적으로 관리하여 총력전 태세의 기반을 확립하기 위하여"(개정 이유), 주민등록증 발급 대상자의 연령을 17세로 낮추고, 사법 경찰 관리가 간첩의 색출 · 범인의 체포 등 그 직무를 수행함에 있어서 주민의 신원이나 거주 관계를 확인할 필요가 있을 경우

---

4) 『조선일보』, 1968년 5월 11일자, 1면.
5) 『한겨레신문』, 1992년 11월 18일자, 18면.

"언제든지" 주민등록증의 제시를 요구할 수 있도록 하였다. 그리고 1977년 12월 31일의 4차 개정에서 '드디어' 주민등록증의 발급 통지를 받고도 정당한 이유 없이 1년 이상 발급 신청을 하지 아니한 자에 대하여 10만 원 이하의 벌금 또는 구류에 처할 수 있는 형벌 규정이 신설된다. 1980년 12월 31일 국가보위입법회의에 의한 5차 개정 때에는 17세 이상의 모든 국민에게 주민등록증 소지 의무를 부과하고 분실했을 경우 7일 이내에 신고하도록 하였다. 그리하여 박정희 군사 정권에 의해 도입된 주민등록증 제도는 전두환 쿠데타 정부에 의해 완성된 형태를 갖추게 되었던 것이다.

다른 한편, 전국민 고유 식별 번호제인 주민 등록 번호는 1968년 전국적인 신분증 제도와 함께 도입되었다. 처음에는 주민등록증을 발급할 때 번호를 부여하였으나, 모든 국민에게 번호가 주어진 이후부터는 출생과 동시에 번호가 부여된다. 초기의 주민 등록 번호는 2부분으로 나뉜 6자리 숫자(모두 12자리)로 이루어졌으나,[6] 1975년 8월 26일부터 생년월일, 성별, 지역을 표시하는 13자리의 숫자 체제로 바뀌어 지금에 이르고 있다.

이러한 역사를 가진 우리의 주민 등록 제도는 모든 국민에게 강제되는 거주지 등록 제도, 모든 국민에게 고유하고 불변하는 번호를 부여하는 고유 번호 제도, 모든 성인에게 강제 발급하는 국가 신분증 제도를 모두 포함하고 있다는 점을 특징으로 한다.

주민의 신고에 의하여 작성되는 카드는 세대별로 작성될 뿐 아니라 개인별로도 작성된다. 결국 우리 국민은 항상 국가에 의해 개인별 · 세대별

---

6) 앞의 여섯 자리 숫자는 지역을, 뒤의 여섯 자리 숫자는 거주 세대와 개인 번호를 나타낸다. 1968년 11월, 당시 대통령이었던 박정희 부부에게는 110101-100001과 110101-200002가 부여되었다고 한다.(『한겨레신문』, 1992년 11월 18일자, 18면.)

로 체크되고 있다고 말할 수 있다. 더구나 세대별 주민등록표와 개인별 주민등록표에는 법에 규정된 신고 사항(이름, 성별, 생년월일, 본적, 주소)의 범위를 훨씬 넘어서는 과도한 내용의 기록 사항이 담겨 있다. 세대별 주민등록표에는 법정 신고 사항 외에 호주, 개인별 주민 등록 번호와 주소 이동 상황을 추가로 적어 넣도록 하고 있다. 개인별 주민등록표에는 위 신고 사항 외에도 세대 번호, 혼인 여부, 혈액형, 본적 변경 사유, 개인별 주소 이동 상황, 예비군 교육 훈련 사항, 동원 훈련 사항, 자격 면허 사항과 관련하여 직업 훈련의 직종과 훈련 실시 기관, 졸업년도와 졸업 학과, 학령 아동 관련 사항(보호자 성명, 생년월일, 주소, 취학년도, 졸업년도), 원호 대상자 관련 사항, 민방위 관련 사항, 생활 보호 대상자 사항, 주민등록증 발급 사항과 관련하여 재발급한 날, 학력, 직업 등을 기재하도록 하고 있다. 이렇게 하여 수집된 정보 항목은 모두 140개에 이르러, 한 개인에 대한 기초적인 신상 정보가 집대성되어 있다. 이런 방대한 신상 정보가 바탕이 되어 있기에 국가 총동원 체계가 가능한 것이다.

우리 현실에서 만 17세가 된 사람은 직접 동사무소에 가서 사진 3매를 제출하고 본인임을 알린 다음, 그 공무원 앞에서 주민등록증 발급 신청서와 주민등록증 용지에 지문을 찍어야 한다. 주민등록증 발급 신청서에는 열 손가락의 지문을 날인하는 난이 있고, 엄지손가락의 경우에는 평면 지문과 함께 회전 지문도 찍도록 되어 있다.[7] 그런데 이처럼 모든 국민을 범죄자 취급하는 심각한 기본권 제한 제도인 열 손가락 지문 날인 제도는

---

7) 지문을 정확하게 찍는 일은 그렇게 쉬운 일이 아니다. 손가락의 힘을 빼고 자연스럽게 회전시켜야 하기 때문이다. 그래서 보통 담당 공무원이 대상자의 손가락을 잡고 손가락을 180도 정도 돌리면서 지문을 채취한다. 외국인에 한하여 지문을 날인하도록 했던 일본도 외국인에게 심각한 불쾌감과 혐오감을 준다고 하여 왼손 집게손가락의 회전 지문을 받던 것을 1985년 7월부터는 평면 지문만 찍는 것으로 바꾸었다.(법무부, 「재일한국인의 지문날인제도」, 『법무자료』 제26집, 1985. 10., 26쪽).

단순히 시행령과 서식 규정에 근거를 두고 있을 뿐이다. 다만, 전자 주민 카드를 도입하기로 했던 1997년 12월의 개정 주민등록법과 전자 주민 카드를 폐지하기로 한 1999년 4월의 개정 주민등록법에는 주민등록증에 수록할 사항으로 '지문'을 규정하고 있다.

외국의 국민 등록 제도(population registers)

우리 국민 등록 제도가 전체주의적 질서를 지향하고 있다고 선언하기는 쉬워도 이를 논리적으로 설명하는 것은 그렇게 쉽지 않다. 또한 앞에서 말했듯이 우리 국민 등록 제도가 국민에게 어떤 방식으로 작용하는지 추적하는 것도 어려운 일이다. 이런 점에서 외국의 제도를 비교해 보는 것은 참으로 쓸모 있는 관점을 우리에게 제공한다. 외국의 제도와 비교하고 각자의 체험을 결합하면 국민 등록 제도가 우리의 의식에 미친 영향을 경험적으로 이해할 수 있으리라 믿는다.

독일

독일도 우리의 경우처럼 호적과 주민 등록, 국가 신분증 제도가 있다. 하지만 그 구체적인 내용, 제도가 지향하는 방향은 판이하게 다르다.

먼저 호적 제도를 보자. 서유럽 제국이 일반적으로 그러하듯 독일의 신분 등록 제도도 각 교구에서 소속 신자의 이름과 세례 날짜 등을 기록한 교회부(세례부, 혼인부, 매장부)에서 유래했다. 교회로부터 신분 기록에 관한 권한을 국가로 가져온 프랑스 혁명을 계기로 프랑스 민법은 1804년 신분 증서(l' acte d' état civil)에 관한 규정을 두고 이 규정이 민사적 목적을 위한 것임을 분명히 했고, 독일의 신분법도 이에 따랐다.[8] 독일 신분 등록 제도는 출생부, 혼인부, 사망부, 가족부로 구성되어 1인 1적으로 관리된다. 가족부는 부부의 주소나 거소의 이전에 따라 이동하며, 그 기재는 계속 이어지도록 하여 가족부에 의해서 혈연 관계가 증명될 수 있도록 하였다. 이 같은 1인 1호적제, 출생부, 혼인부, 사망부를 따로 두는 사건별 기재 방식은 서구 사회에서 일반적인 것으로, 개인이 자신의 필요에 의해 호적부를 이용하기에는 편리한 반면, 국가가 국민 개개인의 삶에 관여하기란 애초에 불가능하도록 되어 있다.

독일의 주거 등록 제도를 보면, 각 주의 주민은 1945년 이래 주법에 따라 주소가 바뀔 경우 변경 사실 및 바뀐 주소를 주 정부에 신고하도록 되어 있다. 신고 사항은 분명하지 않으나 본인 확인 정보(이름, 생년월일)와 주소에 한정되는 것으로 보인다.[9] 이 등록 정보는 세금 부과, 선거인 명부 작성, 신분증 발급과 같은 일반 행정을 위해서 사용될 뿐만 아니라 경찰 조사를 위해서도 제공된다. 다만, 연방 정부가 관리하는 신분 등록부(호적부)와 지방 정부가 관리하는 거주 등록부는 별도로 관리되므로 상호 통보되지 않으며, 각 지방 정부 사이에도 거주 등록부의 정보를 상호 통보하지 않고 거주민 등록 전산망도 서로 연결되어 있지 않다.[10]

다른 서구 여러 나라와 달리 독일은 오래전부터 국가 신분증을 발급하고 있다는 점에 특색이 있다. 독일인은 16세가 되면 신분증을 소지하고 조사할 권한을 가진 행정청의 요구가 있을 경우 제시할 의무가 있다. 다만

8) 장영아, 「호적제도의 개선방안에 관한 연구」, 68~70쪽.
9) OECD, *Automated Information in Public Administration* (Paris, 1974), p. 67.
10) Philip Redfern, "Population Registers: Some Administrative and Statistical Pros and Cons," *Journal of Royal Statistical Society* No. 152 (1989), Part I, pp. 3~6.

여권을 갖고 있는 사람은 여권에 의하여 증명할 수 있다. 신분증에는 성과 이름, 학위, 예명, 출생일과 출생지, 신장, 눈의 색깔, 주소, 국적 등을 기재하고 일련 번호가 주어지며, 성과 이름, 학위, 출생일, 일련 번호, 유효 기간에 관한 사항은 OCR로 자동 판독이 가능하다. 위와 같은 내용만 보면 독일의 국가 신분증 제도는 상당히 인권 침해적이라는 생각을 가질 수 있다. 하지만 신분 등록, 주거 등록 및 이와 연동되는 국가 신분증 제도는 기본적으로 '권력'의 문제이다. 인권 또는 헌법상 기본권에 부합하는가라는 관점에서 국가 신분증 제도를 검토할 때 관심을 가질 부분은 고유 식별 번호의 존재와 기록 여부, 신분 등록 또는 주거 등록 제도와 연계 문제, 그리고 소지와 제시 의무 및 동일성 식별과 관계없는 통제적 내용이 수록되는지 아닌지 하는 것이다. 독일의 신분증명법은 위와 같은 제도가 갖는 침해적 요소를 배제하도록 하는 여러 장치를 마련해 두고 있고, 이 것이 우리의 주민등록증 제도와 근본적으로 다른 점이다.

우선 신분증을 발급할 때 부여하는 일련 번호는 새로운 신분증을 발급할 때마다 새로 주어진다. 따라서 통일적인 번호 제도는 유지될 수 없다. 일련 번호에 인적 사항이나 기타 사항을 암시하는 내용을 담을 수 없도록 명시하고 있고, 공적 부문은 물론이고 민간 부문에서도 일련 번호를 (전산)자료에서 인적 사항을 추출하거나 또는 (전산)자료의 결부를 가능하게 하는 데 이용할 수 없다. 또한 신분증 발급에 관한 기록을 할 때 일련 번호를 포함하여 모든 사항을 '인쇄'에 의해서만 기록할 수 있고(그리고 그러한 기록 인쇄도 신분증에 기재된 모든 사항이 아니라, 신분증의 발급 사실과 이름, 출생일, 일련 번호에 한하여 연방 정부만이 할 수 있다), 그 인쇄 기록은 신분증이 발급되었음을 입증하기 위해서만 이용할 수 있으며, 공적 부문은 물론이고 민간 부문에서도 인적 사항의 자동 인출과 자동 저장을 위하여 신분 증명서를 사용할 수 없다. 독일은 국민에게 신분증을 발급할 때 국가가 이 기록을 이용하여 국민을 통일적으로 관리할 수 없음을 분명히 한 것이다. 곧 독일의 국가 신분증은 자신의 동일성 증명을 위해서 그 소지자만이 이용할 수 있는, 그리고 그 목적만을 위하여 발행된 '고유한 의미의 신분증'이다.

프랑스

프랑스는 모든 국민에게 개인 식별 번호를 부여하지만, 강제적인 주거 등록 제도를 두고 있지는 않다.[11] 물론 강제적인 신분증도 없다. 하지만 프랑스에서 개인 식별 번호 제도가 시행되고 있는지 여부, 그리고 시행되고 있다면 실제로 사용되고 있는지 여부는 사실 불분명하다. 개인 식별 번호의 중요성, 특히 개인 등록 정보를 대부분 전산 처리하고 있는 현실(개인 식별 번호는 개인 정보를 전산 처리할 때 비로소 강력한 기능을 발휘한다)에서 프랑스에 개인 식별 번호가 있다면 반드시 그 사용례가 있을 터인데 이에 대한 언급이 거의 없으며, 그 시행의 근거 법률에 대한 논란이나 개인 식별 번호가 사용되는 영역 또는 전산 처리 조직에 대한 언급이 없는 점에 비추어, 실제로 시행되고 있는지에 대해 의문을 갖지 않을 수 없다. 설사 프랑스에서 개인 식별 번호제가 시행되고 있다고 하더라도 현실에서는 거의 사용되지 않는 것으로 보인다.

어떻든 프랑스도 독일과 유사한 형태의 호적 제도를 두고 있다. 즉 1인 1호적제, 출생부와 사망부 등을 별도로 두는 사건별 편제 방식으로 운영

---

11) Philip Redfern, *ibid.*, Part I, pp. 4~5.

된다. 프랑스는 주거 등록제, 통일적인 신분증이 없으므로 결국 본인의 존재 여부, 동일성 확인, 가족 관계, 주거 관계 등에 대한 사회적 수요를 신분 등록 제도만으로 충당하고 있다. 우리의 관점에서 보면 이런 사회가 어떻게 안전하게 유지될 수 있는지 의문일 뿐이다.

일본

일본은 신분 등록 제도로 호적 제도를, 주거 등록 제도로 주민 기본 대장제를 두고 있으나, 국민에 대한 개인 식별 번호제와 국가 신분증 제도는 채택하지 않고 있다. 앞에서 지적했듯이 일본의 호적 제도는 우리와 제도의 이름은 같지만 그 내용은 많이 다르다. 우선 인적 편성주의를 채택하고 있다는 점, 일본 국적을 가진 자에 대해서만 편제한다는 점은 우리 호적 제도와 같으나, 일본은 호주라는 제도 없이 시정촌(市町村)의 구역 내에 본적을 정한 한 쌍의 부부와 이와 씨(氏)를 같이하는 자(子)를 함께 편제하는 부부 중심의 가족별 편성주의를 채택하고 있다는 점에서 기본적인 차이를 보이고 있다. 일본의 가족 편성주의는 서유럽의 가족부와 유사한 것이지만, 출생과 사망, 혼인의 사실도 하나의 호적에 일괄 기재하는 점이 다르다. 자녀가 혼인하였을 때는 부모 호적에서 제적하고 새 호적을 만들며, 부부가 이혼했을 때에는 원래의 호적으로 복귀하도록 하거나 새 호적을 편제한다. 따라서 호적이 기본적인 생활 관계를 나타내므로 별도의 주거 등록제가 없이도 국민 관리가 가능한 상태에 있다.

일본 호적법은 호적 등재인의 주소에 관하여 아무것도 요구하지 않는다. 따라서 비록 호적이 현실의 생활 공동체를 그대로 반영한다 하더라도, 행정 목적으로 주민의 거주 관계를 파악할 필요는 있게 된다. 그래서 일본은 주민기본대장법(住民基本臺帳法)에 의하여 주민에게 지방 자치 단체에 대한 주소 및 주소 이동의 신고 의무를 지우고 있다. 대부분의 행정 서비스와 복지 서비스가 지방 자치 단체에 의해서 이루어지는 특성상, 주소의 이동에 의해서 변경되는 '주민의 지위'를 분명히 하는 것이 주거 등록의 기본적인 목적인 것으로 보인다. 주민표는 개인을 단위로 하여 세대마다 편성한다. 우리는 개인별 주민등록표 외에 세대별로 주민표를 만들며, 주민표에 의해 수집되는 정보가 국가 동원 체계에 필요한 것으로 광범위하게 확장되어 있다는 점과 비교할 수 있겠다.

일본 정부(주관 자치성)는 1997년 6월 시정촌별로 만들어져 있는 주민 기본 대장 데이터 베이스를 서로 연결하여 등록된 정보 가운데 이른바 '필수 4정보'(이름, 주소, 성별, 생년월일)만을 서로 교환할 수 있는 컴퓨터 네트워크를 구성하고, 주민 등록 정보를 서로 구별하기 위하여 전국 공통의 중복되지 않는 주민 기본 대장 코드(표준 개인 식별 번호)를 부여하자는 계획을 발표하였다. 새로 부여하는 개인 고유 번호는 어떠한 개인 정보도 판별할 수 없는 10자리의 단순 숫자로 하되 다른 행정 기관이 구축한 데이터 베이스와 결합할 수 없도록 하는 것으로 되어 있다. 일본 정부의 계획에서 특이한 점은 한국에서 도입을 시도한 전자 주민 카드제와 유사한 IC 카드 형태의 신분증 도입 계획을 포함하고 있다는 점이다. 일본 정부의 이러한 급진적인 계획은 PIJ(Privacy International Japan)를 중심으로 한 시민 사회 단체의 격렬한 반대를 받고 있어 그 시행 여부는 불투명하다.[12] 만약 일본 정부의 계획대로 시행된다면 일본도 호적제 및 주민 등록제 외에 국가 신분증 제도와 전국민에게 적용되는 개인 식별 번호 제도를 갖게 되어 한

---

12) 齊藤貴男, 「プライバシー クライシス」, 『文藝春秋』(1999. 1.).

국과 가장 유사한 형태의 국민 등록 제도를 운용하는 나라가 될 것이다.

미국

미국은 아주 느슨한 형태의 신분 등록 제도를 갖고 있으면서도 주거 등록 제도는 물론이고 개인 식별 번호도 국가 신분증 제도도 없다. 미국에서는 출생 기록이 곧 국적 기록이 된다. 출생, 사망, 혼인의 사건별로 기록부가 작성되고 개인별로 기록되며 가족 관계는 기록되지 않으므로, 철저하게 사건별 · 개인별 기록 제도로 유지된다. 각 기록간에 연결 요소가 없으므로 개인 신분 사항을 한 번에 알아볼 수 없다. 따라서 누군가 사망함으로써 상속이 시작되어 그 자녀가 몇 명이고 상속인인지 여부를 확인하려면 각각에 대한 출생 증명서를 일일이 확인하는 수밖에 없다. 이 때문에 상속 제도는 원칙적으로 유언 상속에 의한다.

이처럼 허술한 등록 제도를 유지하고 있는 미국이지만, 엄격한 국민 등록 제도를 유지하고 있는 스웨덴 등 북구 제국과 가장 유사한 제도를 갖고 있다는 지적이 가능한 이유는 사회 보장 번호 때문이다. 미국의 사회 보장 제도와 사회 보장 번호는 미국에서 생활하는 데 필수적이므로 결과적으로 강제적인 주민 등록과 개인 식별 번호를 부여하는 것과 같은 효과를 주고 있다. 미국 시민권자와 영주권자는 물론 합법적인 외국인 거주자도 발급받을 수 있는 사회 보장 번호는 9자리의 숫자 3부분으로 구성되어 있다. 그 첫 번째 세 자리 수는 신청 지역을, 중간 두 자리 수는 발급 그룹을, 마지막 4자리 수는 발급 순서를 나타내며, 범죄에 이용되는 등 특별한 사정이 없는 한 평생 동안 사용하도록 되어 있다. 사회 보장 번호는 처음에는 사회 보장 제도에만 사용되었으나, 1961년 국세청이 사회 보장 번호를 납

세자 번호로 사용한 이래, 운전 면허증의 취득, 은행 거래, 외국인 등록, 학생 등록 등과 같이 공공 부문은 물론이고 민간 부문에서도 광범위하게 사용되고 있다.

우리 나라 국민 등록 제도에 대한 평가와 대안

이렇게 외국의 제도를 구체적으로 비교하는 것만으로도 우리 국민 등록 제도의 문제점은 자연스럽게 드러난다. 외국의 제도와 구분되는 우리 주민 등록 제도의 가장 큰 특징은 주거 등록, 주민 등록 번호, 주민등록증 등 세 가지 제도가 거의 분리되어 있지 않고 상호 연동되며, 행정 통제는 물론 국가 안보, 경찰 수사 등에 광범위하게 사용된다는 점이다. 필립 레드펀(Philip Redfern)이 상정한 가장 이상적인 등록 제도로 주소의 갱신 체계와 중앙 등록부 및 이를 연결하는 개인 식별 번호의 세 가지 요소가 꼽힌다. 이 요소를 만족하는 나라는 스웨덴, 노르웨이 정도이다. 그런데 우리의 경우는 이 세 가지 요소를 모두 갖추고 있을 뿐만 아니라 주민 등록 제도와 연결되어 있고 개인 식별 번호가 수록되어 있는 국가 신분증 제도를 두고 있으며, 주민 등록 제도는 다시 신분 등록 제도인 호적 제도와도 개인 식별 번호를 통해 서로 연결되어 있으므로, 국민 등록 제도의 면에서 보면 가장 완벽한 형태의 것이라 하겠다.

결국 우리의 국민 등록 제도는 우리 사회를 하나의 단일한 유기적 조직으로 묶어 내는 기본적인 제도로 기능하게 된다. 이 제도들 때문에 주민 등록이 되어 있지 않다는 형식적 이유만으로 '주거 부정'으로 간주되어 각종 불이익을 받게 되고, 주민등록증이 없다는 이유만으로 신분 이상자로 낙인 찍히며, 주민 등록 번호가 없으면 아예 대한민국 국민임이 부정되는 어이없는 결과가 현실에서 일상적으로 일어나게 된다. 최근 어떤 이가 동사무소에 가서 지문을 거부한다고 밝히자 동사무소 직원은 "우리 나라 국민이 아니군요"라고 반응했다고 한다.

근대 국가는 태생부터 군사용 동원과 영토 내 지배력의 확장을 위해 국민에 대한 정보를 필요로 했고, 수집된 정보를 구분하고 정리하여 개인들의 활동을 규제하기 위하여 관료제를 발전시켰다. 따라서 호적, 병역 등 영토 내에 단일한 인적 자원 관리 체계는 근대 국가의 본질적인 특성이다. 하지만 국가 구성원들의 일상 생활과 일상 활동에까지 관여할 수 있는 국가 권력의 강화와 자기 논리에 따른 성장에 대해 국가 구성원 또는 시민 사회는 다양한 형태의 투쟁을 통하여 국가 권력의 과도한 확장을 제어하려 했고, 어느 정도 성공한 것이 곧 기본권 또는 인권 개념일 것이다. 우리의 경우, 해방 이후 미군정 시기 때 갑자기 근대 국가의 형식은 주어졌으나, 시민 사회 영역이 미성숙한 상태에서 국가 영역이 과대 성장[13]하게 되었다. 미군정, 유신 독재를 거쳐 완성된 주민 등록 제도는 곧 사회 전반의 통제 기능의 완성을 뜻한다. 이런 점에서 감시 활동의 강화(국가 행정력의 강화)는 전체주의적 지배 체제로의 경향과 관련 있다는 기든스의 평가에 주목할 필요가 있다.[14] 우리의 경우 '가' (家) 중심의 관념적 신분 등록제, 강제적인 주거 등록제 및 이와 연동되는 국가 신분증과 위의 모든 것을 상호 연결하는 개인 식별 번호제를 갖고 있으며, 이를 기초로 전국민 동원 체제를 가동하고 있으니, 우리 법 질서의 기본 토대는 여전히 전체주의적

---

13) 최장집, 『한국민주주의의 이론』 (한길사, 1993), 160쪽.
14) Anthony Giddens, 『민족국가와 폭력』, 진덕규 옮김 (삼지원, 1991), 383쪽.

질서에 기반하고 있다고 평가할 수밖에 없다.

　그런데 주민 등록 제도가 왜 이렇게 외국의 사례와 달리 비정상적으로 발전해 왔는지 이해하려면 우리 호적제의 현실을 이해할 필요가 있다. 우리 주민 등록 제도가 비정상적으로 '과대 성장'하게 된 이유는 우리 호적제가 다른 입법례와 달리 생활 공동체와 동떨어진, 호주를 중심으로 하는 친족 체계로 구성되어 있기 때문이다.

　중국과 일본을 포함하여 우리가 파악할 수 있는 외국의 신분 등록 제도는 모두 현실 생활 공동체를 그대로 반영하거나, 개인별 또는 사건별 편제 방식을 취하고 있어 '호'(戶)는 물론이고 '적'(籍, 소속)도 문제되지 않는 '개인의 신분 변동을 기록하고 보존하기 위한 공부'의 성격을 지닌다. 개인이 자신의 존재, 주거, 타인과의 관계를 입증할 필요가 있을 때에는 현실의 관계를 반영하고 있는 이 호적부를 이용함으로써 해결된다. 그래서 각 나라는 별도의 주거 등록 제도를 운영하지 않거나 주민의 권리 의무를 명확히 하기 위한 범위 안에서 현재의 주소와 주소 변동을 등록하는 간명한 주거 등록 제도를 취할 수 있게 된 것이다. 또한 신분 등록 제도를 국가 신분증 제도와는 다른 목적 아래 별도로 운영하기 때문에, 우리처럼 호적 제도와 별개로 운영되면서 상호 연동되는 주민 등록, 주민 등록 번호, 주민등록증 제도를 채택하고 있는 경우는 없다.

　그런데 우리의 경우는 호적이 신분 및 주거 관계 확인에 관한 현실의 다양한 요구를 충족시키지 못하자, 주민 등록 제도가 외국의 제도와 달리 호적 제도와 별개로 발전하면서 군사적인 필요와 행정의 효율성 증진을 위해 부지불식간에 주민 등록 번호와 주민등록증 제도를 추가하게 되었고, 그것들이 오히려 호적 제도보다 더 강력한 국가 관리 체계로 정착하게 된 것이다.

결국 주민 등록제는 호적제의 개편과 함께 폐지되거나 전면 개편되어야 한다. 개편의 방향은 주민 등록제 전체를 폐지하고 현 주민 등록 제도에 대한 사회적 수요를 충족시킬 수 있는 방식으로 호적제를 보완·개선하는 것이어야 한다. '가'(家) 중심의 호적 제도는 개인별 또는 부부별 편제 방식으로 바꾸면서 주소 등록 제도를 겸하는 방식으로 대폭 간소화될 필요가 있다. 이 방식은 인권 침해적 요소를 최소화하면서도 행정 효율을 달성하는 최선의 길인 것으로 보인다. 특히 호주 중심의 우리 호적 제도는 개인의 혈통을 거의 무한대로 추적할 수 있도록 하고, 평생 동안의 지역 관계를 파악할 수 있다는 점 외에도, 국민은 항상 그 존재를 의식하고 그것에 구속받고 있다는 중압감을 느끼며, 여성이나 비적출자(非嫡出者)에 대한 차별의 원인이 된다는 점에서 시급히 개편되어야 한다. 프랑스에서 호적 제도의 불편함에 대하여 오래전부터 논의해 왔음에도 불구하고 여전히 사건별 편제 방식을 유지하고 있는 것은 개인 또는 가족에 대한 국가 간섭을 배척하는 것이 보다 옳은 가치라는 의식이 작용했기 때문이다.

주민 등록 번호도 폐지되어야 하나, 미국의 사회 보장 번호처럼 그 폐지 주장은 이미 늦은 감이 없지 않으므로, 최소한 아무런 내용을 담지 않은 무의미한 숫자로 변경해 신생아에게 부여하되, 주민 등록 번호의 무분별한 사용을 엄격하게 제한해야 할 것이다.

주민등록증도 폐지되어야 마땅하다. 신분 확인이 필요한 개인은 대부분의 외국처럼 운전 면허증이나 여권을 사용하면 된다. 주민등록증 제도를 전면 폐지할 수 없다면, 적어도 강제 발급이 아닌 임의 발급, 즉 필요한 사람에 한하여 발급하도록 하되, 독일의 경우처럼 주민등록증에 수록되는 정보나 발급 정보를 국가가 보유하면서 사용할 수 없도록 법으로 정해야 한다. 즉 부부 중심으로 호적을 편제하고, 부부 중심의 호적에 주소를 부기하는 방식으로 주민 등록제를 폐지하거나, 일본 주민기본대장법처럼 주민 등록 번호 없이 전입, 전거, 전출에 따라 주소 신고만으로 제도가 운영되도록 간소화하고 주민 등록 번호를 무의미한 일련 번호로 바꾸되 그 사용을, 특히 전산망에서 연결자로 사용하는 것을 엄격하게 제한하며, 위 제도들과 주민등록증의 연결 관계를 끊어야 한다. 이러한 제도를 통해서만 개인과 시민 사회는 국가로부터 자유로울 수 있을 것이다.

인간성을 파괴하는 한국의 '군사주의'

박노자

머리말

한국 사회에서 군대가 어느 정도의 역할을 하는가에 대해서 내가 처음으로 직접 이야기를 들은 것은 1991년 여름이었다. 성페테르부르그 국립대 한국사학과 학생이었던 나는 그때 들뜬 기분으로 한국 어학 연수를 준비하고 있는 참이었다. 선배들이 다 하나같이 평양의 김일성종합대학으로 갔다오곤 하였는데, 나에게 한국 사학과 역사상 처음으로 미지의 땅 남한으로 파견된다는 것은 자랑이자 부담이었다. 남한 실태에 대한 책이라곤 안 읽은 것이 거의 없을 정도로 열의가 대단하였는데, 그 당시에 소련의 남한 관계 자료가 북한의 어조를 많이 답습한 관계로 그 내용을 사실로 인정하기가 곤란하였다. "그게 아니다"는 생각으로 책을 접어 두고 남한을 이미 잠깐이라도 가 본 일이 있는 학계의 원로 교수들을 찾아다니면서 이런저런 질문 공세를 폈다. 대부분은 서울의 화려함과 물자의 풍족함을 높이 평가하는 정도의 피상적인 관찰을 이야기해 주는 데에 그쳤는데, 한국 고대 문학을 전공하는 한 여교수의 대답은 그 당시 나로서는 상상 밖이었다.

"그 나라 산천의 아름다움이란 환상적인 것이오. 그 산, 그 계곡 들을 한참 보다가 혼이 빼앗긴 것같이 매료된 적이 많아요. 그리고 손님, 특히 고위급 손님한테 보이는 친절은 상상을 훨씬 넘지요. 그러나 열심히 들여다보면 알겠지만, 그 나라의 정치 구조는 우리 소련과 대동소이한 무서운 독재이고, 그 사회의 뼈대를 이루는 것은 역시 군대가 아닌가 싶소. 그 사람들이 군대에 안 갔다온 남자를 인간 이하로 대접하는 것은, 의식이 없는 우리 소련의 하층민들과 똑같아요. 거기에서 군대 복무는 주요한 통과 의례이자 정권을 위한 세뇌 기간이에요. 하여튼 첫날부터 모든 주요 건물을 자동총을 든 헌병들이 지키고 있는 광경을 보면 다 이해할 수 있을 거요. 그리고 당신이 좋아하는 평화주의를 거기 가서 들먹이지 말았으면 해요. 그 사회와는 아직 안 맞으니까. 거기가 서구라파가 아니라는 사실을 알고나 가시게!"

소련 말기에 공산당의 부패한 일당 통치를 혐오하는 지식인들에게 '소련 독재'라는 말은 최악의 정치 형태를 뜻하였다. 소련군에 의한 무자비한 아프가니스탄 침공이 막 끝난 직후에, 나와 같은 젊은 학생들에게 군대에 가서 살상 기술을 익히는 것이 '학생답지 못한' 일로 인식되었고, 서구 신좌파식 평화주의가 매우 매력적이었다. 독립하려던 아제르바이잔이나 발틱 공화국에서 소련 군대가 횡포를 부리고 양민을 학살하는 그때에, 군대에 갔다온 것을 환영한다는 것은 "의식 없는 소시민 수준의 짓"이라고 의식되었다. 한 마디로 공산당의 일당 독재와 그 독재를 받쳐 주는 살인자 집단인 군대, 그 군대를 우러러보는 '의식화되지 못한' 소시민들, 이 모든 것이 우리에게 이질적이고 혐오스러웠다.

그러나 남한에서도 우리와 같은 독재와 군대 위주의 사회, 우리와 같이 군대를 좋아하는 우민(愚民)들이 존재한다니 웬 날벼락? 사회주의 진영의 선전을 의심하였던 우리는, 우리가 읽어야 했던 북한 책들과 북한 논조를 따르는 소련 책에서 남한 관련 서술이 매우 부정적인 만큼, 오히려 우리와 그때 거의 교류가 없던 남한을 무척 궁금해 하고 좋게 보려고 했다. 금단의 열매에 대한 동경이라고 할까? 북한이 우리와 같은 일당 독재 국가라는 전제하에서, 북한과 대치하는 남한을 어렴풋이 서구식 민주 국가로 상상하였는데, 남한을 '군국주의 국가'로 보는 그 원로 여교수의 말씀이 여간 충격적이지 않았다. 이 말씀을 갖고 며칠 동안 고민하다가 "구시대의 인물이 남한을 잘못 보신 거였겠지"라는 단순한 해답으로 결국 평안을 되찾았다. 그때의 나의 순박함은 지금은 부끄럽기 짝이 없다.

'죽을 고생'이라는 화두

1991년 이른 가을, 설레는 마음으로 김포공항에 내리는 그 순간. 다습하고 몹시도 따뜻한, 어머니 품처럼 포근한 날씨에 나는 비행기에서 내린 순간부터 매우 반했다. 그러나 이게 무엇인가? 여권 검사를 받고 난 나에게 제복을 입은 중년의 한 남자가 갑자기 다가와, 한국에서 어디에 얼마 동안 있겠느냐, 뭘 할 거냐 별의별 것을 다짜고짜로 따지는 것이 아닌가? 내가 공부할 고려대학교의 대표자가 마중 나온 것을 확인한 뒤에야 그 남자는 어디론가 사라져 버렸다. 순진하고 어린 나는, '민주 국가' 남한에서 소련이 '특정 국가'(즉 적성 국가)로 분류되어, 장기 체류할 소련 시민이라면 다 공항에서 안기부 직원과 면담을 거쳐야 한다는 사실을 꿈에도 상상하지 못하였다.

고려대학교 기숙사에 투숙, 같이 생활하고 공부할 한국 친구들을 처음으로 만나는 감동적인 시간들. 그러나 만남의 첫순간부터 나는 어색하지 않을 수 없었다. 극동 문화권에서 우리와 달리 사회의 일체 관계가 연령 질서로 이루어져 통성명한 뒤 꼭 상대의 나이를 묻는 것이 그 사회의 상식이라는 것을 '조선 문화' 시간에 배운 바 있는 나는, 다른 외국인과 달리 "몇 살이냐?"는 첫 번째 질문에 전혀 난색을 표하지 않았다. 그러나 두 번째 질문은 예상 밖이었다. 아니, 내가 낯선 '조선 말'을 잘못 알아들었던 것인지, 나에게 "군대에 갔다왔느냐"는 걸 왜 물어 봤을까? 모든 학생이 재학시에 병역이 면제되고, 준박사까지 획득한 학자는 종신토록 병역이 면제되는 소련의 지식인 사회에서 이러한 질문은 무의미하였다. 짧은 한국어로 이 상황을 요령껏 설명하자 고려대 학생들이 상당히 부러워하는 눈치였다. 한국에서 징병제가 존재하는 사실을 책에서 알고, 소련과 같이 모종의 지식인 우대 정책이 있는 줄로 생각했던 나는, 놀란 어투로 "그럼, 당신들도 군대에 갔다와야 하느냐?"는 질문을 던졌다. 고려대 학생들이 실소를 금치 못하였다. 그 중에서 한 선배가 웃으면서 "거기에 가서 죽을 고생 실컷 하고 어른이 되어 돌아온다"는 식의 대답을 하였다.

여기에서 나는 대단한 궁금증을 느꼈다. '죽을 고생'이라니 무슨 말일까? 주로 저학력자들만 가는 소련 군대에서는, 고참에 의한 신참 구타가 제도화되어 있는 등 노골적인 테러적 권위주의가 팽배하였다. 소련 군대에서의 인간성 파괴는 우리 같은 젊은 학생들의 반소 감정을 불러일으키는 주된 요소였다. 그러나 우리와 오랫동안 대치해 왔던 '서방식 국가' 남한에서도 소련과 같은 폐단이 있다는 말인가? 그리고 "군대에서 어른이 된다"는 발언은, 그 사람들이 우리의 '의식화되지 않은 소시민' 들처럼 폭력 집단인 군대에서의 복무를 모종의 통과 의례로 보고 있다는 원로 여교수의 말씀을 뒷받침해 주는 것인가? 나는 궁금증을 참지 못하여 학생들에게 설명을 부탁하였다. 거기에 가서 구체적으로 무슨 '죽을 고생' 을 하는지, 그리고 어떤 의미에서 어른이 된다는 것인지? 흥분한 나를 보고 있는 고려대 학생들이 이제 와서 드러내 놓고 파안대소하기 시작하였고, 나에게 별다른 대답을 주지 않았다. 지금 생각으로는, 군대에서 이미 머리가 깨지도록 맞았거나 화장실에서 기합받고 고생할 각오를 하던 그들이, 나를 끝없이 순진한 외국인으로 보고 진지하게 대답할 필요를 느끼지 않았던 것 같다. 아니면, 처음으로 보는 외국인에게 전차의 포신에 발목이 묶인 채 걸려서 구타를 당하는 이야기, 총을 잘못 닦은 죄로 이빨 몇 개를 잃은 이야기, 의무실에서 깨진 머리를 꿰매는 이야기, 이 모든 '죽을 고생' 의 경험담을 솔직하게 들려 주면 자기 얼굴에 먹칠한다고 생각했을까? 하여튼 그때 그 첫순간부터 나는 그 고생이 무엇을 뜻하는지 꼭 알아내겠다고 마음 먹었다. 그리고 그 사람들이 군대에서 겪은 경험을 어떻게 인식하는지 알아봐야겠다고 내심 다짐하였다. 이 두 개의 화두를 가지고 나는 지금껏 한국 사회를 나름대로 탐구해 왔지 싶다.

　고려대에서 공부하는 3개월 동안 나는 한국 남학생 몇과 꽤 가까워졌다. 초면부터 '죽을 고생' 과 '통과 의례' 이야기를 시키는 것이 무례인 줄 알아챈 나는, 이제 몇 번의 만남 뒤에 술자리에서 군대라는 화제를 조심스레 꺼내는 수법을 택하였다. 생각보다 반응이 호의적이었다. 형식적인 대답으로 대충 얼버무린 사람도 있었지만, 군대 생활에 대한 회상과 나름대로의 생각을 어느 정도 솔직하게 털어놓는 학생도 있었다. 내가 그 학생들의 고백을 토대로 이해할 수 있는 것은 대략 이랬다. 대부분의 한국 남성은 어릴 때부터 군대에 대해 상당히 복합적인 감정을 갖는 듯하다. 한편으로는, 맞을 고생과 음식 급히 먹어야 할 일, 상사의 닦달을 잠자코 참아야 할 일 등을 처음부터 충분히 예상하여 군대에 대한 엄청난 공포감과 거부감을 갖는다. 아무래도 인간의 존엄성과 최소한의 신병 안전을 지향하는 것은 동서고금을 막론하는 인류의 상정인 셈이다. 특히 '운동권'에 영향을 받은 학생들은 군대 가서 동족과 싸울 준비를 해야 한다는 것에 특별한 거부감을 보였다. 그러나 다른 한편으로는, 사회의 전체적인 분위기상 군대 복무가 남성에게 가장 중대한 통과 의례로 인식되었고, 군대를 갔다오지 않으면 사회에서 성공하기 어렵다는 통념이 널리 퍼져 있었다. 즉 병역 미필자는 이른바 '조직 사회'에서 제대로 적응하기도 어렵고 진출하기도 힘들다고 여겨지고 있었다. 결국 가정과 사회가 남성들에게 취직과 직장에서의 성공을 강요하는 분위기에서, 개인은 구타에 대한 공포감과 자유 박탈에 대한 거부감, 동족 살상 가능성 앞에서의 좌절감 등 복잡한 감정을 억누르고 사회적 성공을 위해 개인의 선택과 권리를 희생시켜야만 하였다. 그러나 이러한 대사회적인 굴복과 반발을 자제하는 대가로, 억눌린 분노가 많은 남성들에게 보편화되어 있는 것으로 보였다. 소련보다 생활 수준이 상당히 높은 남한에서, 많은 남성들이 그 풍요를 남보다 더 누리기 위해서 2~3년 동안의 비인간적인 대우를 참아 내야 하고, 나중에 알게 모르게 어떤 형식으로든 그 후유증을 애써 치유해야 한다는 것은 나로서는 충격적인 발견이었다.

이 학생들의 고백을 들으면서 또 한 가지 느낀 것은, 일부 운동권 학생들을 빼고는, 나머지 대부분이 군대와 관련된 여러 문제에 대해 스스로 비판적인 의식을 거의 갖지 못하고, 매체의 '통설'들을 거의 암기하듯이 반복하는 것이었다. 예를 들어 상당히 많은 수의 응답자들이 "분단 상황이라서 군대에 안 갈 수 없다"는 식으로 자신을 합리화하였다. 그러나 "동구권 몰락 이후에도 북쪽이 정말 남한에 대한 적화 야욕이 있다고 보느냐?"는 질문에 대부분이 "아니다", "정권 유지를 위한 과장이다", "외세 개입의 합리화다"라고 답할 정도로 비판적인 정치 의식을 보였다. 이러한 대답을 들을 경우, 나는 한 걸음 더 나아가 대치 상대가 공격해 올 의사가 없어도 징병제 군대가 꼭 필요한지 물어 보곤 하였다. 대중 매체에서 잘 안 나타나는 문제가 제기되자, 그들은 보통 난색을 보이기 시작하였다. 이 경우의 대표적인 대답은, "모병제로 하면, 아무도 군대에 안 갈 것이다"였다. 이 대답은 실제로 응답자가 '신성한 병역 의무'를 어느 정도로 부담스럽고 부자연스럽게 여기는지 간접적으로 보여 주고 있어서 흥미롭다. 병역 의무가 정말 신성시되었으면 군대에 제 발로 갈 사람도 많지 않았을까? 그러나 그런 이야기까지 하는 것을 나는 그때 무리라고 생각하였다. 그 대신에 나는 미국이나 일본의 예를 들어, 모병제 군대의 사병의 사기나 기술 수준이 오히려 훨씬 더 높다는 것, 그리고 모병제 군대에서 군인들이 가족을 거느리며 살고 또 그들 자신도 전문가 의식을 가진 관계로 구타 문제가 거의 발생하지 않는다는 점 등을 강조하였다. 그리고 그들에게 "2~3년을 낭비하고 평생 마음의 상처를 치유하느니 차라리 세금을 더 내서라도 모병제를 하는 것이 낫겠다고 생각해 본 적이 있느냐?"고 마지막으로 물어 보곤 하였다. 대개 "우리 나라에서 있을 수 없는 일이라 생각도 못하였다"는 식의 대답을 하였지만, "매스컴에서 그러한 이야기를 들어 본 적이 없어서 나도 생각을 못하였다"는 솔직한 고백을 접할 때도 있었다. 예외적으로 운동권에 속하는 극소수 학생들이 "피치자들에게 군 생활을 통해서 복종의 논리를 주입시키려는 남한의 지배층이 통일 이후에도 징병제를 고집할 것이다"는 식으로 자신의 비판 의식과 고민이 담긴 대답을 하곤 하였다. 여기에서 나는 또 하나의 충격적인 발견을 할 수 있었다. 유럽 사회나 소련 지식인 그룹에서는 당연하게 생각하는, 사회에 대한 비판적인 사고를 가지려면, 이 나라에서는 '운동권'이라는 일종의 반란자 대열에 속해야만 한다는 점이었다. 군대라는 것이 지배층의 이익을 위한 훈육 기관이라는, 우리로서는 일반적이고 당연한 생각을 하기 위해서는, 한국 사람이 반란자가 되어야 한다는 것이다. 인간다운 사고를 가지기 위해서 꼭 반란을 일으켜야 할 현실! 역시 원로 여교수의 얘기가 맞다는 것을 나는 뒤늦게 느꼈다.

고려대에서 공부하던 시절에 나는 한국 학생들의 군대 의식을 보다 객관적으로 이해하기 위해서 남학생뿐만 아니라 여학생에게도 분위기가 허용되는 대로 "남자들이 제대 후에 심리적인 변화가 보이는가?" 같은 질문을 하곤 하였다. "성숙해진다"는 류의 상투적인 대답도 있었지만, 어떤 여성은 제대 이후 남성들이 인격에 많은 문제점을 보인다고 지적하기도 하였다. 구체적으로는, 내무반의 거의 의무적이다 싶은 집단적인 음담패설의 영향으로 여성에 대한 냉소주의, 소비주의적 경향이 강해진다는 관측이 있었다. 여자 친구를 독실히 존중해 주고 애인과의 관계를 낭만적으로 봤던 순수한 남성들도 제대 후에 남녀 관계를 단순한 '교미' 이상으로 보지 못한다는 안타까움이 여학생들에게는 많이 있었던 것 같았다. 고참들에게 거의 의무적으로 자신의 성 경험을 '공개'해야 한다는 것을 애인에 대한 일종의 '의무적인 배신'으로 보는 여학생도 있었다. 이성 관계에 대한 순수한 개념들이 복무 기간에 다 깨진다는 지적 이외에는, 군대에서 배운 신참에 대한 폭행의 악습관이 결국 제대 이후에 상습적인 가정 폭력으로 이어진다는 흥미로운 지적도 있었다. 군대에서 약자이자 하급자에 대한 폭력을 철저하게 배운 사람들로서는, 약자요 일종의 이류 시민인 아내나 아이들을 존중해 주거나 평등하게 대해 주기란 거의 불가능하다는 이야기였다. 그리고 군대에서 배운 폭력으로 말미암아 생기는 만성적인 우울증 등을 자기 남자 친구한테서 발견했다는 어떤 여성의 눈물 겨운 이야기를 들을 때, 징병제로 발생하는 문제의 크기를 피부로 느낄 수 있었다.

위에서도 언급했지만, 그때 소련 말기의 군사적 권위주의에 염증이 난 나를 포함해 많은 소련 학생들은 철저한 평화주의를 신조로 삼았다. 나는 개인적으로 "입대해서 남에게 피해를 입힐 수 있는 기술을 익히는 것보다, 이를 결사적으로 거부함으로써 사회적 · 신체적인 피해를 자신이 당하는 것이 도덕적으로 낫다"고 생각하였다. 사회가 아직까지 전쟁이라는 공공연한 살인을 당연시한다면, 차라리 가해자가 아닌 철저한 피해자가 되는 것이 좋다는 생각이었다. 이러한 신념은 그 당시 소련 학생들 사이에서 큰 호응을 얻었는데, 재학생에 대한 병역 면제 제도가 없었다면 우리는 아마 정권과 크게 충돌하였을지도 모른다. 이 평화주의라는 것은, 남에 대한 침략과 자기 나라 백성에 대한 학살로 얼룩진 소련의 지극히 폭력적인 역사에 대한 우리 나름의 반성의 결과로 얻어진 것이었다. 한민족도 20세기에 벌어진 일련의 폭력과 국토를 거의 황폐화하다시피한 6 · 25 전쟁, 남과 북의 군사적 대치와 역대 군사 정권의 횡포 등 각종 군사적 폭력에 몹시 시달렸다는 것을 나는 잘 알고 있었다. 그리하여 한국 학생 중에서도 나와 같은 평화주의적인 신념을 가진 사람들이 많지 않을까 싶어서 일종의 '동지 찾기'에 나섰다. 그러나 결과는 매우 실망스러웠다. 학생들은 대개 "전쟁이 없었으면 좋겠다"는 막연한 평화 지향성을 보였지만, 서구 반전 운동에서 나타난 것처럼 확고한 입대 거부 의지를 가진 이는 별로 없었다. "나라에서 시키는 대로 해야 산다"는 전체주의적 사회의 그릇된 상식은 대부분의 응답자들에게 깊이 내면화되어 있었다. '나라'라는 상대적·현실적 구조에 '비폭력'이라는 절대적·도덕적 진리를 대립시켜 나라와 관련된 일체의 현실적 이해 관계를 포기할 자세를 갖추어야 비로소 '나'라는 형이상학적인 존재가 성립한다는 나의 주장은 별다른 호응을 얻지 못하였다. 물론, 원칙적으로 폭력이 비도덕적이고 비폭력이 우월하다는 주장에 동의하는 이들이 있었지만, 이 철학적인 문제를 놓고 '내'가 '국가'에 맞서야 한다는 생각은 거의 보이지 않았다. 그만큼 '국가'라는 존재가 위협적이고 전지전능한 것으로 보였기 때문이라고 생각된다. '나와 국가의 대립'이라는 이야기를 꺼낼 때, 못 믿겠다는 듯이 웃음을 터뜨리거나 하나의 환상적인 이야기로 치부해 화제를 돌리는 사람들을 보고서, 나는 비로소 한국적인 상황에서 국가 권력에 대한 '형이상학적인 원칙에 의한 저항'이 어느 정도의 희생을 요구할 것인지 온몸으로 느꼈다. 모든 저항을 무조건 물리력으로 분쇄하려는 파시스트적 국가와 그에 대한 맹종에 길들여진 냉소적인 사회에 절대적·도덕적인 원칙을 위해서 도전할 수 있는 사람이 있다면 보통 인간이 아닐 것이라는 사실을 나는 그때 이해하였다.

3개월의 연수를 마치고 고국으로 돌아온 뒤에도, 나는 한국 군대의 진정한 사회적 의미가 무엇이냐는 화두를 계속 놓지 않았다. 한국으로 출장을 가거나, 러시아로 유학 온 한국 학생을 만날 때 나는 부단히 상대방의 군대에 대한 의식을 알아보려고 하였다. 내가 들은 이야기들 가운데는 피해담들이 상당히 많았다. 고참에게 귀를 얻어맞아 청력을 거의 잃었다는 고백, 구타에 따른 신경쇠약증으로 일이 손에 잘 안 잡힌다는 호소, 구타 등의 비인간적인 대우로 인한 자살 미수의 경험담…… 이 수많은 이야기들의 결론은, 파시스트적 국가를 지탱해 주는 국민 각자의 희생과 부담이 우리의 상상을 초월한다는 것이었다. 내가 들은 경험담 중에서 기억에 가장 생생한 것은, 한국 출장 때 한 택시 운전 기사가 월남 전쟁 때의 상습적 만행을 거의 추억스럽게(?) 이야기해 준 것이었다. 고엽제로 지금도 고생한다는 그 운전 기사의 말에 의하면, 자신의 부대가 야만적인 수법(거꾸로 매달기와 불 고문, 총살)을 '선진적인' 미군들에게 배웠다는 것이다. 처음에는 어색하고 어려웠지만, 결국 이러한 방법으로 게릴라의 공격을 사전에 예방할 수 있었다는 자랑이었다. 동족 민간인의 피해를 의식한 게릴라들이 한국 군인들의 '과단성'(?)을 확인한 뒤에 한국군에 자극을 주지 않으려고 애를 썼다는 설명이었다. 군대에서 민간인에게 저지른 만행들이 일종의 전략으로 인식된다는 것은, '민족'과 '신성한 국방'을 들먹이는 군대가 사실상 폭력 단체에 불과하다는 나의 평소 신념을 뒷받침해 주었다.

나와 군대 이야기를 나눈 한 젊은 회사원은 자신의 군 생활 경험을 매우 간단한 방법으로 재미있게 표현하였다. "실컷 맞다가 나중에 속시원하게 실컷 때리고, 그러면서 조직 사회의 원리를 제대로 터득하였다. 이제 시키는 대로 할 줄도 알고 시킬 줄도 안다." 함축성이 많은 이 간단한 말을 조금 바꿔서 표현한다면, 본인은 군대에서 폭력을 수반하는 권위주의를 잘 체득하였다는 것이고, 심적인 폭력(맹종의 강요)과 물리적인 폭력에 대해서 완전히 무감각해졌다는 것이다. 폭력에 대한 최소한의 형식적인 도덕적 평가라도 내릴 만한 인간성마저 파괴된 셈이다. 우리는 '신성한 국방의 의무'가 '신성한 맹종 학습의 의무'로 이미 바뀌었다는 사실을 깨닫고, 군대가 양심 따위의 '불필요한 것들'로부터 '완전 해방된' '조직 사회형' 인간들을 양산함으로써 파시스트적인 국가의 최대 교육 기관 역할을 했음을 직시해야 하지 않을까?

1997년 초에 경희대 전임 강사로 다시 한국에 오게 되어 현재까지 한국에서 계속 거주해 온 나는, 지난 3년 동안 학생들과 군대에 대한 무수한 이야기를 나눌 기회를 가졌다. 이미 '죽을 고생'의 의미와 구타를 통해서 어른이 되는 군대의 독특한 '교육법'을 대충 파악한 나는, 경희대 학생들과 이야기를 나누면서 다음과 같은 새로운 정보를 얻을 수 있었다. 첫째, 군대에서의 구타를 일소하겠다는 정권의 홍보와 달리, 구타 사건의 빈도가 줄어들고 구타의 강도가 다소 낮아졌을 뿐 물리적 폭력이라는 '교육 방법'이 완전히 포기된 것은 아니라는 것이다. 다수의 응답자들이 "군대에서 정규적으로 얻어맞았다"는 대답을 하였고, 특전사나 해병대에서 복무한 응답자들은 매주 몇 차례씩 거의 관례적으로 구타를 당했다고 대답하였다. 그들 대부분의 의식 세계에서 구타와 군대가 이미 동의어가 된 것 같았고, 구타가 없는 군대를 상상조차 할 수 없다는 이들도 적지 않았다. 물론 구타 문제의 여론화와 부대 내 공중 전화의 설치, 부모와의 면회 횟수 증가 등으로 구타의 강도가 나름대로 떨어졌다지만, 이를 서구 군대들에서 볼 수 있는 구타 엄금과 동일시할 수는 없을 것이다.

구타가 완전히 사라지지 않는 이유는 군대에 대한 지배층의 실제적 요구와 밀접한 관계가 있는 듯하다. 지금도 나라의 운명을 실질적으로 좌우하는 한국의 보수 정객들과 재벌들이 필요로 하는 인간상은, 평상시에 '상전'을 위해서라면 비자금 조성이든 세금 탈루든 필요 없는 자동차 공장 계획 추진이든 무엇이든지 할 수 있는 '충복'이고, 유사시에 아무런 생각도 양심의 가책도 없이 동족을 쏘아 죽일 수 있는 '강인한 애국자'이다. 출세를 위한 맹종을 유일한 신념으로 삼는 '인간 로봇'를 만들어 달라는 것은 군대에 대한 권위주의적인 사회의 주문 사항이다. 그리하여 인간 존엄성의 개념과 생명에 대한 경외심, 외부로부터의 압박에 대한 무의식적이고 본능적인 반발심 등의 '불필요한 심적 현상'을 졸병의 마음에서 일소시켜 버리는 것이 군대의 주요 의무가 되는데, 이러한 '교육적 과제'를 물리적인 폭력 없이는 성공적으로 수행하기가 힘들다. 대다수 인간들이 무의식적으로 자유와 존엄성을 지향하지만, 이러한 자유 지향적인 본능들보다 신체적 통증에 대한 기피 심리가 상대적으로 강하다고 해야 할 것이다. 그리하여 "아픔을 느끼지 않으려면 무조건 시키는 대로 해야 한다"는 반사 작용을 졸병에게 강요하려면 상당한 정도의 구타가 필수적이라는 논리가 나오는 것이고, 따라서 이를 개혁하겠다는 보수 정권의 궤변은 한갓 기만일 가능성이 크다. 절대 복종을 할 줄 아는 하수인들을 필요로 하는 거대 보수 조직들(군대, 재벌 등)이 존재하는 한, 구타가 사라지기는 어려울 것이다.

두 번째, 병역 의무에 대한 문제 의식이 반체제 운동이 활발하던 1990년대 초에 비해서 오히려 위축된 것처럼 나타났다. 개신교 계통의 몇몇 교파 같은 특수한 경우들을 제외하고는, 신앙적·양심적 동기에 의한 병역 거부라는, 서구에서 매우 흔한 개인의 권리 행사는 한국에서 전혀 알려져 있지 않다. 한국 사회의 주류가 된 중산층은, 군대라는 억압적 체제와 정면 충돌하기보다는 보통 병역을 대거 기피하는 지도층을 모방하여 부정한 방법으로 자식들의 군 복무에 특권적인 여건을 획득하려고 한다. 아이를 적어도 전방 근무로부터 막아 줄 수 있느냐 없느냐 하는 것은 그 가정의 특권층 소속 여부를 판가름하는 주요 기준이 된 셈이다. '위로부터의 부담'을 되도록 줄이려는 '밑으로부터'의 추세는 억압적 체제의 부패성 증가를 잘 반영하지만 이 체제의 질적인 변화를 결코 의미하지는 않는다. 체제의 틈새에서 편하게 '놀기'를 갈망하는 심리가 그 체제의 수명을 연장시킬 뿐이다. 제도화된 폭력에 대한 개인적·집단적인 완강한 저항만이 억압 체제의 진정한 종말을 가져올 수 있을 것이다.

세 번째, 한 사람의 대학 교수로서 내가 느낀 것은, 군대 복무가 학생들의 학습 능력을 떨어뜨리고 학습 효과 또한 약화시킨다는 것이었다. 내가 아는 한 학생의 경우처럼, 특전사 복무 이후에 신경쇠약증, 악몽, 손 떨림, 대인 관계 기피 등 구타 후유증에 시달리다가 외국어 공부를 아예 중단하는 극단적인 경우도 있다. 그렇게까지 안 가도, 군대에 갔다온 대대수 남학생들은 교수를 무의식적으로 공포의 대상인 '장교'와 동일시하여 교수와의 접촉을 부담스럽게 느끼고 최소화시키려 한다. 그러나 원어민 교수와의 부단한 접촉·대화·토론을 요구하는 외국어 수업의 경우에는, '상사'에 대한 남학생들의 공포 심리가 외국어 실력 향상에 상당한 타격을 가한다. 군대에 갔다온 남학생들이 입대 이전까지 배웠던 모든 것을 까맣게 잊고 돌아온다는 사실까지 감안하면, 영어 공부를 위해서 모든 희생을 감수하는 한국인들의 영어 실력이 왜 상대적으로 낮은지, 그리고 왜 한국에서 여성의 외국어 실력이 남성보다 우월한지 쉽게 알 수 있을 것이다. 의무 군대가 초래하는 학습 효과 저하 현상을 감지하지 않을 수 없는 한국 지배층이 그래도 징병제를 신성시하고 성역화시킨 것은, 그들이 노동력의 질보다 노동력의 충성심과 맹종을 더 중요시한다는 것을 잘 보여 준다.

　당사자인 한국인들에게 한국 군대에 대해서 직접 들은 이야기들을 분석한 결과는 다음과 같이 요약할 수 있다. 보수 정치인들이 다스리고 재벌들이 소유하는 한국의 권위주의적인 사회에서, 군대란 '보스'에게 맹종할 '충견'들을 기르고 훈련시키는 일종의 '양견장'(養犬場) 역할을 하는 것처럼 보인다. 징병제의 존재 명분으로서 자주 거론되는 북한의 남침 위협을 전혀 무시할 수는 없겠지만, 그런 경우에도 사병의 사기나 전문 수준이 낮은 의무 군대보다는 기술 수준이 높은 모병제 군대가 위험 방지에 더 적합할 것이다. 징병제를 일종의 성역으로 만들어 놓고 모병제는 물론이거니와 서구의 모든 국가에서 보이는 신앙에 의한 병역 거부권 및 대체 근무까지도 절대로 허용치 않으려는 당국은, 북한의 위험보다 군대 복무의 '교육적 효과'를 더 의식하는 것처럼 보인다. 내무반에서 병장에게 얻어맞지 않기 위해서 필사적으로 아첨을 떤 경험이 있는 사나이라면 재벌 주인이나 국가 관료에게 '말대꾸' 하지 않으리라는 것은 한국 사회에서 상식으로 보인다. 자유 박탈과, 양심이나 이념에 전혀 어긋나지 않는 절대적인 복종을 당연시하고 이상시하게끔 하급자를 훈련시키는 군대에서는, 구타 등의 폭력은 어쩌면 필수적인지 모르겠다. 이 방면에 어느 정도 완화가 가능하기는 하겠지만 보수 정권과 징병제가 존재하는 한 구타의 엄금이 사실상 불가능할 것이다. 구타와 상습적인 아부, 맹종의 강요로 졸병의 인간성이 극도로 피폐해지는 것은 징병제의 가장 큰 폐단이다. 이와 함께 약자에 대한 폭력 사용의 일상화, 상사에 대한 공포 심리 발생 등, 가정 생활이나 학습에 상당한 악영향을 끼치는 무수한 부정적 효과들이 생긴다. 이 무수한 병폐들을 혁파하는 첫 번째 단계로, 독일 군대에 있는 반인륜적 명령에 대한 거부권과, 서구 각국에 있는 신앙·신념에 의한 병역 거부권 또는 대체 근로권 등을 받아들여야 할 것으로 보인다. 그리고 부대 내의 하급자에 대한 폭력을 일반 폭력 행위와 똑같이 처벌하는 엄격한 규정을 두지 않고서는 군대에서 가장 가시적인 폐단이 없어지지 않을 것이다. 그리고 군대 문제 해결의 근본적인 방안으로는 현재로서 모병제 도입을 생각해 볼 수 있다. 모병제가 도입됨으로써 징병제와 관련된 각종의 부정 행위(병역 기피 등)도 일소될 것이고, 학생들의 학습 효과도 꽤 향상될 것이며, 군대 자체의 수준도 높아질 것이다. 그리고 무엇보다 한국 사회가 전체적으로 억압적인 문화의 어두운 그늘에서 벗어날 수 있을 것이다. 맹종 문화가 직장 생활마저 지배하는 한, 하급자의 자유로운 의견 개진이나 상급자에 대한 건설적인 비판, 거침없는 자기 권리 주장 등 자유 민주 사회의 직장 문화가 완전히 정착되기는 어려울 것이다. 일상적으로 이루어지는 내무반의 여성 멸시적 언동이 자취를 감추어야 여성에 대한 차별이나 가정 폭력 등 이 사회의 고질적인 병폐가 사라질 것이다. 그런 의미에서 '군대 문화로부터의 해방'이 한국 시민 운동이 추구하는 목적의 하나가 되어야 하지 않을까?

글을 마치며

주지하다시피, 서구 지역에서 프랑스 혁명 때 처음 생겨 나폴레옹 전쟁 때 그 위력을 보인 의무 상비군은, 근대 국가의 핵심 기관으로서 역할을 해 왔다. 징병제는 병력 증가라는 직접적인 효과말고도 국민적인 통합과 결속, 국가 의식 고무, 지방적 이질성 극복, 대량 생산 기업에서의 근무에 필요한 규율 습득 등 수많은 대사회적인 '훈육적' 효과를 가져왔다. 규율적이고 기계적이고 일률적인 현대 서구의 국가 사회에 대한 평가가 다양하고 그 장단점이 여러 가지로 지적되지만, 일단 그러한 사회의 형성에 징병제가 가장 크게 기여하였다고 보는 것은 지배적인 견해이다. 그러나 평시에 징병제를 유지하지도 않고 군대를 정치적인 목적을 위해 악용하지도 않은 자유주의 국가들이 있는가 하면, 파시즘 시기의 독일이나 이탈리아, 그리고 공산당 독재 시기의 소련처럼 군대를 전체주의적 정권 유지의 도구로 이용하는 경우도 있었다. 파시즘과 스탈린식의 '병영 사회주의'의 범죄들이 노정되고, 월남전쟁을 계기로 젊은이들을 신식민주의적 전쟁터로 보내 만행과 학살에 길들게 하는 징병제의 문제점들이 노출된 결과, 구미 지역과 동구 지역에서 군대의 폭력 자체를 반대하고, 특히 징병제의 강제성에 반발하는 평화주의 운동이 일어나게 되었다. 평화주의자의 원칙은 군대의 근본적 존재 의미와 양립할 수 없지만, 사회 차원에서 군대가 아직까지 필요악이라면, 적어도 타자를 공격하고 목숨을 빼앗는 기술의 습득을 받아들일 수 없는 사람들을 위해 대체 근로 제도가 도입될 필요가 있다. 나아가 평화주의자들은 군사적 기능 습득의 길을 스스로 선택하는 모병제가 징병제보다 월등히 낫다고 보고 있다. 평화주의 운동과 군대 자체 내의 전문화 요구의 결과, 미국·영국·호주·프랑스 등 적지 않은 수의 국가는 이미 모병제를 택하였다. 나머지 서구 국가들은 징병제를 유지한다 해도 거의 다 신앙·신념에 의한 병역 거부권 또는 대체 근무 선택권을 인정한다. 그리고 복무 기간을 대체로 1년 이내로 하고, 구타나 정치적인 주입 행위 등을 절대로 불허하는 서구 국가들의 징병제와 현재 한국의 징병제를 동일시할 수는 없다.

자유보다 규율과 복종을 훨씬 더 선호하는 한국 사회에서는 '북한의 위협'이라는 무서운 카드가 언제든지 악용될 수 있기 때문에, 병역 분야까지 비판과 토론에 개방시키기란 매우 어려울 것이다. 그러나 박정희와 전두환의 파시스트적인 정권이 지탱해 오는 데 크게 기여한 군대가 과거의 모습을 여전히 간직한다면, 시민 사회가 전체주의적 국가를 완전히 개혁하였다고 볼 수 없을 것이다. 이 땅에서 한 사람이라도 내무반에서 발로 차이고 주먹 세례를 당한다면, 이 나라가 자유주의 국가라고 생각하기는 어려울 것이다. 개개인 인간성의 황폐화, 전체 사회의 폭력화 등을 방지하기 위해서, '때리고 맞는' 의무 군대는 하루빨리 사라져야 하지 않겠는가.

3. 가부장적 혈통주의의 배제 논리

한국 근대화 프로젝트의 문화 논리와 가부장성

김은실

들어가는 글

우리는 지금 유목적 삶의 양식을 부추기는 전지구적 세계화 담론 한가운데에 있으면서 인식의 전환과 패러다임의 전환을 요청받는 동시에, '우리'여야 한다는 강한 문화적 규범을 강요받는다. 그러나 하나의 지구에 살고 있는 세계 시민이라는 세계화 언설은, 민족 국가와 가족 그리고 성별성으로부터 부여받은 '우리'의 정체성에 큰 균열을 일으키거나 커다란 문제의식으로 우리 사회의 '주류' 언설에 등장하고 있지는 않다.

'우리'는 누구인가? 한국 사람들인 남성과 여성, 청소년, 세계적으로 유명한 백남준이나 사라 장 같은 해외 동포와 해외 입양아인 한국인과 연변교포, 한국인 아버지를 갖고 있는 베트남인이나 남미의 혼혈아들, 한국인 어머니를 가진 미군 기지촌의 혼혈아 등등 이들 모두가 '우리'라는 범주에 포섭되는가? 그들은 '우리'라는 언설이 사용되는 맥락에 따라 포섭되기도 하고 안 되기도 한다. 몇 년 전부터 생부모를 찾아 한국에 와 있는 해외 입양아들이 디아스포라로서의 자기 정체성 문제를 한국 사회에 제기하는 퍼포먼스를 벌이고 있다. 유럽에서 끊임없이 아시안으로 그리고 한국인으로 정체화되어 왔던 이들은 자신들을 한국인이라고 생각했었다. 그러나 한국에 돌아와 보니 정서적으로는 물론 국적이 제기하는 여러 문제 때문에 충분히 '한국인'이 될 수 없다는 것을 알게 되었다. 그래서 이들은 퍼포먼스를 통해서라도 한국 사회가 갖는 폐쇄성과 역사와 자아 정체성의 문제를 이 사회에 던지고 묻고 싶었다. 그러나 이들의 퍼포먼스에 대해 우리 사회의 언론, 그리고 이들의 퍼포먼스를 후원한 정치인들은 '불쌍한' 이들을 '우리' 민족의 품으로 품어야 한다는 식으로 '우리' 중심적인 접근을 하였고, 이러한 '우리' 중심주의는 그들을 실망시키기에 족했다. '우리'는 항상 동질적인 하나의 집단으로 간주되기 때문에, 이 내부의 이질성에 문제 제기하는 사람들이란 주류가 아니거나 주류와 아무런 연계를 갖지 못한, 처음부터 '우리'에 속하지 않는 타자들로 취급된다. 때문에 정치적 혹은 센세이셔널할 필요가 있을 때는 모르지만, 일반적으로는 이들에 대해 별다른 주목을 하지 않는다. 그래서 항상 문제를 제기하는 사람은 그 문화적 정통성을 의심받거나, 아니면 관용으로 품어 줘야 하는 소수의 '우리'로서 간주될 뿐이다.

그렇다면 이 사회에 살고 있는 사람들을 '우리'라는 규범으로 묶어 내는 '우리'는 누구인가? '우리'를 규정하는 담론적 권력은 누가 갖고 있는가? 한국에 살고 있는 사람들은 '우리'라는 말을 늘 사용하지만, '우리'는 누가 어디서 어떻게 사용하느냐에 따라 그 범주에 들어가는 사람과 아닌 사람, 그리고 포함되고 허용되는 사람과 타자화되어 버리는 사람을 규정하는 담론적 권력을 낳는다. '우리'라는 언설은 전통이나 민족과 마찬가지로 역사적·정치적 개념이다. 하지만 이 사회에서 '우리'는 정서적인 연대를 지닌 어떤 경험적 실체인 것처럼 말해지고, 또 그렇다고들 인정해 버린다. 그래서 '우리'라고 말하는 사람에게 그 '우리'가 누구를 지시하는 것이냐는 공식적인 질문은 거의 제기하지 않는다. 우리 사회에서 '우리'라는 언설이 어떤 맥락에서 어떻게 작동하는가에 대한 문제 제기가 정치적으로 받아들여진 적이 있는가? 이러한 문제 제기의 부재는 한나 아렌트가 말하는 '사유하지 않음'이라는 전체주의 사회의 절대악의 한 면모이다.

이 글은 '우리'라는 정체성과 '나'의 정체성이 하나로 포섭되는 혹은 경합하는, 우리 사회의 문화적 과정에 매개된 권력 작용을 문제화하려는 것이다. '우리'를 하나의 문화적 언설로 묶어 내 정치적인 힘을 발휘하게 하는, 동일성에 대한 담론의 권력은 어떻게 발생하는가? '우리' 내부의 차이와 이질성을 하나로 묶어 내는 이러한 담론이 만드는 권력의 형태는 어떠한 것인가? 그러한 권력이 만들어 내는 폭력과 억압에 대한 문제 제기는 누가 할 수 있는 것인가? 그리고 그 문제 제기의 정당성을 획득하는 방식은 어떠한 것인가? 이에 대한 답을 얻기 위해 우리의 현재성을 규정하는 기원 서사, 곧 근대화 프로젝트의 문화 논리를 여성의 입장에서 살펴보고자 한다. 나는 1961~1987년까지 진행된 한국의 근대화 프로젝트는 오늘날 우리가 누구이고 어떠해야 하는가라는 한국 사람들의 현재성을 설명하고, 또 한국의 현대 역사를 특정한 방식으로 규정하는 중요한 인식틀이라고 생각한다. 따라서 이 글은 사회과학 내에서 '경제 발전'과 '민주주의 실패'라는 제도적 차원에서 살펴져 온 한국의 근대화 프로젝트가, '국가 민족주의'에 의한 '한국인' 정체화 담론과 맞물려 어떻게 현재 한국인의 경험을 설명하는 중요한 기원으로 작동하는지를 설명하면서, 동시에 근대화 프로젝트의 문화 논리가 갖는 가부장성(家父長性)을 문제화하고자 하는 것이다.

한국 현대성의 기원 서사로서의 근대화 프로젝트

1970년대 박정희 정권의 퇴진을 위해 싸웠던 오늘날 40대 중후반의 한국인들은, 1990년대 이후 해외를 다녀 보며 외부에서 한국인을 어떻게 정체화하는지 그리고 한국인으로서 자신이 느끼는 정서의 성격이 어떠한 것인지를 새롭게 인식하면서, 한국의 근대화 그리고 박정희 시대에 이룬 경제 발전에 대해 긍정적인 평가를 하게 된다. 많은 한국인들이 혼잡스러운 데다 매연까지 뿜어 대는 동남아 도시의 낡은 차들 사이에서 날쌔게 달리는 '우리'의 대우차나 현대차를 발견할 때 자부심을 느끼고 감동한다. 그리고 일본차와 유럽차가 압도하는 방콕의 복잡한 거리에서 한국의 현대차를 볼 때 '우리'의 현대차가 어느 정도의 지위를 갖고 있는지 궁금해 한다. 그것은 곧 타이에서의 한국, '우리', '나'의 위상 문제와 관련되기 때문이다. 국가/민족과 한국의 자동차 그리고 나를 동일선상에서 연결시키는 이러한 정체화는 어떻게 구성된 것인가? 그리고 이런 정체화의 사회적 · 정치적 · 문화적 함의는 무엇인가?

오늘날 한국 사회의 현재성의 기원을 설명하는 가장 중요한 언설은 한국이 1960년대 이후 산업화를 거치며 눈부신 경제 발전을 이룩했다는 것이다. 이러한 경제 발전은 많은 비판과 문제에도 불구하고 군사 정권 시대를 포함하여 1961~1979년까지 지속된 박정희 정부의 업적으로 평가된다. 박정희 시대의 경제 개발과 독재 체제 그리고 어두운 정치적 억압으로 설명되어 온 한국의 근대화는, 최근 새로이 조명을 받으면서 재평가되고 있다. 박정희는 산업화를 통한 경제 성장으로 오랫동안 한반도를 지배해 온 빈곤으로부터 국민들을 해방시켰고, 그 과정에서 "잘살아 보자", "하면 된다"는 의식 교육을 실시해 전세계로 향하는 수출 역군, '한국인'을 만들어 냈다. 그리하여 1960년대 경제 발전 정책이 추진되기 이전에 세계 최빈국의 하나였던 한국은 불과 30여 년 만에 일인당 국민 소득이 세계 상위권에 이르는 주요 경제국이 되었다. 따라서 박정희의 근대화 프로젝트는 현재 우리가 누구인지 정체화되는 지점에서부터 다시 평가되어야 한다는 것이다. 이런 의미에서 한국의 근대화 프로젝트는 한국의 현대를 설명하는 기원 서사가 되고, 한국의 역사와 전통을 새로운 방식으로 구성하는 역사 서사가 된다.

근대화 프로젝트가 수행된 시기는 소위 '개발 독재 시대'로 불리는 1961~1980년이었는데, 이 시기를 상징하는 가장 강력하고 일상적인 언설은 '근대화', '현대' 혹은 '현대화', '현대적'이라는 것이었다. 1960년대와 1970년대에 근대화 정책에 맞선 사회적 혹은 정치적 저항들이 숱하게 존재했지만, 1967년도에 지식인을 대상으로 실시된 한 사회 조사 결과가 보여 주듯이[1] 당시 한국 사회에서 '근대화' 혹은 '현대화'라는 언설은 강력한 지향적 가치를 지니고 있었다. '근대' 혹은 '현대'라는 언설에는 여러 가지 애매모호함과 모순이 있지만, 분명한 것은 과거와의 단절, 거부 그리고 변화의 추구, 미래 지향을 표명하는 권력이 작동하고 있었다는 점이다. 근대화 프로젝트에 결합되어 있는 '현대', '현대적', '현대적인 방

---

1) 홍승직, 『지식인과 근대화』(1967), 김호기, 「박정희 시대와 근대성의 명암」, 『창작과비평』 1998년 봄호(창작과비평사, 1998), 102~103쪽에서 재인용.

식', '현대적 스타일'이라는 언설에는 '새로운', '서구적', '발전', '과학적', '기술적', '국제적'이라는 이미지와 욕망이 결부되어 '새로운 현재'를 바로 거기서 구성해 내고 있었다. 이러한 방식으로 한국의 현대는 근대화 프로젝트와 함께 시작되고 있었고, 그 이전은 현대와는 대립되는 '과거'로 구성되고 있었다.

공식 제도 교육을 통해 '현재'가 근대화 프로젝트로부터 시작되었다고 믿었던 세대들의 머릿속에서는, 과거인 식민지 시대는 압제와 저항 그리고 빈곤과 봉건의 시대로 이미지화되어 왔다. 식민지 시대는 제국주의와 식민지 피지배 민족이라는 틀 속에서 정치적 억압과 경제적 빈곤으로 점철된, 아무런 '문화'도 없는 생존의 시대로 상상되었다. 지난 40여 년간 지속된 한국의 근대화 프로젝트에서 식민지 근대의 역사는 공식 교육을 통해 그 일상적 삶의 모습을 배워 보지 못한 암흑의 시간이었고 정지된 시간이었다. 식민지 시대나 근대화 프로젝트 이전의 시대에 대한 상상력을 가져 보지 못한 세대들은 최근 한국 사회에서 여러 행사를 통해 1950년대에 만든 영화를 보거나 소설을 읽으면서(예를 들면 『자유부인』), 거기에 재현된 당시 사회의 자본주의적 상품과 물신주의 그리고 자유 연애와 유한계급의 서구화와 서구 세계에 대한 지향들을 보면서 놀란다. '그들은' 옛날 사람으로 아주 전통적이거나 봉건적이었을 거라고 막연히 기대하고 있었는데, '우리'와 별반 다르지 않게 느껴진다는 것이다. 그것만이 아니라 최근에 출판된 1920년대와 1930년대의 자료를 보면서[2] 식민지 조선에서 대중 매체를 통해 드러났던 일상에서의 '현대' 경험이 오늘날의 '현대화' 담론과 유사하다는 것에 충격을 받는다. 그러면서 우리의 근대화 프로젝

---

2) 김진송, 『서울에 딴스 홀을 許하라』 (현실문화연구, 1999).

트에서 구성해 낸 '현대' 담론의 권력 작용과 역사성을 다시 한 번 생각해 보게 된다. 어떻게 1960년대 이후 진행된 한국의 근대화 프로젝트는 한국의 현재와 과거를 설명하고 있고, 또 어떻게 한국의 역사를 특정한 방식으로 규정하고 있는가 하는 질문을 하게 된다. 바로 이러한 이유에서 근대화 프로젝트는 우리 사회의 현재를 설명하는 하나의 기원 서사 혹은 역사 서사이다.

역사 서사로서의 근대화 프로젝트와 성별 정치학

산업화나 정치의 민주화 그 자체가 사람들의 경험을 구축하는 것은 아니다. 그것은 특정한 의미틀 속에서 하나의 현실을 구축한다. 대부분의 사회과학자들이 박정희가 주도한 개발주의와 민주화 억압에 대해 비판적 논의를 전개하고 있지만, 우리 사회의 물질적 · 사회적 현실을 새롭게 조직하고 변화시킨 한국의 근대화 프로젝트가 어떠한 문화적 조건 속에서 어떠한 의미를 조직해 내며 진행되었는가는 거의 연구하지 않았다. 국가 중심의 전체주의적이고 가부장적인 발전 기획을 가능하게 했던 한국 사회에서의 문화적 · 담론적 전환은 어떤 것이었을까? 전쟁의 기억이나 냉전 체제의 공포 혹은 가부장적 문화의 매개를 통해 근대화 프로젝트의 모순이 완충되면서 개발 독재 체제가 지속되었다는 지적이 있긴 하지만, 그것이 갖는 구체적인 의미 작용에 관한 경험적 연구는 거의 없다.

경합/혼합의 시간성과 이데올로기로서의 근대화 담론
과거를 거부하고 미래를 지향하는 차별적인 시간 또는 시대 구분의 논리로 사용되는 근대, 근대화는 개인들의 삶과 경험을 특정한 역사적 방향으로 위치시키려는 시도로 만들어지는 시간성을 의미한다. 따라서 근대성은 단순히 자본주의, 산업화, 기술 발전 같은 일련의 실제적인 사회 역사적 현상을 가리키는 것이 아니라, 시간성의 특수한 경험과 역사 의식을 말한다.[3]

그래서 근대로의 전환을 시도하는 근대화에는 구체적이고 경험적인 특정 시간 개념만이 아니라, 다의적이고 모호한, 다차원적인 시간 개념들이 동시에 포함된다. 그리고 그 다양한 불연속적인 시간성을 매개하는 문화/의미 작용이 있게 된다. 그러면 우리의 근대화에는 어떠한 시간성이 포함되어 있고, 그 시간성은 한국 혹은 서양에 대한 동양이라는 공간 개념과 어떻게 관련되는가?

'현대'라는 새 역사를 창조해야 한다는 사명을 부여받았던 박정희의 근대화 시기, 곧 1961~1979년 사이에 학교를 다닌 사람들은 초등(국민)학교 때 아이들의 그림 속에 반복되어 묘사된 공장의 굴뚝, 빨갛게 칠해진 한반도의 북쪽, 그리고 '우리의 국군 아저씨'인 군인들을 기억할 것이다. 또한 우리들이 배운 자랑스런 조상의 대표적 인물인 이순신 장군과 바람직한 여성상인 신사임당의 모습도 기억할 것이다. 이순신 장군의 동상은 서울 도심 한복판 세종로에 세워졌고, 많은 여자 중·고등학교에서는 신사임당의 부덕이 여성 교육의 지침이 되었다. 외국인에게 자랑할 만한 '우리' 것으로 거북선과 높고 푸른 가을 하늘이 꼽히곤 했다. 국민 윤리 교육을 통해 지난 역사 속에서 끊임없는 외부의 침입으로 상처를 입어 온 민족/국가를 중단 없는 전진과 건설로 강하게 만들어야 한다는 사명을 배웠고, 과

---

3) Rita Felski, *The Gender of Modernity* (Harvard University Press, 1995), p. 33.

거의 상처받은 민족에 대한 연민과 강한 조국에 대한 염원은 울려퍼지는 애국가와 함께 펄럭이는 국기에 대한 경례를 통해 일상 속에 의례화되었다. 민족은 거의 무의식적인 정서로 체화되었고, 사랑해야 하는 대상으로서 조국의 번영은 '우리' 모두의 과제가 되었다. 우리는 모두 민족/국가를 중흥시켜야 한다는 사명감을 가져야 했고, 식민지였던 과거와 가난했던 과거를 단절시켜야 한다는 사명감을 부여받았다. 그러면서 가장 '자랑스런 한국인'이 되는 것이 국가와 사회에 이바지하는 길이라고 배웠다. 국가와 사회에 기여하지 않는 무명의 삶은 무의미한, 비가시적인, 비본질적인, 무가치한 삶이라는 사회 윤리를 배웠다.[4]

　이러한 기억과 경험 속에 들어 있는 우리의 '근대화' 체계에는 굴뚝으로 재현되는 산업화, 빨간 북한이 상징하는 냉전 체제, 군인 아저씨와 이순신이 재현하는 군사주의와 충(忠) 사상, 신사임당의 모성으로서의 여성성, 방위되어야 하는 우리의 금수강산인 영토, 애국심, 그리고 민족/국가의 절대성, 국가와 사회에 대한 기여분으로 위계화되는 한국인으로서의 정체성 담론 들이 들어 있다. 우리의 근대화에는 지향으로서의 서구화와 군사주의, 지켜져야 하는 전통, 민족주의, 가부장적 성별 체계와 같은 여러 이념 체계가 혼재되어 있다. 이렇게 혼재되어 있는 한국 근대화 프로젝트가 재현하는 문화 체계는 어떻게 이해되어야 할까? 그리고 이것은 제도로서 접근되는 근대화와 어떠한 관련을 갖는가?

---

4) 이러한 사회적 요청은 한국 사회의 개인들에게 내재화되어 국민으로서의 주체성, 국민 의식 혹은 국민의 정서 구조를 만들어 낸다. 운동 선수들이 외국에서 상을 타거나 상대방 진영에 공을 넣었을 때 국가에게 고맙다고 말하는 것이나, 1980년대 중반 충북 농촌 지역을 현지 조사할 때의 일이지만, 둘만 낳으라는 가족 계획 사업이 시행되고 있는데도 아이를 셋 낳은 자신은 원시인이요 국가에 대해 죄스럽고 부끄럽다고 진술한 것 등에서 한국인을 정의하는 방식의 국가 관계성 혹은 위계성을 찾아볼 수 있다.

제도로서 접근되는 근대화 프로젝트는 서구적 발전 지향이라는 맥락 속에서 산업화, 과학적·기술적 혁신, 도시화, 민족 국가의 발달 등과 같은 다양한 형태의 사회 경제적 현실의 변화를 의미한다. 그러나 서구 중심의 세계 체제에서 서구적 발전을 지향하는 근대화는, 무어의 말처럼 지상의 모든 국가들이 피할 수 없는 것이었지만, 그 근대를 이해하고 이행시키는 방식은 특정 사회의 문화적 전통에 따라 다를 수밖에 없다. '근대/현대'가 지향적 가치로 존재했던 서구 주변부의 한국에서 '근대'는 곧 '근대화'이고, 서구화를 가리켰다. 그렇기 때문에 욕망과 지향의 담론으로 존재하는 근대화는 단순히 사회 경제적인 그리고 정치적인 변화를 의미하는 제도의 변화일 수가 없다. 거기에는 항상 근대화가 부가하는 가치의 규범 문제가 내재되어 있었고, 이 규범성은 근대화 프로젝트에서 논쟁적인 문제였다. 왜냐하면 과거와의 단절을 의미하는 근대화 담론에는 항상 '과거 우리'의 본래적인 것의 상실을 내포할 수밖에 없는데, 이것은 당연히 기존 사회 관계에 긴장과 갈등을 가져오기 때문이었다. 그래서 기존의 사회 관계를 둘러싼 긴장과 갈등이 근대화 담론의 이데올로기적인 중심축을 이루었고, 이것은 항상 '우리 것'과 '서구의 것'이라는 공간적인 담론으로 정치화되어 왔다. 국가 주체로 추진되었던 박정희 시대의 근대화 프로젝트에도 이러한 갈등과 긴장은 그 담론의 핵심에 자리하고 있었다. 그리고 이러한 갈등과 긴장은 서양과 동양/한국, 현대와 전통, 남성과 여성 등의 대립 구조를 통해 조직화되고 의미화되었다.

박정희의 조국 근대화는 이미 군사 정권하에서 그 방향이 제시되었던 바, 그것은 '국가 재건'이라는 슬로건으로 표방되었다. '국가 재건'은 세 가지 목표를 가지고 접근되었는데, 첫째는 자본주의적 산업화이고, 둘째는 공산 정권인 북한에 대한 방위이고, 셋째는 민족 정체성의 확립이었다.[5] 조국 근대화의 핵심인 산업화와 자주 방위는 결국 근대적인 민족 국가를 재건하는 의미 틀 속에 자리한 것이었다. 이것은 일본의 제국주의 압제와 한국전쟁에 관한 집단적 기억을 여전히 갖고 있는 상태에서, 해방 이후 미국의 군사적 · 전략적 지배와 미국과 일본의 경제적 · 기술적 지배 앞에 위축돼 있던 대중에게 현실을 이해하고 타결할 수 있는 이념 체계를 제공했다. 이런 의미에서 냉전과 자본주의적 개발의 역사적 맥락 속에 있던 한국 근대화 기획은 반공주의와 현대적/서구적인 것에 대한 지향과 동시에 한국 민족에 대한 정체성을 소구하는 담론이었다. '한국인'이라는 동일한 민족 정체성의 확립은 경제 개발 과정에서 중요한 이데올로기였고, 이 민족 정체성이야말로 서구 지향의 근대화 프로젝트가 한국 사회에서 만들어 내는 숱한 사회 관계의 갈등을 합리화하고 통합하고 또 반대자를 타자화하여 배제하는 수단이었다. 이것은 제3공화국 이후 현재까지도 여전히 한국인의 정체성을 설명하는 중요한 틀로 작동하고 있다.

앞에서 묘사한 한국 근대화의 이미지에서 보듯이, 근대화 담론에서는 과거와 현재, 서구와 한국, 물질적인 것과 정신적인 것, 다른 사회적 역할을 전담하는 여성과 남성 등에 관한 언설들이 혼재되어 가치의 새로운 배합을 만들어 낸다. 서구를 모델로 하는 경제 개발 방식의 도입은 기존의 사회 관계에 하나의 위협이었는데, 한국 근대화 프로젝트에서는 이 문제를 물질과 정신의 분리, 동양적인 것과 서구적인 것의 분리, 그리고 제도와 문화를 분리하여 새롭게 재조합하는 것으로 해결하고자 하였다. 즉 시

---

5) Moon Seung Sook, *Economic Development and Gender Politics in South Korea 1963~1992*, Ph.D degree date: 1994, Brandeis University, p. 36.

공간과 성별의 분리적 결합을 근대화의 구성 요소인 물질과 정신이라는 두 개의 축과 결합시켜 물질/현대/서양/남성 그리고 정신/전통/동양/여성이라는 분리된 가치 구조를 구축했다. 근대화를 통해 물질적으로 부강해지는 사회는 지향하지만, 서구의 자유 민주주의나 개인주의에 기반한 문화나 정신은 받아들일 수 없다는 것이다. 따라서 물질적 서구화와 정신적 한국화를 지향하는 문화적 장치가 근대화 기획 속에서 구축되기에 이른다.[6]

여기서 바로 제도적인 근대화와 가치에서의 '전통' 지향이라는 '한국적' 발전 모델이 구성되는 것이다. 서구의 근대 역사 경험에는 번영과 통합, 안정, 규율, 효율, 세계 지배라는 측면뿐 아니라 일시적이고 유동적이며 우연적인 시간과 공간의 경험에 따른 인과성의 분열 같은 이중적인 측면이 있어 왔다. 한국은 근대화 프로젝트를 시행하는 과정에서 근대성의 어두운 면 혹은 부정적인 면은 바로 '서구성' 혹은 서구 정신에서 기인한다고 보았다. 그래서 이 서구성을 제외한 물질적이고 제도적인, 소위 근대의 남성적 경험이라고 간주되는 것은 수용하고자 하였다. 흔히 합리화 · 생산성 · 지배의 근대 경험은 공적 생산 부문에 있는 남성에 의해 재현되는 남성적 경험으로, 그리고 수동적이고 쾌락적이며 탈중심화된 사적 영역에서 일어나는 근대 체험은 여성적 경험으로 간주해 왔다.

서구의 물질과 한국의 정신/전통을 강조하는 한국의 근대화 프로젝트

---

6) 물질적 · 기술적 지향으로서의 서구/현대와 정신으로서의 동양/전통을 주장하는 동도서기(東道西器)의 관념은 박정희 근대화 기획에만 있었던 것은 아니다. 구한말 개항 이후 서양 물건에 관심이 커지고 서구의 발전된 문화가 바로 물질을 기반으로 하고 있다는 것을 발견하면서, 서양의 물질, 생산 체계에 대한 관심이 증대되어 왔다. 반면에 서구의 물질이 낳은 부정적인 결과에 대해 공포와 경계를 발동하면서 저항으로서의 정신, 전통을 주장하게 되었다. 근대/서구에 대한 저항의 담론은 이미 20세기 초에 조선을 비롯하여 많은 비서구 식민지 사회에서 등장한 이데올로기이다.

에서는, 따라서 남성 경험에 관해서는 서구성을 취하되, 서구의 근대 체험에서 여성적이라고 간주되는 경험은 철저하게 억압하고 주변화시키고 일탈시켰다. 대신 그 자리에 '한국적'인 '전통적' 여성성을 물질적 근대화와 결합시켰다. 그래서 1960~1970년대 한국 사회에서는 공식적으로 대중문화에 대한 검열, 개인성에 대한 억압, 소비 사회의 유혹적이고 퇴행적인 매력을 일탈화하는 사회적 권력이 행사되었다.[7] 우리 사회에서 추구하는 근대화의 지향은 남성적인 것으로 재현되는 생산과 발전 이미지로서의 근대성이었다. 그것은 역동적인 활동과 발전, 무한한 성장에의 욕망과 동력, 부르주아 주체의 산업 생산과 합리화, 목적 의식적으로 노력하는 합리적 개인인 남성의 근대적 욕망과 남성들의 연대를 수용하고자 하는 것이었다. 반면에 근대의 또 다른 얼굴이라고 알려져 있는 수동적이고 비결정적인 근대적 행위와 소비 가치의 결과인 자유, 쾌락, 상상력 등은 한국의 근대화 프로젝트에서는 고려되지 않았다. 더욱이 국내 소비가 목적이 아니라, 수출 지향인 산업화를 추진하는 한국에서 생산이 아닌 소비와 관련된 근대의 경험인 개인성과 자유는 철저하게 억제되었다. 소비는 상품의 수출과 함께 한국 밖으로 넘겨지면서, 이 근대화의 소비 측면은 한국 근대화 과정에서 주변화되고 일탈화되었다. 이런 맥락에서 소비의 측면으로 재현되는 근대 여성은 한국 근대화 과정에서 억압되고 배제되었다.

1960년대 '조국 근대화'를 구성하는 가장 중요한 것은 물질적 차원에서의 산업화와 정신적 차원에서의 '한국적 가치'를 수호하고 유지하는

---

7) 1970년대를 설명하는 삽화 중에 장발 단속과 퇴폐라는 명목으로 이루어진 대중 음악인들에 대한 탄압이 있다. 1970년대에 가장 심하게 규제를 당했던 대중 음악인인 신중현은 한 텔레비전 인터뷰에서 근대화 시기에 실험적 대중 음악을 탄압한 결과, 오늘날 우리 대중 음악이 실험 정신의 부재와 모방으로 점철되었다고 말했다.

'한국적 민주주의'(이것은 곧 '공식적 국가 민족주의'로 전환되어 나아간다)이고, 그 토대는 한국의 기존 사회 관계가 기반하는 가부장적 사회 구조였다. 여기서 한국 사회의 기존 사회 관계인 성별 관계, 지역성, 연고주의가 재생산되었다. 그리고 이러한 물질과 정신을 정합시키는 장치가 국가 권력이었다. 이 국가는 강력한 공권력과 행정력을 지닌 권위주의적 독재 체제를 통해 자신의 의지를 실현하는 국민 주체를 만들고자 했고, 그 과정에서 공식적 민족주의와 가부장제는 도처의 이질적인 것들을 억압하는, '우리'라는 동일성의 권력을 구축하면서, '한국인' 고유의 정서, 주관성, 경험을 정의하는 정서 구조를 형성하였다.

물질적·기술적 지향으로서의 서구/현대와 정신으로서의 동양/전통을 구현하는 근대화 프로젝트의 문화적 과정은 바로 한국의 전통에 기반한다는 '국가 민족주의'와 가부장제로 설명할 수 있다. 근대화 과정에서 가치와 문화로서의 한국적 지향은 동일성의 논리로 한국인을 정체화시켜 왔다. 이러한 동일성의 논리는 내부의 차이를 억압하는 한편, 가장 중요한 집단 가치의 구현체로 사회/국가/민족을 구성해 냈다. 그러면서 한국 사회 혹은 국가/민족은 생명력을 갖는 하나의 동질적인 유기체적 집합체로 간주되었다. 모든 개인들은 민족/국가/사회의 가치를 구현하는 주체로서의 국민 범주에 종속되었고, 국가/민족/사회 유기체의 발전과 생존에 기여하는 역할에 따라 국민들 사이에서 가치의 위계가 설정되었다. 동시에 '한국적'이라는 이름으로 한국의 문화와 전통은 근대화 과정에서 탈역사화되어 본질화되고, 이 과정에서 본질적으로 다른 범주로서 남성과 여성은 분리된 채로 근대화에 통합되어 갔다. 이순신과 신사임당의 상징에서 보여지듯 국가 방위와 산업 현장에서의 전사로서의 남성과, 사회에 기여하는 모성으로서의 여성이 분리되어 근대화 맥락 속에 위치되었다.

근대화의 가부장성: 생산과 재생산적 여성의 몸

여성 역시 근대화 기획에서 명시적이고 암시적인 정책 수단을 통해 생산력의 한 부분으로 통제되었고, 근대화의 생산 과정 속에 통합되었다. 그러나 차이를 부정하는 동일성의 논리에 기반한 국가 민족주의와 가부장제는 사회적 행위 주체자를 국민인 남성으로 재현하여, 여성을 국가의 역할을 수행하는 수동적 도구로 만들거나 혹은 행위 주체자인 남성의 보조자로 만들었다. 여성은 바로 그들의 성의 경제학에 따라 생산과 재생산의 영역으로 구분되어, 어머니/아내, 임금 노동자, 성 노동자로 범주화되었다. 근대화 프로젝트에서 여성이 국가와 맺게 되는 가장 가시적인 영역은 자신의 재생산 능력, 즉 출산력을 통해 국가의 경제 발전 계획에 참여하는 것과 노동을 통해 산업화의 생산 영역에 참여하는 것이었다. 그러면 이 두 영역에서 여성이 어떠한 주체로 구성되었는지 살펴보겠다.

1. 국가 건설을 위한 미혼 여성의 생산력: 일/노동[8]

한국의 근대화 과정에서 가장 중요했던 산업화는 처음에 노동 집약적이며 수출 주도적인 제조업을 육성하는 일로 시작되었고, 이러한 분야의 생산직 노동은 나이 어린 미혼의 여성들이 담당하였다. 여성 중심의 제조업

---

8) 한국 근대화 과정에서 국가 민족주의와 가부장제 문화 논리가 민족/국가, 여성, 노동자라는 범주 사이에서 여성의 노동권을 어떻게 구성해 내고 있었고, 여성들 자신을 비롯하여 페미니스트들이 어떻게 노동하는 자로서의 여성의 정체성을 이해하고 있었는가 하는 문제에 대해서는 김현미의 논문 「여성의 노동권에 대한 여성주의적 성찰」(동아시아 근대성과 여성: 한·중·일 국제학술대회 발표문, 1999. 6. 11.~6. 12., 이화여자대학교)에 잘 나타나 있다. 미혼 여성의 노동 문제에 대한 이 글의 내용은 김현미 논문에서 인용하였다.

분야는 1975년도까지 총수출액의 70퍼센트를 담당했을 만큼 미혼 여성 노동은 1970년대까지 한국 산업화의 중심 인구층을 구성하고 있었다. 근대화 프로젝트를 구성하는 문화 논리인 국가 민족주의와 가부장성은 미혼 여성이 갖는 노동 능력을 국가 안보와 국가 건설을 위한 국가의 이해에 통합시키면서 성차(性差)에 의한 집합적 범주로서의 여성이나 계층으로서의 노동자의 이해를 국가 이해에 종속시켰다.

그래서 근대화 프로젝트 내에서 여성의 노동 혹은 일은 근대적 개인의 자아 의식에 기반한 노동인 직업으로서가 아니라, 미혼 여성들이 행하는 노동의 사회적·국가적 결과인 규범적·도덕적 의미가 중시되는 방식으로 정의되었다. 미혼 여성의 노동은 국가의 경제 발전에 대한 공헌으로 그 의미가 새롭게 정의되고, 노동은 국가를 근대화하는 자신들의 사회적 역할로 자리 매김되었다. 이로써 국가와의 역사적 사명 속에서 노동/일의 의미가 확보되었다. 즉 일을 통한 국가에의 헌신, 즉 산업 전사가 되었던 것이다.

여성 노동자들은 산업화를 통해 근대화 과정 속에서 사적 영역과 분리된 공적 영역으로 나아갔다. 그러나 노동 현장인 공적 영역에서 미혼 여성들이 경험한 것은 합리적이고 독립적인 존재로서의 정체감이 아니라, 국가, 부모, 회사를 위해 일하는 공적 가부장제 내 '근로 미혼 여성'의 지위였다. 그것은 근대화 프로젝트의 문화적 과정 속에서 여성의 노동이 국가와 가족에 대한 도덕적·윤리적 관계로 전환되어 여성들에게 그 의미가 부과되고 있었음을 뜻한다. 그래서 그들은 설령 개인적인 차원에서는 '공순이'였지만, 사회적으로는 산업 역군 혹은 산업 전사로 그리고 가족의 복지와 가족 내의 남성을 길러 내는 착하고 책임 있는 딸로 언설화되었다. 국가나 가족의 필요에 의해 동원된 노동하는 미혼 여성들은 결혼하지 않았다는 이유로, 국가, 가족, 회사의 보살핌을 받아야 하는, 그러나 동시에 일을 해야 하는 존재로 간주되었다. 이들에 대해 국가나 사회의 접근은 이들이 부모, 국가, 경제를 위해 계속해서 일할 수 있도록 책임 의식을 북돋아 주는 것이고, 그들의 희생에 대한 보상 체계를 확립해 주는 것이었다. 이것이 미혼 여성의 노동에 대한 '권리'로 이해되었다.

따라서 이들은 공적 영역인 노동 현장에서, 사적 영역의 가부장적 사회 관계가 국가, 회사로 확대된 광의의 가부장적 성별 체계를 경험하였다. 이러한 상황에서 직업이나 일이 '근로 여성'들의 정체성을 형성하는 데 주요한 부분이 될 수 없었다. 그래서 노동이나 일을 통해 국가의 근대화에 통합되었던 미혼 여성들은 일과 맺었던 자신의 경험을 일시적인 것으로 간주하게 되고, 평생의 자기 정체성인 '여성/모성'을 획득하는 결혼으로 진입하게 된다.

근대화 이후 산업화 과정에서 노동의 권리와 보상은 자본주의적 경제 발전을 위한 필연적 산물로서 인식되어 왔다. 그러나 한국의 근대화 과정에서 일과 노동이 사회적으로 정의되는 방식에는 노동하는 개인의 정서나 의도, 욕망과 같은 사적 경험은 배제되고 일의 결과만 강조하는 민족주의적이고 국가주의적인 집합성이 가장 중요한 레퍼런스로 작동하였다. 그래서 근대적 국가 건설이라는 주요한 역사적 임무 앞에서 여성들은 가부장제에 기반한 민족주의 가치를 내재화하고 국가에 기여함으로써 국가가 부여하는 여성으로서의 국민의 권리를 획득할 수 있다는 사고를 갖게 된다.

2. 도구적인 사회적 몸으로서의 여성: 가족 계획 사업과 여성의 출산력

현대적 피임 방법의 광범위한 보급을 가져온 가족 계획 사업은 국가가

근대화를 위한 경제 개발의 한 프로그램으로 1962년에 도입하였다. 가족 계획 사업은 경제 개발을 위해 당시 평균 6명을 출산하는 여성들의 출산력을 규제하여 인구 증가를 통제하려는 것이었다. 이의 정책화는 저개발 국가의 인구 증가가 당사자 국가뿐만 아니라 세계의 안정과 진보에 심각한 위협이 된다는 국제 개발 기관들과 경제학자들의 충고와 추천에 따른 것이었다. 따라서 한국의 경제 개발 계획에 있어서 높은 출산력은 국가 발전을 저해하는 요인으로 간주되었고, 이의 해결을 위해서 높은 출산력의 보유자인 가임기 여성의 몸은 국가와 사회의 발전을 위해 통제되어야 한다고 보았다. 이에 따라 여러 가지 피임 방법을 제공하여 여성의 출산력을 통제하려는 가족 계획 정책은, 생산력 증가에 걸맞은 적정 인구를 가져야 빠르게 국가의 근대화를 성취할 수 있다는 논리 아래, 여러 이데올로기 장치와 행정력 그리고 의료 기술을 동원하여 가임기 여성들의 출산력을 조절하고자 하였다.

따라서 가족 계획 사업은 급격한 인구 증가가 삶의 질 향상을 방해하고 국가 근대화에 저촉된다는 캠페인과 프로그램을 통해 국민들에게 인식되기 시작했다. 출산력이 아주 높았던 1960년대 초기의 가족 계획 사업은 피임을 통한 출산력 조절 그 자체가 근대성, 행복 그리고 가정 복지를 가져온다는 이미지를 국민들에게 알리는 데 주력했다. 가장 대중적이며 넓게 보급되었던 표어들은 다음과 같다. "적게 낳아 잘 기르자", "우리집 부강은 가족 계획으로부터", "많이 낳아 고생 말고 적게 낳아 잘 기르자", "덮어 놓고 낳다 보면 거지꼴을 못 면한다", "세 살 터울 셋만 낳고 35세 단산하자", "적게 낳아 잘 기르면 부모 좋고 자식 좋다."

이 표어들을 보면 가족 계획의 실천과 이로 인한 소자녀 가정은 당시 사회적 목표였던 경제 발전, 국가 부강과 직접 연관되면서 가족 계획, 즉 피임은 발전과 행복이라는 이미지로 변형되고 있음을 알 수 있다. 자녀를 갖는다는 것은 이제 생산을 통한 번창의 의미가 아니라, 부모의 양육과 교육에 대한 책임을 포함하는 소비의 의미로 전환되어 가정 부담이라는 의미를 띠게 되었다. 이러한 캠페인은 이제까지 가구 중심의 전통적인 농경 사회에서 많은 자녀가 복과 가정의 안녕을 가져온다는 자녀관과는 아주 다른 것이었다. 국가는, 이전과는 달리 가정에 기여하는 자녀들의 경제적 기여도가 감소되는 대신, 도시에서 임금으로 생활하고 또 아이들을 도시의 직업인으로 교육시켜야 하는 도시화, 임금 노동자화라는 새로운 상황을, 적은 수의 자녀가 갖는 개별 가정의 경제성과 복지를 낳는 요인이라고 하면서 자녀에 대한 사람들의 요구와 필요를 재조직하기 시작했다. 게다가 가정은 이제 단지 애를 낳아 기르는 곳만이 아니라 바람직한 사회 성원으로 자녀를 교육하고 훈육하는 곳으로 되었다. 이는 가족 내의 여성 역할이 좀더 적극적인 근대적 모성으로 변화되어야 함을 의미했다. 따라서 가족 계획 캠페인은 자녀의 출산과 양육을 근대화의 경제적·사회적 과정 속에 위치시킴으로써 여성의 출산 행위를 사회적이고 정치적인 담론 속으로 끌어들였다. 즉 사회 경제적 변화를 주도하는 국가는 여성의 출산력을 사회적 생산력의 한 부분으로 편입시키면서, 가족의 기능과 역할 자체를 근대화의 한 프로그램으로 구성해 내었다.

1970년대에 들어서면 "아들 딸 구별 말고 둘만 낳아 잘 기르자", "하루 앞선 가족 계획 십년 앞선 생활 안전", "잘 키운 딸 하나 열 아들 안 부럽다"라는 슬로건과 함께 영구 불임 수술을 통한 단산을 강조하는 가족 계획 정책이 더욱 제도적으로 사회적인 차원에서 강조되었으며, 이와 함께 소자녀 가족 규범을 수용토록 하는 여러 가지 사회 부조 정책이 도입되었다. 예를 들면 두 자녀가 있는 가구에는 소득세가 감면되고, 둘 이하의 자녀를 낳고 영구 불임 수술을 한 경우에는 공공 주택 할당 및 여러 금융 대여의 우선 순위가 주어지며, 그들 자녀에게 취학 전까지 의료 혜택이 주어지는 등 갖가지 사회 부조 프로그램들이 개발되었다. 게다가 영세민들이 불임 수술을 받을 때는 금전적인 혜택까지 주었다. 정부는 이러한 가족 계획 정책을 지원하기 위해 피임 방법이 실패했을 때 이를 보완해 주는, 낙태에 관한 정부 서비스를 제공했고, 모자보건법을 제정하여 낙태에 관한 법적 규제력을 완화시켰다.

1970년대 말에는 초·중·고등학교와 정부의 직업 훈련 센터, 그리고 여러 사회 기관에서 가족 계획 사업과 인구 조절의 필요성에 관한 교육을 실시하도록 했다. 또 모든 텔레비전 드라마에 등장하는 부부는 두 자녀 이하의 자녀수를 갖게 한다든지, 인구 폭발을 실감토록 하는 특별 프로그램을 만든다든지 하는 식으로, 대중 매체를 이용한 출산력 통제 목적의 사회 교육을 실시하였다. 인구 증가에 대한 부정적 이미지를 보급하기 위해 정부는 사람들의 일상 공간, 즉 우표, 담뱃갑, 극장표, 통장, 주택 복권, 버스, 택시, 지하철, 기차 구내 등에 인구 조절과 관련한 표어를 부착시키기도 하였다. 또 도시마다 인구탑을 세워 매일 증가하는 인구수를 국민으로 하여금 일상적으로 주지케 함으로써 높은 출산력에 대한 국민적 감시 효과를 노리기도 했다.

가족 계획 사업은 소규모 자녀만을 출산하는 여성의 몸이 더 근대적이라는 정치적 담론을 생산함으로써 근대적 모성의 이미지를 사회 내에 심었을 뿐만 아니라, 국가 행정력의 구체적인 개입을 통해 여성들로 하여금

이를 실천케 했다. 보사 행정으로 시작된 가족 계획 사업은 내무부 행정 체계와 통합되어 피임 방법 실천율의 목표와 실적이 계획되었고, 여러 포상, 행정 제도를 통해 목표 이상의 업적이 성취되었다. 전 내무부 행정 체계가 동원되어 가족 계획 대상자를 '색출'하고, 피임 서비스 시술자인 공공 보건 의료 기관은 물론 사적인 의료 자원까지도 국가에서 동원하여 피임 서비스를 여성들에게 직접 제공하게 함으로써 이 프로그램은 효과적으로 수행되었다. 행정력을 통한 이러한 정부의 노력은 특히 군 단위 이하의 지방에서는 직접적으로 드러나기도 했는데, 1970년대에는 새마을부녀회를 통해 그 지역 여성들의 피임 실천이 일일이 조사되고 보고되었다. 따라서 여성들이 몇 명의 자녀를 낳느냐, 어떤 피임 방법을 사용하고 있느냐 하는 것은 지방 행정의 중요한 관심 거리가 되었다. 이는 포괄적인 정치적 감시를 요구하는 사회적 행위였다. 이러한 사회적 상황 속에서 개별 여성의 몸은 국가 권력 앞에서 일반화된 하나의 범주인 '사회적 몸'(social body), 곧 출산력으로 취급되었다. 이처럼 유교적 차원에서 내밀시되었던 여성의 출산 문제는 이제 공공연한 정치적 담론이 되어 갔다.

근대화를 통해 새로운 사회 경제적 환경으로 이입해 들어가면서 소자녀 가족이 갖는 효율성이라는 정치적 담론에 따라 자신들의 욕구를 적극적으로 재조직하기 시작한 여성들로부터, 국가는 권력 행사의 정당성을 확보하기도 하였다. 국가에 의해 새롭게 창출된 몸의 경험은 이제 사회적 욕구라기보다는 내재화된 자기 욕구로 자연스레 이전되었다. 그러면서 사람들은 가족 계획 사업의 강제성을 그들의 사적인 삶에 대한 국가의 개입이라기보다는, 새로운 사회 상황에 따른 새로운 적응 양식의 도입으로 이해하였다. 더 나아가 이는 자신들 스스로가 재생산 행위와 경험을 재조직화하는 것이고 또 적응하는 것으로 인식하면서, 국가 통제를 자기 이해의 영역으로 끌어들이게 되었다.

국가에 의해 통제된, 둘 혹은 하나의 자녀만 갖는 결혼한 여성의 몸은 이제 우리 사회에서 출산 유형의 '정상성'을 확보하면서, 근대적 여성성을 획득하는 규범으로 정착되고 있다. 그리고 가족 계획의 공식화는 결혼한 여자의 몸이 갖는 쾌락적 성을 재생산과 분리시켜, 성을 여성 삶의 한 양식으로 만드는 효과 또한 창출했다. 그러나 재생산과 성의 분리를 함의하고 있는 가족 계획 사업은 강력한 국가 민족주의와 가부장제 문화 언설 속에서 여성의 몸의 경험을 결혼 제도 내에서만 가능하도록 규제하고 있었다. 이는 여성의 몸의 성적 쾌락과 출산의 능력을 인정하는 동시에, 결혼을 통해서만 그것이 가능해지는 가부장적 규범성을 여성들에게 제도화하는 담론이기도 했다. 여성의 성을 국가 발전에 통합시킨 한국의 피임 정책은 근대화 과정 속에서 여성들로 하여금 성 해방의 담론을 발전시키게 하는 것이 아니라, 근대적인 소자녀 핵가족을 구성하는 근대적 모성에 대한 담론으로 여성의 성 담론을 이끌게 된다. 그리고 동시에 여성의 재생산을 여성성의 가장 중요한 핵으로 규정하는 제도적·사회적 담론은 다시한 번 여성의 성별을 생물학적 규정성에 붙들어 매어 모든 여성을 같은 범주로 본질화시키는 정치적 권력을 생산한다.

가족 계획 사업을 통해 공적인 영역으로 나온 여성의 성과 출산력의 정치화는 국가에 의한 정치화였다. 개별적 여성이 갖던 재생산 능력과 성적 능력은 국가에 의해 사회적 몸으로 변형되면서 도구화되고 탈개별화되어 버렸다. 개별적 여성들의 몸의 능력은 이제 발전, 경제, 국가의 맥락으로 들어가 사회를 위한 기능으로서 그 규범성과 정상성이 평가받게 된 것이다.

맺는 말

이 글은 한국의 현재 지위를 결정하는 가장 중요한 구성적 조건으로 논의되는 한국 근대화 프로젝트의 담론이 어떻게 한국 사회의 근대 경험을 획일적이고 동일한 것으로 구성해 내고 있는지, 근대화의 담론은 한국 사회 내의 성별·계급·국적·세대와 같은 차이들을 어떻게 이데올로기적 상징 체계로 전이시켜 동질적인 문화의 내적 구조로 통합시키는지를 보여 주고자 하였다. 이러한 논의는 결국 한국의 근대화 프로젝트를 추진한 국가의 지배 담론의 구성 방식을 드러내 역사화시키고자 하는 작업이고, 그 담론의 의미화 과정을 해체하면서 권력의 작동 방식을 비판하고자 하는 것이다. 특히 국가 중심주의가 갖는 성별성을 드러냄으로써 한국의 지배 담론이 갖는 가부장성을 비판하고자 하였다. 여성을 통해 한국 사회를 비판하는 것은 이 글의 서두에서 말한 대로 우리 사회 내 수많은 주변인, 타자의 입장에서 한국 사회를 보려는 시도들과 그 의도를 같이하는 것이다.

개인적인 것은 정치적인 것이라는 페미니즘의 슬로건 아래서 많은 여성주의 학자들은 사적 영역을 여성 억압의 장이라고 보고, 사적 영역인 가족, 결혼, 이성애의 관계에서 재생산되는 남성 권력을 연구해 왔다. 그러면서 가족이나 사적 영역은 근대 사회에서 더 이상 자율적이지 않으며, 또 공적 영역과 배타적인 구조를 갖지 않는다는 것을 밝혀 왔다. 그렇기 때문에 여성의 지위, 성별 관계, 행위성을 이해하기 위해서는 국가의 성별적 성격을 이해하는 것이 중요하다. 왜냐하면 국가는 제도뿐만 아니라 정책과 법의 언어를 통해 성별 관계를 재구성해 나아가기 때문이다.

강력한 국가 권력에 의해 수행된 한국의 근대화 프로젝트에서 국가는 여성의 몸이 갖는 생산적 그리고 재생산적 능력 모두를 점유하여 국가 생산력으로 전환시켰다. 하나는 미혼 여성의 몸을 통해, 그리고 다른 하나는 기혼 여성의 생식 능력을 통해 새로운 생산력의 개념을 국가 속에서 구성해 냈다. 이들의 몸이 갖는 사회적 의미는 동질적인 공동체인 민족과 그것의 실제적인 구현체인 국가/조국의 유기체적 생명을 유지, 보존, 발전시키기 위한 기능으로 위치 지어졌다.

근대 혹은 근대화는 항상 서구화, 서구적 질서, 서구와의 관계 속에서 논의된다. 그래서 어떻게 자신을 정체화할 것인가 하는 것이 큰 문제일 수밖에 없다. 따라서 서구 지향과 자신을 정체화하는 것 사이에서 모순과 갈등, 긴장이 생기게 되는데, 이것을 해결하는 것이 한국 근대화 기획에서는 국가 민족주의이고 가부장제였다. 여기서 여성은 갈등과 모순, 긴장을 매개하는 사회적 기호가 되어 보완적이고 지원적인 역할을 담당해 왔다. 그러면서 여성이 갖는 차이, 차별성은 모든 주체가 동일한 형식으로 국민이 되어야 하는 개발 독재의 권력하에서 침묵되거나 억압되어 왔다. 여성의 몸이 갖는 성별적 의미는 근대화 과정에서 여성들이 놓이는 다양한 사회적 맥락과의 관계에서 구성된다. 여성의 성별성이란 여성의 몸에 본래적으로 있던 어떤 것이거나 몸의 속성이 아니다. 그것은 복잡한 사회적·정치적 기술에 의해 몸에 그리고 행위에, 사회 관계 속에서 생산되는 일련의 효과 혹은 의미이다. 이런 뜻에서 한국의 근대화 프로젝트에 통합되어 있는 여성의 성별성 혹은 성별 체계는 한국의 전통적이고 고유한 여성성의 재현이라기보다는, 바로 한국 근대화에서 성별 체계가 구성되는 방식을 드러내는 것으로 접근해서 보아야 하고, 현실에서의 성별 체계를 규정하는 권력 과정으로 접근해서 보아야 한다.

가족 계획 사업을 통한 근대화 프로젝트에서 가시화되기 시작한 여성의 몸/성은 여성을 생물학적 종(種)으로 접근한다. 그러면서 사적 영역에서 설명되던 여성의 몸/성을 계획 가능한 사회적 기능으로 전환시켰고, 거기에 공적인 의미를 부여했다. 이는 여성이 근대 국가의 성/성별 체계로 통합되어 가는 과정을 보여 준다. 그러나 근대화 과정의 국가 이데올로기하에서 재생산의 기능을 통해, 그리고 노동의 능력을 통해 공적 영역으로 진입한 여성들은 공적 영역에서 합리적이고 독립적인 근대적 주체로 간주되지는 않았다. 사적 영역 내의 성별 관계가 공적 영역으로 변형되면서, 사적인 가부장적 가족 내에서 개별적으로 존재하던 여성이 집합적 범주인 여성(collective women)이 되어 국가 가부장제 체계 내의 새로운 형태의 성별 관계 속으로 편입된 것이다. 그러면서 여성들은 구체적인 아버지나 남편과의 성별 관계만이 아니라 비인격적인 남성 중심의 권력 체계(impersonalized power of men)인 노동 시장이나 국가 체계 속의 성별 관계와 맞부딪치는 다중적 사회 관계에 놓이게 되었다. 여기서 여성은 어떠한 사회 관계 속에 놓이든 간에, 어떠한 새로운 정체성을 획득하든 간에 국가 가부장제가 규정하는 여성이라는 범주의 규정성 아래에 있게 되었다.

　이 글은 오늘날 한국 여성들이 직면하고 있는 중층적인 억압 구조를 분석할 수 없게 만드는 '우리'라는 동일화의 문화 권력은 우리의 오랜 전통으로부터 나왔다기보다는 근대화의 과정 속에서 새롭게 구성되고 재창조된 것이라는 점을 보이고자 했다. 그리고 근대화가 만들어 내는 문화적 과정 속에서 사회적·정치적 의미를 획득하면서 유지되고 있음을 보이고자 했다. 한국의 남성들은 남성이라는 성별 정체성이 아니라 그들이 점유하는 사회 관계에 따라 자신을 정체화하면서 사회적 주체로서 행위하고 연대하고 갈등하지만, 여성들은 자신이 만들어 내는 다양한 사회적 정체성에도 불구하고 탈역사적 그리고 본질적인 존재로서의 여성이라는 동일성에 묶여 있다. 모든 여성을 동일하게 범주화하는 이러한 언설은 가장 강력하게 여성들을 규정하고 통제하며 또 여성들 스스로 이러한 문화적 권력을 내재화하도록 한다. 이러한 성/성별 체계를 비롯하여 '우리'인 한국인이 누구인지를 규정하는 문화적 인식 틀은 근대화 프로젝트의 핵심적인 문화 논리로 구성되어 왔고 현재에도 강력하게 작동하고 있다.

진보, 권위 그리고 성 차별

권인숙

1994년에 미국에 와서 2000년의 첫 날을 이곳에서 맞으려 합니다. 여성학을 공부했고, 대부분의 기간 혼자 아이를 키웠습니다. 한국에서 별로 알아 주진 않을 것 같지만 곧 박사학위 소지자가 됩니다. 내가 가진 것을 다 버려야 참된 무언가를 얻을 수 있다는 철학적 결론에 도달하고 학교를 그만두었던 스물 두 살 적의 결심과 실행이 무색한 변신입니다. 하여간 나를 중심으로 살았던, 아니 사회 전체가 자기 먹고 살기 바쁜 듯했던 1990년대인들의 삶의 행로에 저도 같이 있었습니다.

이러한 1990년대를 살아서인지 '모래 시대 세대' 이야기가 나오고 '386 세대' 이야기가 나올 땐 왠지 귀가 기울여지고, 뭔가 우리는 다른 시대를 살았던 듯한 감회에 저절로 젖곤 합니다. 작년에 논문 조사 관계로 만났던 운동권 출신의 현직 선생님은 이렇게 말했습니다.

"어느 새 1990년대가 다 지나가는 시점에 섰다는 걸 느끼면서 1990년대를 돌아다 보니까 1980년대가 정말 정태춘 씨가 이야기한 것처럼 빛나던 시대였다고 느껴져요. 희망을 이야기할 수 있었고, 암흑 속에서 인간이 가장 아름다운 형태로 살았구나, 너무너무 힘겹고 죽고 싶고 그랬지만, 다시는 이런 혁명적인 세례를 받은 시대는 없을 것 같은. 그랬던 것 같아요. 그 시대에 대해서 평가가 많이 달라졌어요. 얼마 전에 정태춘 씨 공연 가서 울었거든요. 펑펑. 노래 속에서 정태춘 씨가 말하더라구요. 1990년대는 건너간다, 천박한 1990년대였다, 결과적으로는 다양성이라고는 했지만 결국에는 자기밖에 생각하지 않는 천박한 시대였다, 내가 산 시대는 적어도 그렇지 않았다, 그렇게 평가해요. 그 당시 학생 운동이 가질 수밖에 없었던 역사적 한계 때문에 그렇게 표출되었겠지만, 긍정적이고, 나의 발전에 지대한 영향을 끼쳤고…… 1980년대 세대를 386 세대라고 부르잖아요. 하다못해 공부만 열심히 했던 친구라 하더라도, 그런 혁명적인 시대의 세례를 한꺼번에 받은 세대는 다시 생기지 않을 거고, 그렇기 때문에 시대를 바라보고 사회를 바라보는 관점이 이미 아주 포괄적이고 또 넓은 시각을 유지할 수 있을 거라고 평가해요."(1998년 8월 20일, 서울)

참 적절하고 공감이 가는 판단이자 평가였습니다. 아름다움과 순수함이라는 기준으로 표현하자면, 할말이 너무도 많고 점수도 크게 주어야 하는 시대였습니다. 자기를 버리는 분신과 투신, 마음을 다 바친 듯한 외침과 헌신이 있던 시대였습니다. 민주주의와 역사, 민중, 통일이라는 큰 담론에 진심으로 '나'를 바친 시대였습니다. 정말 많기도 많았지요. 『말』지의 김종원 기자는 "실제로 20대 후반에서 30대 초반 사람들이 술이라도 한 잔 마실 때면, '그땐 운동권 학생 아닌 사람이 거의 없었어'라는 말이 자연스레 나온다"고 했습니다.(1996년 1월호) 한 정부 통계에 의하면 1980년대에 11만 7천 명의 학생들이 학생 운동 관계로 학교에서 쫓겨나거나 그만두었다고도 합니다.

이들을 통칭해서 하나의 '세대'로 부르는 것은 타당하다고 생각됩니다.

정말 많은 이들이 1980년대의 격렬했던 이념과 실천의 흐름에 속해 있었고, 6월 항쟁, 통일 투쟁 등의 궤적을 함께 밟았습니다. 최루탄과 돌멩이, 화염병이 범람하는 한가운데서 외쳤던 구호들, 그 구호들로 연결된 경험의 공감대도 결코 작지 않을 것입니다. 『한겨레 21』에서 김규원 기자는 386 세대의 등장을 유럽의 68 세대의 집권에 비유하더군요. 높은 정치 의식과 새롭고 젊은 의식으로 무장한 이들의 집단 출현이라는 거지요.(1999년 4월 15일자) 이현종 기자는 이들을 새 천년을 이끌 주도 세력이라고 하면서 민주화에 대한 정서적 공감대 등을 이 세대의 한 특징으로 꼽더군요.(『월간중앙』, 1999년 5월호) 이렇게 뒷배경이 특수하고 또 탄탄하기에 정치권에서 눈독을 많이 들이고 언론에서도 관심을 쏟는 것 같습니다.

우려의 목소리도 있더군요. 김동춘 교수는 1980년대를 싸게 팔아 넘기면서 정치 일선에 나서려 애쓰는 이른바 '이름 있는 스타'들을 경계하더군요.(『한겨레 21』, 1999년 6월 3일자) '386 세대'라는 명칭 자체가 학생 운동에만 치우친 엘리트주의적인 발상이라 하기도 하고, 이들 정치 입문자들이 과연 1980년대를 대표하느냐며 이의를 제기하기도 합니다. 아직도 현장에서 그 시대 정신을 몸소 실천하고 있는 사람들을 떠올리면서 이들이 한 시대의 경험과 유산을 재빨리 정치적 산술로 환산하는 것에 반발하기도 합니다.(권순원, 『한겨레』, 1999년 9월 28일자)

그러나 저는 1980년대의 핵심 운동이었던 학생 운동 출신자들을 세대로 묶고, 이들 중 이름 난 이들, 그야말로 대중적 상품성이 있는 사람들이 정치에 나서는 것을 반대하지는 않습니다. 정치 진출에 어느 한 길만 옳다고 고집하는 것이 과연 설득력이 있고 현실성이 있겠냐며 그 길을 포기한 지 오래되어, 그래서 그런 주장에 냉소적이 되어서 이렇게 말하는 것인지는 모르지만, 만약 그들이 좀더 나은 사람이라면 어떤 식으로든 정치에 참여하는 것에 반대하고 싶지는 않습니다. 우리 세대가 표방하는 것이 그토록 진보적이라면, 정치에 나선 이들이 386 세대의 정신을 이용하는 것을 부정적으로만 바라볼 것도 아니라고 생각합니다.

다만, 저는 우리가 누구인가 생각하면 자꾸 두렵습니다. 젊은 의식을 표방하고, 민주화에 대한 정서적 공감대가 어느 누구보다도 크다는 우리 세대 일반이, 특히나 학생 운동의 윗자리에서 백만 학도를 대표했던 이들이 누구인가가 두렵습니다. 최근에 반성문을 쓰면서 한 시대를 장식했던 주체 사상파에 대해 나름대로 종언을 구한 뒤 북한 민주화 운동을 제창하고 있는 김영환 씨를 보면서도 그 질문을 했습니다. 작년에 감옥에서 나온 뒤 아주 많은 이야기를 하고 있는 박노해 씨를 보면서도(박노해 씨가 학생 운동을 하지는 않았지만, 그 사상과 무리의 정점에 있었던 사람으로 생각합니다), 전대협 의장 등 화려한 경력을 배경으로 정치에 나서는 이들을 보면서도, 저는 그들이 누구인가가 두렵습니다.

그들이 말하는 자신들의 사상적 오류와 새로 내세우는 무언가에 진심이 담겨 있지 않다고는 생각지 않습니다. 다만 새로운 사상과 큰 담론을 자꾸 생산하려는 모습이 껄끄러워 보입니다. 아니, 자꾸 나서서 이야기하고 있는 것부터가 걱정이 됩니다. 상식을 벗어난 듯 현실과 한참 동떨어져서 극으로 치달았던 조직의 이념과 문화적 오류를 주도했던 이들입니다. 그들이 자신들의 인간적 틀에 대한 깊은 고민과 오랜 변신의 실험과 경험을 거치지 않고, 또 다른 깨달음의 경지를 발견한 듯이 나서고 있는 것에 신뢰가 가지 않습니다. 오류의 명망을 토대로 말이죠. 전대협·한총련 의장들이 의장님으로 떠받쳐지면서 누렸을 그 권위와 자기 숭상의 경험이, 계보

정치에 물든 정치판에서 어떤 새로움을 던질 수 있게 할는지에 대해서도 꽤 냉소적이 됩니다.

왜냐하면 지금 시대가 386 세대와 이들 명망가들에게 기대하는 것은, 이들이 믿었던, 아니면 새롭게 주창할 큰 담론들과 백만 학도의 윗자리에서 경험한 권위적 지도력이 아닐 것이기 때문입니다. 그 기대는, 젊다는 것과 사리사욕을 버린 적이 있다는 그 경험에 대한 신뢰 속에서 보다 깨끗하고 새로운 조직관과 정치 문화를 이끌어 내리라는, 기성 세대와는 다른 새로운 인간형을 보이리라는 기대일 것이기 때문이죠. 이것이 두렵습니다. 과연 우리가 그런 새로운 인간형에 답할 수 있는 사람들인지 자신이 서지 않습니다.

그것은 나에 대한 두려움이기도 합니다. 뭔가 구체성의 새로움을 구현할 경험과 의식이 있느냐고 누가 묻는다면, 나는 그저 고개만 숙이고 말 것입니다. 현재 한국의 대표적인 시민 단체에서 일하는, 1980년대 학생 운동과 노동 운동에 투신했던 한 여성 활동가가 이런 말을 했습니다. "상명하달식의 지시가 많아요. 항상 상사들은 내리 누르기만 하잖아요. 밑에서 똑같이 지적할 수 있는 통로가 거의 없다고 보거든요. 한번은 내 상사라는 그 형이 나이 어린 고졸 출신 실무자들을 모아 놓고, 군대식으로 '내가 하는 것 복창해 봐. 손님이 오면 일단 테이블에 앉힌다' 이러는 거예요. 애들은 막 따라 하고. 어떻게, 운동권에서 일을 했다는 사람이 저렇게 할 수가 있는가? 중요한 역할을 하는 사람이거든요. 빵(감옥)에도 갔다 오고. 저 사람의 인격은 도대체 무엇인가? 그것이야말로 군사 문화잖아요. '앉아 일어나' 이러면서 시키는데."(1998년 8월 12일) 어쩌면 이것이 극단적으로 표현된 우리의 자화상이 아닐까요? 민주 시민 사회를 갈망하고 아무

조건 없이도 활동할 수는 있어도, 자기가 속한 집단에서는 권위를 스스럼 없이, 강압적으로 행사할 수 있는…… 사실 그런 조직 구조에 더 쉽게 적응하는 게 우리들이 아닐까요?

작년부터 올 봄에 걸쳐 약 서른 명 정도의 1980년대 여성 학생 운동가를 만났습니다. 학생 운동의 경험은 생각보다 다양했습니다. 남녀 공학과 여자 대학의 경험이 다르고, 같은 학교 안에서도 몇 년도에 입학했느냐에 따라 경험이 달랐습니다. 물론 개인의 성향에 따라서도 달랐지요. 그러나 하나같이 전달되어 오는 것은, 그들이 경험한 것이 차선과 다름을 허락하지 않은 폐쇄적이고 배타적인 문화였다는 것, 개인이라는 단위가 전혀 이해되지 않은 구조였다는 것이었습니다. 상명하달식의 의사 구조도 이야기했고, 속한 학년에 따른 고정된 위계 질서도 이야기했습니다.

그 중 두드러지는 것은 토론 문화였습니다. 작년에 민주노총의 내분에 쇠파이프가 등장했다는 이야기를 들으면서도 느꼈습니다만, 우리한테 동등하게 토론해서 합의하고 실행하는 문화가 있었던가 하는 회의가 밀려왔습니다. 학생 운동권에서의 토론은 학년별로 차이가 크게 부여된 권위에 의지한 설득 구조였지 토론 구조가 아니었어요. 그래서인지 학번의 위계가 통하지 않는 데서는 끝도 없이 평행선을 달리는 논쟁이 반복될 뿐이었습니다. 내가 옳음을 증명하는 것만이 토론의 목적이 되고, 그래서 어쩔 수 없이 갈등만 고조되는 것을 많이 느꼈습니다. 대단한 이론적 차이가 없는 경우에도 그랬습니다. 잘 몰랐었죠. 어느 선에서 어떻게 내 의견을 포기하고 합의를 해야 하는지. 세미나를 그토록 많이 했지만 합리적 · 민주적 토론 문화를 훈련한 경험은 별로 기억 나지 않습니다. 하급생의 반발이나 문제 제기는 그 하급생의 이론적 총명함을 판단하는 기준이거나 정해진 결론에 이르게 하는 도구였지, 진정으로 귀기울일 필요가 있는 것은 아니었습니다. 한동안은 이중 구조였지요. 내가 무엇을 토론하느냐와 상관없이 비밀리에 진행되는 의사 결정 구조에 따라야 했습니다. 그래서인지 핵심에 가까이 있으면서 손에 정보를 많이 쥔 동료 앞에서 왠지 무력하고 막연한 답답함에 시달리기도 했습니다. 1987년도 언저리에 학생 운동이 강한 한 학생회에서 일어난 일입니다. 학생회 내부에서 하는 토론은 거의 의미가 없었다는군요. 이른 아침에 배달된 듯한, 회의실 벽에 꽂힌 '장백'이라는 가명을 가진 동지의 메모에 따라서 모든 것이 진행되었답니다. 상황이란 이름만으로, 누군지 본 적도 없는 이의 위계에 굴복하는, 군대에선 상식화된 권위주의 문화의 한 단상이지요.

문화적 배타성도 심했습니다. 특히 여학생들에게 그랬지요. 치마 입고 싶은 사람은 운동을 할 수 없는 분위기였죠. 사실 여학생은 남자가 되지 않고는 살아남을 수 없는 구조였습니다. 조순경 교수와 김혜숙 교수는 그 문화를 이렇게 표현합니다. "실제로 운동권 여성들의 많은 수는 자신을 '여자로 생각해 본 적이 없다'고 말한다. 운동의 세계에서 살아가기 위해 이들이 택하는 전략 중의 하나는 여성으로서의 정체성을 부인하는 것, 그리고 대신 자신을 남성과 동일시하는 것이다. 여성들 스스로 남자들의 언어와 화법, 남자들의 관심사 그리고 사물에 대한 남성적 관점 습득을 통해 남성과의 동일시를 시도해 왔다." 운동권을 주도했던 많은 유수 대학의 언더 서클에서는 1981년 또는 1982년까지 여학생을 뽑지 않았습니다. 조경숙 씨에 의하면 여성에게 닫혀진 멤버십이 치열한 투쟁 의식의 상징이 되기도 했다는군요.(『여성과 사회』, 1995년 6호) 이런 언더 서클의 경험에서도 보이듯이 학생 운동의 공간은 남자 활동가들만을 위해 디자인된 공간이었습니다. 어찌 보면 운동권 여성들의 남성화 전략은 역사 속에서 여성들이 남성화된 공적 공간에서 살아 남으려고 할 때 반복적으로 해 온 판단과 노력과 크게 다르지 않습니다.

조사를 하면서 새삼 충격을 받았던 것은 남녀 공학 대학의 여성 활동가들은 대부분 여성 선배와 여성 동료들을 신뢰하지 않았다는 것입니다. 약하고 책임감도 부족하고, 아니면 너무 나서고 인간미 없이 과격하거나 남자같이 거칠고, 아니면 여성적인 냄새를 아직도 풍기고…… 그에 비해서 남자 선배들이 더 균형 잡히고 믿음직했다는 거죠. 어느 여성 학생 운동가는 여자 선배는 선배로서 대접하는 척만 했지 진심은 아니었다고 하더군요. 남자가 유일한 활동 기준인 공간에서 어떤 여자의 모습도 긍정적으로 평가되거나 설자리가 없음을 상징적으로 보여 주는 집단 경험이었습니다.

남성화된 문화였지만 여성에게 모성적 헌신성에 대한 기대와 찬양도 적지 않았던 공간이었습니다. 1983년도에 대학에 들어간 한 여성 학생 운동가는 언더 서클 남자 동료의 팬티와 양말을 대놓고 빨아 주고 음식을 만들어 주고 했다는군요. 물론 극단적인 경우이기는 합니다만, 문제는 그 여학생이 아주 인기 있고 가장 인정받는 여학생 운동가의 전형이었다는 거죠. 거칠고 남성적으로 운동 공간에서 활동하는 그 여학생이 여자로서의 헌신성을 갖는 반면 여성 문제에 대해서는 아주 냉소적인 태도를 보인 것이 환영받았다는 점은 제 자신이 경험한 것과도 크게 다르지 않습니다. 그에 비해 한 해 위의 여자 선배는 그 여자 후배를 비판하지도 않았지만 그런 식의 헌신에 동참하지도 않았다는군요. 그 여자 선배의 이미지는 이기적이고 잘난 여성의 그것이었답니다. 여성 의식이 생긴 후 그 여자 후배는 그 방관했던 여자 선배가 다른 남자 선배들보다 왠지 더 기분 나쁘게 느껴지는 모양입니다.

남성 중심 공간에서 여성들이 어떻게 행동하고 사고해도 남성을 기준으로 하는 시선에서 자유롭지 못하고, 어떨 때는 서로를 갉아 먹는 갈등 구조가 보이지 않습니까? 여자 대학의 경우에는 여성 활동가에 대한 이 이상스런 불신과 혐오증을 발견할 수 없어 그나마 안도의 한숨을 지었습니다. 대부분 긍정적으로 여성만의 운동 공동체와 선배와의 관계를 평가하더군요. 물론 여자 대학이 전체 대학 운동 구조와 남성화된 위계 질서에서 자유로웠다는 것은 아닙니다. 항상 이론적 열등감과 물리적 열등감에 시달리면서 여성만의 활동 공간에 위축감과 부족감을 느꼈다고는 합니다만, 그래도 자신과 남에 대한 이중적 시선, 남성을 기준으로 여성을 불신하고 비하하는 시선에서 훨씬 자유로웠음을 읽을 수 있었습니다. 이런 긍정적 자기 실현과 주변 여성들에 대한 평가 경험이 나중의 활동 공간에서 이들 여자 대학 출신 운동가들을 더 자주 볼 수 있게 만든 한 원인이었다면 비약일까요?

인터뷰에 응했던 이들 가운데 몇몇은, 여성들이 과연 1980년대의 학생 운동 공간에서 진정한 주체가 될 수 있었던가 하는 회의를 전하더군요. 격렬했던 폭력적 투쟁이 운동 표현 형식의 상당 부분을 지배했던 구조에서, 돌이나 나르고 화염병이나 나르던 여대생이 주체가 될 수 있느냐는 이야기죠. 크게 공감이 가는 지적이었습니다. 육체적 약함이 극단적으로 드러나는 공간을 자주 접해야 하고 자기의 성적 특성의 많은 것을 부정해야 하는 활동 구조였습니다. 이 속에서 여성들이 "여자도 한다"라는 보충적으로 규정된 활동의 틀을 넘는 것이 가능했겠느냐는 거죠. 대체로 하는 말이 여성과 관련된 문제에 관심을 기울이지 않으려 했다는 겁니다. 이 경우는 남녀 공학이나 여자 대학이 큰 차이가 없었습니다. 독재 타도, 계급, 통일 등이 더 시급하게 해결되어야 하는 문제였기 때문이라는 것이 일반적으로 하는 설명입니다만, 여성 문제를 이야기하는 집단에 끼고 싶지 않은 감정적 편향도 컸다고 합니다. 더 이상 소수화되기 싫은 소수 집단이 가질 수 있는 자기 보호 심리이기도 하지요. 집단의 이해와 투쟁의 성과가 제일로 강조되는 권위적·남성적 집단 분위기에서, 여성이라는 소수 집단이 자기 문제를 발현하고 성차(性差)를 인정받으면서 여성으로서의 정체성도 함께 찾아나가는 활동이란 근본적으로 불가능했다는 거죠.

학생 운동의 구조나 그 한계 등을 이야기할 때 많은 이들은 어쩔 수 없지 않았느냐고 합니다. 상황이 척박했고, 현실 정치 권력에 직접 도전하는 운동이었기에, 일정 정도 군사화된 문화와 질서는 어쩔 수 없었다는 것이 중론이지요. 단지 상황 때문이라고 한다면, 그리고 청년들의 미숙함 때문이라고만 한다면, 어느 정도 안도하겠습니다. 그러나 사실 상황 판단이라는 것은 객관적 현실에만 근거하지는 않습니다. 1987년 이후에 특히 학생 운동 공간은 상황의 절박함을 부르짖기에는 많이 열려 있었음에도, 통일과 반미의 절박한 강조 속에서 그 얼마나 극한적인 위계 질서와 이해되지 않는 문화로 치달았습니까? 상황의 급박함이란 어찌 보면 주관적인 판단인 경우도 많고, 왜 그런 식으로 상황을 인식하는가에 대한 근본적인 질문이 따라야 이해할 수 있는 경우도 많습니다. 또한 미숙함 때문이었다면, 그 이후라도 성숙한 활동의 모습을 목격할 수 있어야 하지 않겠습니까?

김인회 교수는 1970년대의 반공 교육의 실패를 이야기합니다.(『한국교육의 역사와 문제』, 1994) 홍완숙 씨도 1980년대 주사파의 경우를 예로 들면서 우리 나라 반북한·반공 교육의 완전한 실패와 비효율성을 주장합니다.(한양대 석사논문, 1989) 그랬죠. 우리는 1970년대의 지배 이념을 정면으로 부정한 세대입니다. 가장 극렬한 반공 교육을 받고 자란 우리가 그것을 정면으로 거부했습니다. 의식화는 대체로 과거에 내가 믿었던 것에 대한 부정에서 시작되었습니다. 그렇다면 그 반공 이념과 반북한 이념을 부정할 때 모든 것이 같이 부정되었을까요? 적어도 우리는 그렇게 믿었죠. 새로운 인간이 되어 가고 있는 것 같은. 그래서 의식화의 과정은 고통스러웠지만 아름다웠습니다. 온갖 왜곡된 정보와 통제 속에서 빚어진 이념과 상식을 부정해 나갈 때 그것은 새로 태어나는 즐거움이기도 했습니다.

1970년대는 이런 부정의 아름다움을 연출할 만큼 반이성의 시대, 국가적 집단 동원과 광신의 시대였죠. 반북한과 반공이 모든 것을 압도했던 시대, 거의 날마다 간첩 사건이 터지고, 반공 궐기 대회가 열렸던 시대였습니다. 베트남이 통일된 후에 박정희 대통령은 라디오 방송을 통해서 북한이 분명히 그해 안에 침입한다며, "모든 국민은 군인입니다. 본인도 650만 서울 시민과 함께 죽음을 무릅쓰고 서울을 지키기 위해 싸울 결의가 되어 있습니다"라고 외쳤습니다.(박세길, 『다시 쓰는 현대사 2』, 1989) 잇따라 200만 명 서울 시민의 궐기 대회가 열렸죠. 저는 초등학교 6학년이었습니다. 그때 담임 선생님이 했던 이야기가 분명히 기억 납니다. 이제는 반공이 아니라 멸공이라고. 그 논리적 진전이 그렇게 대단해 보였습니다. 어떤 이가 나와서 칼로 배를 긋기도 할 만큼 극렬하게 진행되었던 속초 시민의 대규모 반공 궐기 대회에서 깃발을 잡고 비장해 했던 기억도 납니다. 그러나 날마다 반공을 실감하며 정신 무장을 튼튼히 하고 살지는 않았습니다. 고등학교 즈음에서는 반공 이야기에 식상해 하기도 했습니다. 다만 익숙했었죠. 하나의 적을 생활의 중심으로, 교육의 중심으로, 가슴의 중심으로 세웠던 문화에 젖은 채로 자랐습니다. 고등학교 시절 6·25 기념 행진 때 대대장이었던 어떤 친구는 김일성을 찢어 죽이자라는 구호를 별로 의식 없이 외쳤다고 했습니다. 그 익숙함이라는 것은 무서운 것입니다. 제가 대학교에 입학하던 1982년에는 전경과 사복 경찰이 학내에 진을 치고 있었습니다. 남들은 잘 모르겠습니다만, 저는 솔직히 아무 문제 의식이 없었습니다. 군사 도시 원주에서 항상 군인들을 보고 자랐고, 박정희가 죽었을 때는 집 근처에 탱크가 지키고 서 있는 걸 보았습니다. 학생들 데모 소식을 자주 들었고, 교문 앞을 지키던 전경들의 모습을 텔레비전에서 자주 봤기 때문일 수도 있습니다. 전경이나 사복 경찰의 존재가 별로 불편하게도 모욕적으로도 다가오지 않았습니다.

이런 익숙함이 우리에게 말하는 것은 무엇일까요? 그 익숙함이 우리에게 남긴 것은 무엇일까요? 저는 1970년대의 이념과 문화 코드 속에 젖어 살았던, 다시 말해 그 이념과 문화에의 익숙함이 1980년대 격렬했던 학생 운동의 기초가 되었다고 봅니다. 우리는 민주주의에 정말 익숙하지 않은 세대였습니다. 우리가 싸워 얻으려 했던 민주주의는 무엇이었나요? 우리는 광주의 죽은 사람들에 대한 살아 남은 자로서의 죄책감과, 강제 징집으로 끌려간 동료들에 대한 책임감과, 극단적 조건에서 살아나가는 민중들의 삶에 대한 부채감, 그리고 미제에 강탈당한 잘라진 땅덩이를 연상하면서 싸웠습니다. 우리에게 민주주의는 이런 극단적인 상황이 해결되는 것이었습니다. 다른 구체성은 상상하고 싶지 않았습니다. 그런 점에서 우리는 아주 적절한 주체들이었는지도 모릅니다. 민주주의를 상상하고 염원하지만 민주주의를 모르기에 싸움을 위한 조직체에 적합한 인간상들이었습니다.

싸움을 가장 잘 할 수 있는 집단적 경험과 이념을 모은 것이 군대입니다. 집단적 질서의 절대화, 개인성의 균일화, 위계 질서에 대한 반발 없는 복종, 적에 대한 강한 저항, 이것들을 잘할 수 있어야만 유지가 잘되는 조직이 군대입니다. 실상 1980년대의 투쟁체도 이들 군대가 요구하는 정신과 집단 질서에서 크게 차이가 나지 않습니다. 그런 면에서 1980년대 학생 운동권의 투쟁력과 통일된 힘에 대한 점수는 상당 부분 박정희 대통령에게 가야 합니다. 터무니없이 몰아붙였던 반공 의식과 반북한 의식은, 학생들에게 강한 반전의 사고 경험과, 구질서에 대한 거절의 힘을 불어넣었죠. 자기가 믿었던 것이 모두 정권 유지를 위한 조작이었다고 했을 때 그 새로운 이념을 제공하는 조직 속에서 새로운 탄생을 경험하는 것은 당연합니다. 그러나 그런 식의 극단적인 경험은 새롭게 편제된 조직의 위계 질서에서 도전할 수 있는 힘을 앗아 갑니다. 자신의 모든 것을 부정하고 있는 사람은 새롭게 다가온 질서에 도전하기보다는 자신을 부정하는 의구심으로 돌아가게 되니까요. 또 다른 면에서의 점수는 당연히 군사화되고 위계화된 질서에 잘 적응할 수 있는 주체들로 만들어 낸 데 주어야겠지요. 우리는 적에 대한 적개심을 곤추세우고, 그것을 표현하고 싸우는 문화 코드에 익숙한 채로 살았습니다. 공통의 적을 위해서, 집단의 영광을 위해서, 자신을 죽이도록 훈련받은 세대였습니다. 우리가 성장한 사회가 개인에 대한 이해와 배려가 조금이라도 있는, 아니 국가와 사회, 도덕이 지향하는 인간상에서 일탈한 사람에 대한 약간의 존중심이라도 있던 곳이었습니까?

오늘, 다른 나라에서 미국식 교육을 받고 자라다 온 친구와 밥을 먹고 오다 차 안에서 어린 시절을 회상하게 되었습니다. 중학교 시절, 새로 생긴 학교여서 규율을 잡아야 한다며 선생님들이 무참하게 여학생들을 때렸던 일이 생각 났습니다. 거의 날마다 맞았습니다. 아이들이 떠들면 간부가 책임을 다하지 못했다고 맞았고, 학급 성적이 떨어지면 반 전체 학생이 빗자루로 두들겨 맞았습니다. 어떤 때는 정말 이유 없이 맞아서 온 다리가 퍼렇게 멍이 들었습니다. 별 말이 없었던 부모님도 생각 납니다. 반항심이 유독 많은 아이였지만, 그런 질서에 진정으로 분노하고 반발했던 기억은 별로 나지 않습니다.

늘 때리는 선생님을 보고 자랐기 때문이었을까요? 저희 언니는 가정 선생님이 팬티 속이 깨끗한지 집단적으로 검사한 것을 별 문제 의식 없이 이야기했습니다. 적어도 팬티가 더러운 아이가 아니었기에 재미삼아 그 이야기를 할 수 있었겠죠. 그때 팬티 속이 지저분했던 아이가 겪었을 모욕은 상상도 하기 싫습니다. 그런 치욕의 경험이 남의 팬티를 들여다보는 그 잔인한 폭력성에 대한 분노로 이어졌을지는 의심이 가지만요. 나중에 그 선생님은 월경으로 피 묻은 팬티를 한참 동안 입고 다니던 아이를 적발했던 얘기까지 자랑삼아 떠벌이기조차 했습니다. 저는 제가 그 소녀가 아니었던 것만 내심 다행스럽게 여기면서, 겉으로는 그 소녀의 지저분함에 놀란 듯한 표정으로 이야기를 들었습니다.

길거리에서 경찰이 여성들의 치마 길이를 재도, 남자들의 머리가 길다고 마구 잘라 내도, 그런가 보다고, 아니면 머리를 왜 지저분하게 기르려고 하는지 모르겠다고, 그런 욕구를 가진 젊은이들을 함께 한심해 하면서 넘어가던 그 시절, 그 시절이 과연 제가 학교에서 경험한 것과 무관할까요? 귀 밑으로 2센티만 넘게 머리를 길러도, 하루만 잊고 명찰을 안 달고 가도 마치 이단자를 처형하는 듯한 경험을 밥 먹듯 하던 시절이었습니다. 멸공, 반공, 김일성, 공산당을 때려잡자며 적개심을 불태우던 경험까지는

144

가지 않더라도, 극단적으로 하나의 이념으로 모든 것을 희생시켰던 정치 사회 질서가 우리의 성장 과정에서 만들어 냈던 에피소드는 무궁무진합니다.

유신 이념에 어색하게 느껴졌던지 1974년 이후에는 초등학교 때부터 있던 학생회 직선 제도를 아예 없앴습니다. 1975년부터는 고등학교 이상에 학도호국단을 구성했습니다. 호국단 간부를 했다는 이유로 참가했던 전국 여고 간부 대상의 신사임당수련원 경험이 생각 납니다. 교련복과 한복을 거듭해서 바꿔 입는 생활이 잘 표현해 주죠. 봉건적인 전통 여성상, 순종적이면서 살림도 잘하는 현명한 여성상과, 반공 의식과 투철한 투쟁 의식으로 무장한 여성 군인상의 복합이 아마도 그 이상(理想)이었다고 생각됩니다. 어두운 강당에 모이라고 하더군요. 너무 깜깜해서 밀린 잠을 때우려고 하는데, 갑자기 뭔가 비쳐 나오고 있었습니다. 서서히 밝아지는 것은 태극기였습니다. 지금도 잘 이해되지 않는 일이 그 태극기의 등장과 함께 생겼습니다. 갑자기 모든 여학생이 울기 시작했습니다. 깜깜했기에 잘 못 봤지만, 꼭 저말고는 다 우는 것 같았습니다. 통곡을 하는 듯한 격한 울음이었습니다. 왜 울었을까요? 저는 신사임당수련원의 일 주일이 마치 지옥 같았습니다. 반발심으로 꽉 차 있었죠. 그래서 저는 안 울었던 것일까요?

어쨌든 획일적 집단 의식과 함께 역사와 민족, 국가 이런 것들에 개인이 자신을 바치는 것이 아름답다고 미화되고 요구되고 강요되는 분위기에서 자랐습니다. 아마도 이렇게 자란 주체들이 역사와 민족이라는 이름 앞에 싸워야 할 새로운 정당성을 만나 온몸을 다 바칠 준비를 하는 데 박정희식 사회관과 교육관이 한몫을 했다는 생각이 드는군요. 역사와 민족에 나를 바치는 것을 냉소하고자 하는 것은 아닙니다. 다만 그 뿌리와 그런 우리의 정신 세계에 결핍될 수 있는 것이 무엇인지 보고자 할 뿐입니다. 저의 이야기는 그 미국식 교육에 익숙했던 친구를 완전히 질리게 했던 모양입니다. 그런 반응을 보면서 저 또한 정말 제가 다른 사회의 기준에서 보면 독특한(아니 이상한) 학창 시절을 가졌겠구나 싶어서 같이 놀랐습니다.

아마도 우리의 이런 경험이 극단적으로 드러난 것이 주체 사상의 엄청난 파급이요 꽤 오랫동안의 영향력일 것입니다. 김영환 씨는 주체 사상의 파급을 반북한이라는 우상 깨기 운동이었다고 의미 규정을 하더군요. 또한 우상을 깨기 위해서 시작한 운동이 시간이 흐르면서 새로운 우상을 만들어 냈다고 고백하기도 했습니다.(『말』, 1998년 5월호) 하지만 김영환 씨나 그와 사상적 맥락을 같이하면서 '시대 정신'(『시대정신』)을 만들고 있는 필진들도 왜 우상화가 이루어졌는지에 대해서 설명하지 못합니다. 유재길 씨는 민족주의 성향이 강한 청년들이기에 북한에 쉽게 경도되었다며, 우상화되었던 문화를 이론적 도그마에 빠진 선민 의식(이 부분은 요지가 이해되지 않습니다만)으로 설명합니다.(『월간조선』, 1999년 6월호)

그러나 초기 북한의 정권 수립 과정이나 그 후 미국에 대한 태도에서 일정하게 북한에 점수를 줄 수는 있었을지 몰라도, 이 후 패션처럼 번졌던 개인 우상화의 광범위한 수용, 수령관의 학생 운동 조직과 문화 안으로의 도입은 민족주의나 선민 의식만으로는 설명되지 않습니다. 몇 가지 이유를 생각할 수 있겠죠. 집단주의 문화의 효율성을 극도로 미화시킬 때 가능한 모습을 후기 주사파 학생 운동권은 보여 주었습니다. 자본주의의 개인주의적 인간상에 대한 부정도 한 이유일 것입니다. 반제국주의적인 어떤 흐름도 쉽게 미화되고, 억압받는 이들의 집단적인 경험만이 강조되는 민족주의 문화도 한 역할을 했을 것입니다. 그와 함께 지도자의 권위와 위계질서에 무력하게 적응하는 우리 세대의 특성을 한 이유로 들고 싶습니다.

박정희가 죽었을 때 저는 울었습니다. 많이들 울었죠. 인터뷰중 많은 이들이 박정희가 죽으면 전쟁 나는 줄 알았다고 했습니다. 저희 세대가 그랬죠. 제가 태어나기 전에 박정희가 있었고, 그것은 고등학교 때까지 이어졌습니다. 저보다 후반 학번도 그런 질서의 울타리 안에 있었습니다. 집단에 대한 개인의 묻힘과 국가 동원의 질서 속에서 박정희를 왕으로 믿고 자랐던 사람들입니다. 이들이 우상 파괴에 대해 눈뜸과 함께 다가온 북한의 수령 지배 체제를 열띤 마음으로 받아들이는 것은, 그 집단에 속해 본 이들에게는 자연스러운 일일 수 있습니다. 북한과 우리가 뭐 얼마나 달랐습니까? 민족을 생존의 공동체로, 국가는 이 생존의 열쇠를 쥔 실현체로, 강력한 지도자는 그 실현체의 구심으로 조직된 사회 속에서 살아 본 '주체' (주체 사상파의 언어를 빌리자면)들이 바로 우리입니다.

한편으로는 우상화 문화에 더 강한 반발을 할 소지도 우리 안에 있었습니다. 겪어 본 자의 거부감이지요. 그러나 1980년대의 운동 문화가 그 반발의 씨앗을 키우고 격려할 만하게 진행되지 않았습니다. 상황이 절박하다는 이유로, 타도해야 할 적에 대한 적대감에서 몇 가지 정당성으로 포장할 수 있다면 어떤 권위주의적 문화라도 거기에 적응할 수 있도록 운동권 문화가 진행되었습니다. 우리는 그 극단의 결과를 1980년대 후반 이후에 경험했습니다.

사실 저는 1980년대에 운동했던 사람들에 대한 신뢰가 큽니다. 많은 영역에서 덜 이기적이고 진보적인 사람들이라고 생각합니다. 특히 노동 문제나 경제적·정치적 불평등에 맞서 다른 어떤 집단보다 적극적으로 개혁을 바라고 실천하는 사람들이라고 믿습니다. 그러나 우리는 구체적 조직 질서와 개인들간의 문화 질서를 바꿀 수 있는 대안을 제대로 못 꾸렸던 세대이기도 합니다. 전적으로 투신하지 못하는 소위 우호적 학생들이나 비운동권 학생들의 대학 문화와 정체성을 송두리째 앗아가 버린 독선도 많이 저질렀습니다.

너무 큰 역사의 무게 속에서 자기에게 지나치게 많은 것을 부여하는 박정희식의 권위적 영웅주의에 젖어 있었는지도 모릅니다. 특히 사회 정치 분야의 전면에 나서 있는 우리 세대 남성 지도자들에게 그런 회의가 자주 느껴집니다. 우리 세대 운동했던 이들의 삶을 바라보면서, 부부 관계부터 직장 관계에 이르기까지 새로운 변화를 실험하는 모습을 거의 목격하지 못했기 때문이기도 하지요. 기존 정치 질서에 적응하는 것이 몸에 밴 질서에 안착하는 것처럼 느껴지는 건 저만의 지나친 우려일까요? 우리는 정말 우리가 누구인지를 많이 생각해야 하는 세대입니다. 시대의 주역으로 나서야 하기 때문만이 아닙니다. 우리가 살아온 시대의 변태성이 아직도 우리를 깊게 규정하고 있기 때문입니다.

한국의 '제3국인', 외국인 노동자

유명기

들어가는 말

김포공항 국제선 제2청사에는 'Exit Counselling'이라는 영어 간판을 단 사무실이 있다. 출국하는 외국인들의 여권과 비자 문제를 취급하는 곳이라니까, 사무실의 간판은 '출국 상담실' 정도의 뜻으로 붙여 둔 셈이다. 그런데 이 간판의 원래 영어 의미는 사교(邪敎)에 빠졌다가 다시 현실로 돌아오려는 광신도를 위한 치료 상담을 뜻한다고도 한다. '사랑하지만 같이 살기는 고통스러운' 사람과의 관계를 극복하기 위해 받는 카운슬링과 비슷한 뜻이다.

한국에서 장기간 체류중인 한 영국인은 국내 일간지의 외국인 칼럼 「한국에서 살다 보니」에 기고한 글에서, 이 간판이 한국을 떠나는 외국인들의 정서를 딱 들어맞게 표현하고 있노라고 감탄한다.[1] 한국인의 인정과 열정을 사랑하면서도 '같이 살기에는 고통스럽기에' 떠나고 싶다는 그네들의

---

1) 마이클 브린, 「한국에서 살다 보니: 잘못된 관행 되풀이」, 『동아일보』, 1999년 8월 3일자.

정서를 출국 현장의 그 간판은 아주 적절하게 표현하고 있다는 것이다.

외국인의 눈에 비친 오늘날 한국 사회의 서글픈 현실이다. 한국을 떠나는 것이 사교 집단으로부터의 탈출에 비견되는 실정이다. 더구나 이 칼럼을 쓴 이는, 뒤에 언급되지만, 한국인들이 세계의 여러 민족 중에서 가장 가깝게 느끼고 선호하는 영국인이다. 멸시받는 동남아시아 출신 외국인 노동자들은 이 간판을 보고 어떤 생각을 하며 한국을 떠날까?

홍콩의 컨설팅 업체인 정치 · 경제위험자문사(PERC)가 400명 이상의 아시아 취업 외국인 노동자들을 대상으로 조사한 결과, 한국이 11개 아시아 국가 중 외국인 노동자들이 생활하기에 가장 열악한 곳으로 나타났다.[2] 또 이 단체에서 행한 외국인 노동자들의 근로 스트레스에 대한 조사에서도 조사 대상 12개 아시아 국가 중 한국이 베트남에 이어 두 번째로 스트레스를 많이 주는 나라로 나타났다.[3]

외국인에 대한 배척과 차별이 존재하지 않는 사회는 없다. 단지 정도의 차이가 있을 뿐이다. 그러나 대부분이 우리보다 경제적 · 문화적 수준이 낮다고 생각되는 아시아 국가들을 대상으로 한 조사에서마저 한국이 최하위의 외국인 대응 평가를 받는 현실에 이르게 되면 뭔가 더 진지한 자기 성찰이 없을 수 없다.

외국인 혹은 외국인 노동자의 존재는 이미 우리 사회에 무시할 수 없는 한 부분으로 자리를 잡고 있다. 1999년 8월 말 현재 법무부에 등록된 국내 거주 외국인은 장 · 단기 체류자를 모두 합쳐 179개국, 36만 8천여 명에

---

2) 『동아일보』, 1998년 5월 4일자. 참고로 조사 대상국을 외국인 노동자가 느끼는 불편 정도의 순위에 따라 나열해 보면, 싱가포르가 가장 양호한 조건의 나라이며, 그 다음으로 말레이시아, 대만, 일본, 홍콩, 타이, 필리핀, 인도네시아, 중국, 베트남, 한국의 순이다.
3) 『조선일보』, 1998년 12월 14일자.

이른다.[4] 여기에 3만여 명에 이르는 주한 미군과 상당한 수로 추정되는 미등록 외국인을 합치면, 우리 나라에 들어와 있는 외국인의 수는 40만 명을 상회할 것으로 보인다. 4천 7백만 국내 인구와 비교하면, 한국인 100명당 1명 꼴에 가까운 수많은 외국인이 한국땅에서 함께 살고 있는 것이다.

　이러한 현실이 던져 주는 의미는 간단치 않다. 외국인이 이처럼 많아진 것은 기본적으로 자본주의의 세계적 전개에 따른 '국경 없는' 경제의 확산에 연유하는 것이지만, 사람의 이동은 돈이나 상품의 흐름과는 달리 '총체적 문화 현상' 을 수반하기 때문에 필연적으로 문화 접촉, 갈등의 문제가 생기지 않을 수 없다. 그들의 존재는 지금까지 비교적 동질적인 단일 민족 사회를 유지했던 우리에게 문화와 민족의 다양성에 어떻게 대응할 것인가 하는 새로운 과제를 던진다.

　불행히도 지금까지의 우리의 대응 자세는 그렇게 만족스럽지 않다. 외국인 일반에 대한 배타성은 가시지 않고 있으며, 특히 20만여 명을 상회할 것으로 추산되는 외국인 노동자에 대한 비인간적 차별은 국내외에서 많은 물의를 일으키고 있다. 이 글은 외국인 배척과 차별이 우리 사회에서 어떤 방식으로 전개되고 있는지, 또 그것이 우리 사회와 문화의 미래에 어떤 함의를 갖는지를 살펴볼 목적으로 씌어졌다.

단일 민족 사회의 외국인

　'외국인' 이란 상대적 개념이다. 미국인에게 한국인은 외국인이며, 한국인에게 미국인은 외국인이다. '절대적' 인 외국인이란 있을 수 없다. 외국

---

4) 법무부 출입국통계자료, 『동아일보』, 1999년 9월 23일자.

인이란 그 나라의 '국민'을 전제로 타자화된 개념일 뿐이다. 이처럼 외국인이란 그 나라의 '국민이 아닌 사람'으로서 상대화된 존재라면, 결국 '외국인이란 무엇인가?'라는 물음은 '국민이란 무엇인가?'라는 물음의 또 다른 표현에 지나지 않는다. 다른 식으로 말하자면, '국민'의 존재 방식이 그 나라에서 살아가는 외국인의 존재 방식을 규정한다고 볼 수 있는 것이다.

이런 측면에서 본다면, 한 '국민'이 단일 민족으로 구성되어 있다는 사실은 이 땅에 와 있는 외국인의 삶과 인간 관계를 규정하는 가장 의미 있는 변수라 할 수 있을 것이다. 한국이 단일 민족 사회라는 것은 상식에 속한다. 우리의 의식 근저에는 단일 민족=단일 문화=단일 국가로 등치된 도식이 강고하게 자리 잡고 있다. 이처럼 자연적 존재(혈통)인 민족이 인위적인 정치 공동체인 국가와 병렬되는 구도에서, 한국민의 정체성은 당연히 한민족의 정체성과 동일시된다. 같은 혈통, 같은 문화를 공유하고 있다는 단일성의 인식에서 비롯되는 강렬한 민족 의식이 한국민의 정체성을 형성하면서 외국인의 존재에 대응하고 있는 것이다.[5]

한국인의 단일 민족 의식의 본질은 한 마디로 '우리'라는 동류 의식을 바탕으로 한다. 한국인들의 유별난 '우리'에 대한 애착, 최준식의 표현에 따르면 "유난히 우리를 밝히는 우리"[6]는 이미 많은 사람들에 의해 한국 문화의 특성으로서 지적된 바 있다. '나의 마누라'가 아니라 '우리 마누라'라 불리며, 아는 사람에게는 인정스럽고 친절하지만 모르는 남에게는 냉

---

5) 이 글에서는 현실에 존재하는 한국인들의 단일 민족 의식이 외국인과의 대응에 있어 어떠한 영향을 미치느냐 하는 데 초점을 두기 때문에, 한민족 의식의 형성 과정이나 국가 체제와의 관계는 다루지 않는다. 한민족 공동체와 민족 의식이 근대의 산물이라는 것, 그리고 국가 체제에 의해 끊임없이 왜곡되어 왔음은 임지현의 『민족주의는 반역이다』(소나무, 1999)와 고부응의 「초민족시대의 민족정체성」, 『현대사상』 제8호(1999년 2월)에 잘 드러나 있다. 민족주의자들이 이 근대적 현상의 고대적 기원에 집착하는 것 자체가 재미있는 현상이지만, 이 점이 바로 민족주의가 민족주의인 연유를 설명해 준다.
6) 최준식, 『한국인에게 문화는 있는가』(사계절, 1997).

담하다. 최재석은 이러한 한국인의 성향은 그 뿌리를 유교 윤리의 혈연 중심적 가족주의에 두고 있다고 파악한다.[7]

말하자면 한국인의 '우리' 의식의 기초는 가족주의라는 이름의 혈연적 집단주의라는 것이다. 이러한 집단주의는 기본적으로 정의(情誼)의 집단주의이며, 이성보다는 감성이 지배한다. '뗄래야 뗄 수 없는' 같은 핏줄을 나눈 사이에서 형성된 집단주의이기 때문이다. 이러한 성향은 혈통의 순수주의에 의하여 한층 더 강화된다. 예컨대 양자(養子)는 동족에서만 구해야 한다는 이성불양(異姓不養)의 원칙은 그러한 혈통 순수주의의 한 예다. 우리 가족 제도의 모델을 제공해 주었던 중국에서조차 다른 혈통에서 양자를 데려오는 것이 금기는 아니었다. 오늘날 "우리 아이들은 우리가 키우자"는 각성이 일고 있음에도 여전히 고아 수출국의 오명을 벗어나지 못하고 있는 것도 이러한 혈통 순수주의가 여전히 건재하고 있음을 말해 준다.[8]

순수주의는 이처럼 이물(異物)의 존재를 배제하면서 내부의 동질성을 강화한다. 순수주의는 깨끗하고 순수한 '우리 것'에 대한 도덕적 정당성을 부여하며, 애착과 집착을 갖도록 만든다. 그러므로 그것은 구성원들의 시선을 집단 내부에 고정시키며 자기 중심적으로 만드는 경향이 있다. 외부에 대해서는 아예 관심을 갖지 않거나, 도덕적 열등성을 부여하여 무시해 버린다. 반면에 '우리'가 아닌 '남'은 불확실하고 위험한 미지의 것이 된다. '남'은 '우리'를 불안하게 만드는 존재이며, 따라서 회피해야 할 대

---

7) 최재석, 『한국인의 사회적 성격』(개문사, 1976), 131쪽.
8) 보건복지부에 따르면 1998년도 발생한 요보호 아동(사회의 보호가 필요한 아동) 9천 292명 중 국내 입양아는 1천 426명(15.3%)에 지나지 않았다. 일반 입양아보다 더 '순수하지 못한' 장애아는 철저히 외면된다. 지난 해 국내 입양아 1천 426명 중 장애아는 단 6명(0.4%)에 불과하였다. 반면에 해외 입양아 2천 249명 중 장애아는 37.6%인 846명이다.(「'고아수출국' 오명 언제까지」, 『동아일보』, 1999년 10월 20일자).

상이 된다. 그리고 그 결과는, 홉스테드(Hofstede)의 개념에 비추면 "불확실성의 회피" 정도가 높은 한국 사회로,[9] 최준식의 표현을 다시 빌린다면 "다른 것을 못 참는 한국인"으로 된다.[10] 인종 차별주의나 외국인 혐오증은 이처럼 불확실성의 회피 정도가 높은 사회에서 나타나는 필연적인 귀결이다.

이처럼 내적으로는 강한 정서적 동질성을, 외부에 대하여는 배타성을 속성으로 하는 혈연적 집단주의는 핏줄의 실제적 혹은 의제적(擬制的) 원근에 따라 친족이나 마을, 지연 공동체, 학연 공동체 등 외부 사회에까지 확대되어 나가면서 그 외연의 종점에서 민족과 조우한다. 여기에서 단일 민족으로서의 '우리'인 한국인과 '남'인 외국인이 대비되는 인식 구조가 필연적으로 생겨난다. 집의 확대형으로서의 '민족'에 대한 배타적 집착이 나타난다. 단일 민족으로서 혈통의 단일성과 문화 전통의 동질성이 끊임없이 강조되는 한편, 외부의 다른 민족 집단에 대한 경계와 대항 의식이 고취된다. 우리를 둘러싼 이민족들은 '이웃'이 아니라 '밖'의 개념으로 인식되어 잠재적인 침략자나 경쟁자로 부각된다. 외국인은 더불어 함께 살아야 할 이웃이 아니라 경계의 대상이 된다.

혈통주의, 순수주의, 정의(情誼)적 집단주의로 요약될 수 있는 우리 민족의 주요 속성들은 모두 내부 지향적인 것으로서 우리의 의식 구조를 자기 중심의 폐쇄적인 것으로 만든다. 그러나 미국의 프로 야구팀 LA 다저스에서 활약하는 박찬호는 '민간 외교 사절'로 치켜세우는 반면 국내 스포츠계의 외국 선수들은 모두 '용병'으로 비하하는 '우리' 중심의 정의적

---

9) 홉스테드, 『세계의 문화와 조직』, 차재호·나은영 옮김 (학지사, 1995), 189쪽.
10) 최준식, 같은 책, 216~222쪽.

민족주의가 온존하는 한, 다른 민족, 다른 인종과 참된 의미에서 공존하기는 어렵다. 닫힌 민족 의식은 항상 외부의 이물(異物)을 경쟁적인 것으로 인식한다. 그리고 우리와 힘을 비교해서 서열과 차별을 만들어 나간다. 인종의 차별도 이런 맥락에서 생성된다.

한국인의 인종관

인종 차별이란 말을 들으면, 많은 한국인은 곧잘 미국에서의 흑인 차별, 또는 일본인들의 재일 교포에 대한 차별을 머리에 떠올린다. 우리에게는 그런 편견이나 차별이 없는 것처럼 생각한다. 그러나 최근 들어 많은 외국인들이 한국땅에서 살게 되면서, 특히 다수의 동남아시아계 외국인 노동자들이 유입되면서 한국인들의 인종 차별이나 편견이 사회적 문제가 될 정도에까지 이르렀다. 외국인의 피부색에 따라 한국인의 태도가 달라진다는 지적들이 일고 있으며, 특히 검은 피부색을 가진 사람들에 대한 일상에서의 갖가지 차별적 행동(예컨대 지하철의 옆자리에 앉기를 꺼려 한다든지, 처음 만나는 사이에 함부로 반말을 한다든지)이 일간 신문의 독자 투고란에 심심찮게 우리 자신의 반성을 촉구하는 글로서 나타나고 있다. 인종에 대한 편견과 차별은 현해탄이나 태평양 건너만의 문제가 아니라, 이제 우리 쪽의 문제로도 된 것이다.

인종 차별이란 단어는 우리 사회에서 익숙하지도 역사가 오래되지도 않은 말이다. 사실 대부분의 한국인이 국내에서나 국외에서 다양한 인종을 실제로 접할 수 있게 된 것은 1980년대 이후로 비교적 최근의 일이었다. 그 전까지는 주한 미군이나, 화교, 일본인 관광객 정도가 접촉의 한계였다.

따라서 세계 여러 인종들에 대한 한국인들의 이미지는 현실에서 살고 있는 사람들과의 접촉 과정에서 형성된 것이라기보다는, 해방 이후 새로이 접하게 된 서구 문물, 특히 영화 등 픽션의 세계를 통하여 주로 형성된 것이라 볼 수 있다. 픽션에서 그려진 세계는 실재를 지나치게 이상화하거나 아니면 지나치게 비하하기 쉬운 법이다. '좋은 사람', '이성적 존재', '지배자'인 백인과 '사악하며 열등한 사람', '야성적 존재', '하인·육체 노동자'인 유색인으로 대비되는 인종 이미지는 실재와 괴리된 채로 어느덧 우리의 머릿속에 각인되었다.

우리는 백인의 흰 피부에서 세련과 문명을 연상한다. 그리고 그들에게서 연상되는 세련성과 문명의 이미지는 선망과 호기심을 불러일으킨다. 이러한 경향은 해방 이후 정부의 친미·친서구 정책이 펼쳐지면서 서양인들은 우리를 돕는 사람이라는 인식을 확산시킨데다, 1960년대 이후 서구화=근대화 도식의 전개와 함께 서구 문화 전반에 관한 동경을 불러일으키면서 더욱 강화된다.

그러나 다른 한편으로 우리는 그들과는 근본적으로 다르며 결코 그들이 될 수 없다는 단절감에서 오는 거리감을 느끼기도 한다. 그들의 제국주의적 역사에 대한 기억과 현재의 지배적 정치 경제력에 대한 인식도 우리의 피압박감과 열등 의식을 자극하며 뭔가 가까이 하기 어려운 거리감이나 위화감을 느끼게 한다. 특히 1980년대 이후 반제·반식민주의를 주제로 한 학생 운동도 서구인에 대한 경계심과 배타성을 불러일으키는 요인이 되었다.[11] 백인에게 과잉이라 할 만치 친절하게 대하는 측면이 있는가 하

---

11) 이러한 경향은 특히 미국인에 대하여 두드러진다. 뒤에서 소개하는 김규원의 연구 결과에 따르면, 미국은 한국인이 좋아하는 나라와 싫어하는 나라에서 모두 제2위로 꼽혔다. 한·미 관계의 복합성이 반영되고 있는 것으로 생각된다.

면 무시하거나 배타적인 태도를 취하기도 하는 이중적인 행동 방식을 보이는 것은 백인에 대한 이러한 복합적인 애증의 정서가 반영된 결과일 것이다.

이처럼 백인이 '세련성', '문명', '역사'와 연관된 문화적 존재로 인식되고 있다고 한다면, 흑인을 비롯한 유색인들은 다분히 야성적·야만적 이미지로 인식되고 있다. "아프리카의 원시적 야성이 묻어나는 듯한 격렬한 템포의 흑인 음악" 운운하는, 우리 귀에 익숙한 방송에서의 소개 멘트는 흑인의 원시성, 야생성을 거듭 확인해 준다. 흑인은 세련되지 않은, 정글 속의 토인을 연상케 하는 야생의 이미지와 결부되어 동물성, 체취, 강한 성적 능력을 표상한다. 이것은 우리에게 생리적 혐오에 가까운 부정적 이미지를 불러일으킨다. 이러한 부정적 이미지는 아프리카의 기아와 빈곤, 미국에서의 피지배 하층 계급의 이미지와 연관하여 그들은 질적으로 열등하며 나태하고 우둔하다는 경멸의 인식을 낳게 한다. 나이지리아 대학 건축학부를 졸업하고 노동자로 일하는 한 흑인 청년이 말하는 것처럼, "한국인들의 마음 속에는 아직도 흑인에 대한 구석기 시대의 인상이 살아 있다."[12]

다른 한편으로 한국인들은 흑인들에 대하여 불쌍하다고 생각하여 동정심도 느낀다. 약자에 대한 동정과 함께 백인 우월에 대한 우리 자신의 제3세계적 반감도 작용하고 있는 것이다. 그러나 흑인에 대한 동정심 자체가 우리 자신의 우월감의 표현일 수 있다. 동정은 원래 강자가 약자에 대해 갖는 감정이며, 평등한 관계를 전제로 한 것이 아니기 때문이다. 한국에서 일하는 검은 피부의 노동자들이 바라는 것은 동정심이 아니라 같은 인간으로

---

12) 부산노동자교육협회 외국인노동자 인권을 위한 모임, 『더불어 사는 삶』 제26호 (1999년 2월).

대해 달라는 것이다.

한국에서 일하는 외국인 노동자의 주류를 이루는 동남아시아인은 같은 아시아인이지만, 인식의 거리상으로는 황인종보다 흑인종에 가깝게 취급된다. 한국인의 인식에서 황인종은 중국인, 일본인의 범주로 국한되고 동남아시아인은 배제된다. 해외 여행을 하는 한국인이 아시아인을 잘 구별하지 못하는 서양인으로부터 중국인이나 일본인과 혼동되는 경우는 그러려니 이해하면서도, 베트남인이나 타이인과 혼동되면 내심 불쾌하게 생각하는 경향이 있는 것도, 우리의 머릿속에 '검은 피부'로 인식되는 그들과 동일시된 데 대한 반응이라 할 수 있다.

이와 같은 한국인의 인종관은 설문 조사(표본 수 638명)를 통하여 35개 민족·인종 집단에 대한 사회적 거리감을 조사한 김규원의 연구 결과에서도 명확히 드러난다.[13] 이 조사에서 한국인이 사회적 거리감을 적게 느끼는 순서에 따라 민족·인종 집단들을 정리해 보면, 1위의 영국인에서부터 15위의 그리스인에 이르기까지 상위 15위는 6위의 중국인을 예외로 하고 모두 백인계 서양인 집단이 차지하였다. 백인계 서양인 집단 중 예외는 러시아인, 폴란드인, 헝가리인(모두 같은 21위)들이었는데, 이들은 모두 옛 동구권 사회주의 국가의 구성원이라는 공통점을 지닌다. 반면에 한국에서 일하는 외국인 노동자의 주류를 이루는 필리핀인, 타이인, 베트남인, 네팔인, 말레이인, 파키스탄인 등 동남아시아 민족들은 모두 20~31위 사이의 하위 순위에, 즉 미국 흑인(27위)과 비슷한 정도의 사회적 거리감을 보이는 것으로 나타났다. 최하위의, 가장 거리감을 느끼는 집단으로는 아프리

---

13) 김규원, 「국제화시대와 한국인의 대외의식」, 『성곡논총』 제26집 (1995), 985~1021쪽. 이 연구는 결혼 상대, 친구, 이웃, 직장 동료, 인사 정도의 친교, 관광입국, 입국 불가 등 7개 항목에 걸쳐 각 민족·인종 집단에 대한 수용 태도를 조사함으로써 이들에 대한 사회적 거리감을 살펴본 것이다.

카 흑인(33위), 중동 회교도, 리비아인(같은 34위) 들이 열거되었다.

요컨대 한국인은 백인 선호적인 반면, 유색 인종에 대한 편견과 차별 의식을 갖고 있다고 볼 수 있다. 유색 인종 중에서도 흑인에 대한 한국인의 기피감이 크지만, 우리 나라에서 일하는 외국인 노동자의 주류를 이루고 있는 동남아시아인에 대한 사회적 거리감도 적지 않다. 또 같은 민족·인종 집단이라도 가난한 쪽을 더 경원하는 것으로 나타났다. 미국 흑인과 아프리카 흑인에 대한 거리감의 차이에서도 이 점을 읽을 수 있다.

이 같은 백인 선호·유색 인종 멸시의 인종관은 다음에 살펴볼 노동의 인종적 분업 양상과 관련하여 동남아시아 계통의 외국인 노동자에 대한 인종 차별적 행태를 강화하는 기초가 되고 있음은 의심할 수 없을 것이다.

외국인 노동자의 존재 양식

외국인 노동자의 존재는 우리 역사에서 가장 신기한 경험 중의 하나이다. 물론 우리의 역사에서 '외국인 노동자'가 이들이 처음은 아니다. 중국 산뚱성(山東省) 출신의 쿠리(苦力)가 이미 구한말에 유입되었다는 기록이 있으며,[14] 일제 식민지 시기인 1921년 산뚱 지방의 대홍수와 기근을 계기로 1920년대에 그 수가 급증하였다고 한다. 그러나 그들은 어디까지나 일본인들에게 고용된 노동자들이었다. 19세기 말의 개항 이후 1980년대 후반까지 한국에 온 외국인은 대부분 군인, 선교사, 외교관, 기업인, 기술자

---

14) 『윤치호일기』(尹致昊日記)에는 1896~1897년의 독립문 건립 공사에 중국인 노동자들이 투입되었다는 기록이 있다. 또 1891년의 『매일신문』에는 "지나(支那) 노동자 취체(取締: 단속)"라는 기사가 게재되었다.(설동훈, 「외국인노동자와 한국사회의 사회작용」, 『외국인노동자의 현실과 미래』, 미래인력연구센터, 1997, 185쪽).

등 전문직 종사자들이었으며, 지금처럼 수많은 외국인들이 한국인의 통제 아래 노동자로서 일하는 것은 유사 이래 처음 있는 일이다.

한국 사회에 대한 외국인 노동자들의 가장 큰 기여는 어쩌면 일손 부족을 메워준 데 있는 것이 아니라, 그 동안의 획기적 경제 성장을 눈으로 확인시켜 민족적 자긍심을 높여 주었다는 데 있는지 모른다. 외국인 노동자는 한국 경제 성장의 살아 있는 생생한 증거이다. 그들은 불과 20, 30년 전 서독의 광부나 중동의 건설 노동자로서 땀흘리며 어렵게 살았던 한국인들에게 역사의 대반전을 증명해 준다.[15]

그러나 우리에게 자긍심을 느끼게 해 준 대가로 우리가 외국인 노동자들에게 돌려 준 것은, 고된 시집살이를 한 며느리가 오히려 무서운 시어머니가 되는 식의 앙갚음이었다. 최근 들어 외국인 노동자들의 처우에 관한 사회적 관심이 높아지고 있음에도 불구하고, 이 글의 앞에서 소개했듯이 한국은 여전히 외국인 노동자들이 살아가는 데 아시아 최악의 나라로 꼽히고 있다. 외국인 노동자들에 대한 한국 사회의 법적 · 제도적 차별, 인종 차별, 노동 시장의 이중 구조 등 차별의 연쇄 고리들이 복합적으로 얽히면서 그들에 대한 차별을 확대 재생산하고 있는 것이다.

연수생과 불법 취업자

우리 나라의 출입국관리법은 외국인이 취업 비자를 받을 수 있는 직종으로, 한국인으로 대체할 수 없는 흥행 · 교육 · 취재 · 상용 · 투자 · 고

---

15) 1963년 247명의 광부가 서독으로 출국한 것을 효시로 하여, 1980년대 중반까지 해외에 일자리를 구하러 나간 우리 나라 노동자 수는 무려 200만 명이 넘는다.(김종한, 「한국경제의 전개과정과 외국인 노동자」, 『외국인노동자: 환영받지 못한 손님』, 분도출판사, 1998, 84쪽).

16) 1999년 8월 말 현재 취업 비자로 입국하여 일하는 외국인은 1만 명을 약간 상회하며, 이들은 주로 회화 교육, 기술 지도, 상용 업무에 종사하는 구미계 백인들이다.

용·기술 지도 등 7개 분야를 한정하고 있다.[16] 외국인은 단순 육체 노동 등 일반 노동에 취업할 목적으로는 입국할 수 없다. 따라서 국내의 숱한 중소 영세업체에서 단순 노동에 종사하고 있는 아시아계 외국인들은 '노동자'가 아니다. 산업 연수생 아니면 불법 취업자(혹은 불법 체류자)일 뿐이다. 현실에서 존재하는 노동자를 노동자로 인정하지 않는 우리 정부의 이러한 인력 정책이 외국인 노동자에 대한 차별 구조를 낳는 원천이다.[17]

연수생 제도와 연수 취업제는 이 노동자 아닌 노동자를 국내에 도입하는 우리 나라 외국 인력 정책의 근간이다. 연수생 제도는 원래 해외 진출한국 기업의 현지 근로자에 대한 국내 기술 연수를 목적으로 1991년에 시작되었으나, 이른바 3D 업종에서의 인력난이 심화되면서 1992년 하반기부터는 일반 중소 제조업체에도 인력 공급 창구로서 활용되기 시작하였다. 현재 연수생의 체류 기간은 2년을 원칙으로 하며, 특정 업종에 한해 1년을 연장할 수 있도록 하고 있다. 또 연수생들에게 최저임금법 적용, 강제 근로 금지, 근로 시간 준수 등 근로기준법상의 법적 보호를 부여하고 있으며, 산재 보험 및 의료 보험의 혜택을 받도록 하고 있다.[18]

연수 취업제는 1997년 당시 정부가 외국인 노동자에게 국내 근로자와 동등한 근로자로서의 법적 권리를 부여할 취지로 추진하던 고용 허가제가 산업계의 반발에 부딪치면서 무산됨에 따라 연수생 제도의 보완책으로 내놓은 것이다. 이 제도의 골자는 2년의 연수 과정을 거친 연수생 중에서 기

17) 법무부의 확인 자료에 따르면, 1999년 8월 말 현재 우리 나라에는 공식 통계상 약 18만 2천 명의 외국인 노동자가 있는 것으로 집계되고 있다. 이 중 6만여 명이 산업 연수생이며, 나머지 12만 2천여 명이 불법 취업자이다. 그러나 이 통계에는 합법적 경로를 통하지 않거나 다른 명목으로 입국하여 취업중인 노동력은 누락되었을 가능성이 매우 높다. 따라서 관계 전문가들은 실제로 취업중인 외국인 노동자의 숫자는 20만 명을 훨씬 넘을 것으로 보고 있다.(『동아일보』, 1999년 10월 6일자).
18) 1995년 2월의 「외국인 산업기술연수생의 보호 및 관리에 관한 지침」(노동부)에 따름.

능사 자격 획득, 사업주 추천, 언어 능력 검증 등 소정의 절차를 통과한 외국인에게 1년간 정식 근로자 신분을 부여하여, 법적 퇴직금과 연·월차 수당 같은, 법에 보장된 각종 수당 등 국내 근로자와 동일한 대우를 받을 수 있도록 하겠다는 것이다. 그리고 임금이나 체류 기간 연장을 목적으로 하는 분쟁은 제기할 수 없다는 조건으로 단결권, 단체교섭권, 단체행동권 등 노동 3권도 부여하겠다는 것이다. 그러나 2000년 4월부터 적용되기 시작한 이 제도의 혜택을 받아 정식 근로자로 될 수 있는 외국인 노동자는 아주 소수에 불과할 것으로 예상된다. 기능사 자격 획득 등 조건이 까다로운데다가, 심사를 통과하기 위해 필수적인 사업주 추천의 경우, 외국인 정식 근로자보다는 값싼 연수생을 선호하기 마련인 사업주들이 추천서 발급에 소극적일 가능성이 높기 때문이다. 연수 취업제는 현행의 연수생 제도의 골격을 사실상 그대로 유지하는 것이며, 그 실효성은 그다지 크지 않을 것으로 예상된다.

따라서 외국인 노동자를 노동자가 아니라 '연수생'으로 호도하는 기조는 제도적으로 그대로 계속되는 것이다. '노동자'와 '연수생'의 차이는 단순한 명칭의 차이가 아니다. 그것은 그들의 노동에 대한 가치 평가를 결정하는 척도가 되며, 인간으로서의 존재 방식을 결정하는 척도가 된다. '기술과 기능의 습득을 목적'으로 온 '연수생'이란 명목은 '연수 수당'이라는 이름의 저임을 합리화한다.[19] 그들의 노동 가치는 원천적으로 부정되는 것이다. 연수생에게는 적은 급료를 보충하기 위한, 또 입국시에 든 막대한 수수료[20]를 벌충하기 위한 장시간 노동은 필수적이다. 시켜서가 아니라 자

---

19) 대체로 기본 연수 수당은 월 30~40만 원 정도이며, 여기에 초과 근무 수당을 더하면 월 50~60만 원을 받게 된다. 그러나 일부 해외 진출 기업의 국내 공장의 경우는 기술 연수를 한다는 명분으로, 또 귀국 후 복직을 담보로 월 15만 원 정도에 불과한 기본 연수 수당을 주는 곳도 있다.

청해서 연장 근무를 하지 않을 수 없다. 이들이 높은 산재 사고율의 희생자가 되는 것은 당연한 결과라 할 것이다.

불법 취업자[21]는 연수생으로 들어와 이탈하거나, 관광 혹은 친척 방문 비자로 입국하여 일하고 있는 사람들이다. 우리 나라 외국인 노동자의 약 3분의 2는 불법 취업자들이다. 이처럼 불법 취업·불법 체류가 만연한 현실이 임금 착취와 체불을 비롯한 외국인 노동자들에 대한 비인간적 처우의 원인이 된다. '불법' 체류자는 불안 심리와 공포감이 항상화된 가운데 산다. '불법'이란 딱지 때문에 그들은 공공적 공간에서 활성화된 사회적 존재로 될 수도 없으며, 집단적 의사 표시를 할 수도 없는 존재로 된다. 대신 일반인의 눈에 띄지 않는 사회의 저변이나 지하의 국소적 공간으로 쫓기게 된다. 이러한 국소적 공간에서 노사의 역학 관계는 두말할 나위 없이 고용주에 유리한 것으로 되며, 외국인 노동자의 안녕과 복지는 고용주의 일방적 처분에 맡겨지게 된다. "말 안 들으면 신고하겠다"는 한 마디가 외국인 노동자의 모든 것을 구속한다.

노동 시장의 인종적 이중 구조

앞에서 살펴본 것처럼 법적·제도적으로 말한다면 우리 나라에는 두 종류의 외국 인력이 있는 셈이다. 하나는 정식으로 취업 비자를 받아 입국하여 일자리를 갖는 소수이지만 '공식화'된 외국 인력이다. 이들은 주로 회

---

20) 이들이 인력 송출업체에 지불하는 수수료는 송출국과 송출업체에 따라 차이가 있지만 대개 2천 달러에서 4천 달러 수준이다. 물론 처음부터 연수생이 아니라 불법 취업을 목적으로 오는 이들은 더 많은 수수료를 지불하게 되는데, 최고 9천 달러까지 브로커에게 지불한 경우도 있었다.
21) 불법 취업자 대신 미등록 취업자, 미등록 취업 외국인 등의 용어가 사용되기도 하지만, 여기서는 합법·불법의 차이가 외국인 노동자의 존재 양식에 미치는 영향을 강조하기 위하여 불법 취업자라는 말을 그대로 쓰기로 한다.

화 교사, 교수, 기술 지도, 상용 업무 등 전문직에 종사하는 구미계 백인으로서, 한국 사회로부터 비교적 높은 인격적 · 경제적 대우를 받으며 살아간다. 다른 하나는 연수생 제도라는 편법적 수단을 통해 입국하여 3D 직종에서 단순 육체 노동을 하는 '비공식적' 외국 인력이다. 연수생 제도의 불가결한 산물인 불법 취업자들도 물론 이 범주에 속한다. 이들은 거의가 중국 · 동남아시아 등 제3세계에서 온 사람들이며, 낮은 임금과 비인간적인 대우를 받으며 살아간다.

'공식'과 '비공식'은 이들의 삶의 방식을 가름한다. '공식'의 외국인들은 개방된 공공의 장소에서 한국인들을 가르치거나 지도하며 살아간다. 그들은 언제나 어디서나 떳떳하고 당당하다. 반면 '비공식'의 외국인은 은폐된 존재들이며, 공단과 그 주변 지역의 국지적 공간에서 뿔뿔이 흩어진 원자화된 존재로 한국 사회의 주류와는 단절된 채 살아간다. 이들은 시장이나 대중 교통 수단 등 공공의 장소에 나오더라도 피부가 검고 가난한 나라에서 왔다는 이유만으로도 언제나 주눅 든 모습들이다.[22] 이 '공식'과 '비공식'의 차별 구조는 앞에서 본 인종의 차별 구조와 정확히 일치한다. '공식'은 구미계 백인을, '비공식'은 동남아시아계 등 유색인을 대변한다.

이러한 외국인의 이분화 현상은 한국 기업의 계층 구조와 연결되면서 외국인 노동자 차별의 중층성을 확인케 한다. 한국 기업 구조의 최상위를 점하는 재벌 기업이나 대기업은 그 첨단 부문에서 기술직이나 전문직 등 특수한 능력을 갖춘 다수의 외국인을 고용한다. 이들은 모두 구미계 백인

---

22) 최근 들어 사설 학원 등에서 회화 교사로 일하는 외국인들이 늘고 이들에 대한 임금 체불이나 착취의 문제가 불거지면서, 외국인 상담소를 찾는 구미계 백인들도 증가하고 있다고 한다. 한 상담 관계자의 표현에 따르면, 구미계 백인들은 고충을 호소하기 위해 상담소를 찾아오더라도 언제나 당당하다. 반면에 외국인 노동자들은 항상 주눅 든 모습으로 찾아온다.(부산노동자교육협회 외국인노동자 인권을 위한 모임, 『더불어 사는 삶』 제28호, 1999년 4월).

들로서 우리 사회의 '국제화'와 '경제력 강화'에 필수적인 존재로 인식된다. 마지막으로 한국 기업 구조의 최하위에는 영세 중소업체들이 있다.[23] 이들은 재벌 기업, 대기업에서부터 내려오는 하청 구조의 최말단에 위치하고 있어, 그 자체가 착취의 대상으로 전락된 업체들이다. 이러한 업체들은 열악한 노동 환경에 임금도 낮아 노동력을 제대로 구할 수 없다. 여기에서는 낮은 교육 수준의 한국인 노동자들과 함께 중국·동남아시아 계통의 외국인 노동자들이 생산 활동의 주축을 담당한다.

이러한 한국 기업의 위계 구조는 외국인 노동자들에 대한 가치 평가와 그대로 연결되어 그들에 대한 차별 구조를 재생산한다. 대기업의 첨단 산업 분야에서 기술직이나 전문직으로 일하는 구미계 백인들은 포스트모던의 전문 지식과 생활 양식을 표상하는 사람들이며, 우리가 따라야 할 모델로서 선망된다. 반면에 3D 업종에서 일하는 외국인 노동자들은 몇푼의 돈을 벌기 위해 더럽고 위험한 밑바닥 일을 마다 않는, 왠지 좋아할 수 없는 이방인일 뿐이다. 그들은 장시간 노동, 산업 재해, 빈곤, 구타와 폭력, 임금 체불과 착취, 인권 침해 등의 말로 기억되는 1950년대와 1960년대의 한국 사회를 재현한다. 1980년대 이후 한국 사회가 고도 성장, 근대화되면서 끝난 줄 알았던 전근대의 악몽이 그들을 통해 재현된다. 한국의 전근대와 국제화가 만나는 묘한 장면을 그들에게서 본다.

외국인 노동자들은 따라서 모든 척도에서 바닥에 있다. 그들의 일터와 일의 종류는 그들의 본질적 열등성을 말해 준다. 그들은 임금, 생활 조건, 일의 종류, 생산 조직에서의 위계뿐만 아니라 인종으로서도 최하위에 위

---

23) 양 극단의 중간에는 한국의 근대 부문을 대변하는 비교적 큰 규모의 중소업체들이 있다. 이곳은 외국 인력들이 일하기에 적합치도 않고 별로 그들을 필요로 하지도 않는다. 대부분 한국인들만으로 운영될 수 있는 곳이다.

치한다. 국내 노동자들에게도 외국인 노동자는 가까이 하고 싶지 않은, 열등한 존재로서 파악된다. 그들의 열등성은 현재의 열등한 지위와 형편없는 임금이 입증한다. 그들이 받는 돈이 그들의 실체를 반영한다. 그들은 본질적으로 열등하며, 따라서 이 사회에서 열등한 위치에 놓이지 않을 수 없다.

복합 차별: 피차별자끼리 서로 차별하기

차별은 지배자의 전유물이 아니다. 차별은 오히려 그 피해자들인 피차별자 자신들이 그 사회의 지배적 차별 가치를 내면화하여 행사할 때 강력한 힘을 발휘하며 그 구조를 온존시킨다. 차별이 갖고 있는 문제의 심각성은, 차별이 외재적으로 존재할 뿐만이 아니라 내재적으로도 존재한다는 것, 즉 지배적 가치의 내면화가 일어난다는 것이다. 따라서 피차별자도 결코 차별적 가치로부터 중립적일 수 없다. 한편으로는 자신의 피차별적 위치에서 야기되는 자존(自尊)의 상실을 맛보며, 다른 한편으로는 스스로 내면화한 지배적 차별 가치를 다른 피차별자에게 행사함으로써 차별의 구조를 재생산한다.

일본의 사회학자 우에노 치즈코(上野千鶴子)는 이러한 차별의 양상을, 차별의 산술적 겹침을 의미하는 중층적 차별과 구별하여 '복합 차별'이라 부르고,[24] 윌리스(Willis, P.)의 계급 형성 과정에 대한 연구를 통하여 그 구체적 사례를 소개한다.[25] 윌리스는 영국 노동자 계급 남자 아이들에 관한 실증적 연구에서, 그들이 계급적 사회화의 과정에서 어떻게 성 차별과 인종 차별을 자신의 정체성에 편입시키는가를 고찰한다. 이 아이들은 학교 문화에 순종하는 모범생들, 이른바 '범생이'들을 자신들의 '사내다움'으

---

24) 上野千鶴子, 「複合差別論」, 『差別と共生の社會學』 (岩波講座 現代社會學 15, 1996), 203~232쪽.

로 이겨 나감으로써 노동자 계급의 하위 문화를 스스로 내면화한다. 그 결과는 학교 교육을 통한 신분 상승을 이루지 못한 채 자신의 아버지처럼 노동자가 되어 계급을 재생산하는 꼴이 되지만, 그 과정에서 그들은 '계집애들'과 '소수 민족'을 차별화함으로써 자신의 우위를 확립한다. 바꿔 말하면, 성 차별과 인종 차별은 '노동자 계급 남성'의 정체성 형성에 빠질 수 없는 부정항(否定項)으로 자리 잡고 있다는 것이다. 윌리스의 이 분석은 노동자 계급이 성 차별이나 인종 차별에서 조금도 자유로울 수 없으며, 때에 따라서는 중산 계급보다도 더 노골적인 차별자가 되는 사정을 설명해 준다.

외국인 노동자들이 한국 사회에서 일상적으로 접하는 사람들은 일반 시민들이 아니라 그들과 함께 일하는 한국인 노동자들이다. 외국인 노동자들과 함께 일하는 한국인 노동자들은 대부분 가난한 농촌 출신으로 교육 기회를 박탈당한 채 전문적인 기술도 없어 3D 업종에서 궂은일로 생계를 이어갈 수밖에 없는, 한국 사회의 경제적·사회 문화적 차별 구조의 피해자들이다. 그러나 그들도, 스스로 알게 모르게 내면화한 지배적 차별 가치를 외국인 노동자들에게 떠넘김으로써 한국 사회에서 그들 자신을 묶어 나가는 차별의 구조가 항구화되는 데 기여한다.

예컨대 위계 의식과 권위주의라는 우리의 지배적 차별 가치를 가지고 이야기해 보자. 3D 업종에서 일하는 한국인 노동자들은 한국 사회의 직업과 계층 구조에서 최하위에 속해 있다고 말해도 별로 무리는 아닐 것이다. 그런 한국인 노동자들도 외국인 노동자들을 평등한 객관적 타자로 보기보

---

25) Willis, Paul E, *Learning to Labour: How Working Class Lads Become Working Class Jobs* (Saxon House, 1977).

다는 상대적인 서열 관계에 위치시킨다. 모든 인간 관계를 높낮이로 평가해야 직성이 풀리는 우리 문화의 위계 의식을 내면화하고 있는 탓이다. 외국인 노동자들은 이 서열 질서에서 대개 최하위의 위치에 놓인다. 한국인 노동자들은 일을 시키기 위해서는 그들을 하대하는 것이 불가피하다고 주장하지만, 그 내면에는 그들이 우리보다 가난한 나라에서 온 '시커먼' 사람들이라는 의식이 숨어 있다. 빈부의 격차, 민족과 인종의 차이가 차이 그대로 인식되는 것이 아니라 서열로서 재정렬되는 것이다.

외국인 노동자들에 대한 이러한 위계적 인식에는 당연히 그 실천이 따른다. 한국인 노동자들은 맞아 가며 고참으로부터 일을 배웠던 것을 기억하며, 그것을 신참인 외국인 노동자들에게도 적용하려 한다. 외국인 노동자들에 대한 잦은 욕설과 폭력은 한국인 노동자들에게 어쩌면 당연한 것이다. 자신들도 그렇게 배워 왔던 것이다. 또한 위계 의식은 권위주의를 동반하게 마련이므로, 외국인 노동자들과 일정한 거리를 유지하려 한다. 너무 가까이 해 주면 '기어 오르기' 때문이다. "현장에서 일하는 한국인들은 모두 사장"이라는 어느 스리랑카 노동자의 이야기는 이런 맥락에서 이해할 수 있는 것이다.

차이를 찾아 그것을 서열화하는 관행이 의식화된 곳에서는, 보다 미세한 균열의 차이라도 그것을 찾아 확대함으로써 차별을 확대 재생산하는 경향이 있다. 자신도 '천한' 육체 노동에 종사하는 한국인 노동자들이 그 육체 노동 내부의 균열을 찾아 차이를 확대시킨다. 예컨대 자기들 일은 '기능'으로, 외국인 노동자들의 일은 '막일'로 차별화하여 서열화시킨다. 그리고 그러한 직능의 차이를 들어 점점 더 힘들고 궂은 일은 외국인 노동자의 몫으로 돌린다. 이렇게 형성된 일의 '차이'는 외국인 노동자들의 저

임금을 정당화시키고, 인간으로서의 열등성을 정당화시키는 데 기여한다.

빈곤에 관한 인식도 같은 방식으로 전개된다. 한국인 노동자들은 대개 자신의 절반에 지나지 않는 외국인 노동자의 임금이 그들 본국에서는 얼마나 엄청난 돈인지를 들먹이며 "잘사는 우리 나라"를 강조한다. 자신의 가난과 자신을 '없는 것들'이라고 하대하는 '있는 사람'들에 대한 원망은 잠시 잊어버린다. 그들의 빈곤은 그들의 게으름, 미개성, 열등성을 입증한다고 생각한다. 그들은 게으르고 열등한 인종이기에 빈곤한 것이며, 따라서 현재의 천한 일과 낮은 임금은 그 당연한 귀결이 된다. 외국인 노동자의 존재는 현재의 사회적 위계 질서가 정당하며 불가피하다는 부르주아의 주장을 국내 노동자들에게 새삼 확인해 준다.[26]

그러나 외국인 노동자들도 안다. 자기 위에 군림하는 한국인 노동자들이 사실은 이 사회의 위계 서열에서 말단에 놓여 있으며, 돌아서면 욕을 하기는 하지만 면전에서는 사장이나 상사들에게 고개도 제대로 못 드는 존재라는 것을. 그들이 별로 교육받지 못했다는 것도, 또 그들이 뻐기는 '많은 월급'으로는 자식 교육시키기도 어렵다는 것도 안다. 우수한 민족이라고 자랑하며 검은 피부에 인종 차별적 언사를 서슴지 않는 한국인들이 실은 일제의 식민지였다는 것도, 또 미국 사람들에게는 헤픈 미소를 흘린다는 것도 그들은 안다. 많은 외국인 노동자들이 내심으로는 그들이 일상적으로 접하는 한국인들을 경멸하는 것이다. 이처럼 지배자들의 차별 가치로 무장한 피차별자들이 서로를 차별함으로써 복합 차별의 구조는 존속한다.

---

26) John Berger and Jean Mohr, *A Seventh Man* (Penguin Books, 1975), p. 140.

맺는 말

우리는 앞에서 외국인에 대한 우리 사회의 배타성, 인종 차별, 외국인 노동자들에 대한 멸시는 한편으로는 '닫힌' 민족 의식에 바탕을 두고, 또 다른 한편으로는 위계주의와 권위주의로 대표되는 전통적인 차별적 가치에 의해 이루어지고 있음을 살펴보았다. 그리고 그 차별적 가치는 잘사는 나라-못사는 나라의 대비가 곧 문명-야만, 우등 인종-열등 인종으로 등치되는 구도 속에 구현되고 있음도 살펴보았다. 이러한 구도는 말할 나위 없이 1960년대 이후 한국 경제의 성장과 함께 삶의 가치가 경제적인 것으로 척도화되면서, 힘과 부의 물신을 맹신하는 경제주의에 우리 사회가 지배된 결과로 나타난 것이다.

우리 사회에는 최근 외국인 배척과 외국인 노동자 차별을 둘러싼 내외의 물의가 제기되면서, 우리 자신의 심각한 반성을 촉구하는 논의들이 일고 있다. 특히 IMF 관리 체제라는 경제적 위기를 맞으면서 생존 차원에서라도 외부 세계와 관계를 새로이 정립해야 한다는 목소리가 높아지고 있다. 열린 민족주의와 더욱 보편적 가치를 지향하는 일련의 정책들이 국제화라는 이름으로 실천되고 있다. 그러나 이러한 논의와 실천이 여전히 경제주의에 그 바탕을 두고 있다면 그 성과는 의문스러울 수밖에 없다.

필자는 이런 맥락에서 국제화와 관련하여 최근 우리 정부의 주목할 만한 정책 전환을 반영하고 있는 '국적법 개정안'(1998년 6월 발효)과 '재외동포의 출입국과 법적 지위에 관한 법률'(1999년 8월 국회 통과. 이하 '재외동포법')의 의미를 짚어 보고자 한다. 우선 '국적법 개정안'의 핵심은 부계 혈통주의의 포기와 양계 혈통주의의 인정이다. 종래와는 달리 외국인 남성과 결혼한 한국인 여성의 자녀도 한국 국적을 취득할 수 있게 된 것이다. 또 '재외동포법'은 "대한민국의 국적을 보유했던 자 또는 그 직계비속"인 외국 국적 재외 동포들에게 출·입국과 체류는 물론 경제 활동과 복지 분야에서까지 내국인과 동등한 법적 지위를 부여한다는 것이다. 이 두 법률은 지향점이 다르기는 하지만, 국제화의 요구를 반영하고 열린 사회를 준비하는 획기적인 정책 전환이라고 평가되었다.

그러나 필자는 이 두 법률이 모두 경제주의의 입장에서 나온 것으로서, 오히려 차별 구조를 심화시키는 폐쇄적 법률이라고 평가하고 싶다. 먼저 '국적법 개정안'의 경우를 보면, 우리 국민과 결혼한 외국인은 모두 국내에서 2년 이상 거주한 후 귀화 허가를 받아야 우리 국적을 취득할 수 있도록 하고 있다. '결혼 후 2년 이상 거주'의 조건을 붙인 것은 두말할 나위 없이 국내에 들어와 있는 외국인 노동자들의 혼인에 의한 국적 취득을 막겠다는 뜻이다. 외국인 노동자들의 연수 연한이 2년이 기본이며, 특수한 업종에 한해 1년의 체류 자격 연장을 허용해 준다는 현실에서 볼 때 외국인 노동자들이 혜택을 볼 여지는 거의 봉쇄된 것이다. 이 법률의 진정한 취지는 정부 당국에서 설명하듯이 부계 혈통주의에서 양계주의로의 전환에 있는 것이 아니라, 연 7천 명 이상으로 추산되는, 구미·일본계 남성과 결혼하는 한국 여성들의 인적·경제적 자원을 끌어들이는 데 있는 것이다.

'재외동포법'의 경우도 원래는 그 대상을 "한민족 혈통을 지닌 자 중 외국 국적자"로 했다가 "대한민국 국적을 보유했던 자"로 바꿈으로써 정부 수립(1948) 이전에 이주한 중국 조선족, 구소련 동포들은 법률 적용 대상에서 제외되었다. 물론 정부는 이 법률의 제정 과정에서 중국 등 민족 문제에 민감한 일부 국가의 항의가 있어서 대상자의 자격 요건을 혈통주의에서 국적주의로 바꾸었다고 해명하고 있으나, 관련 국가의 항의에 별다른 대응 없이 순순히 응한 것은 이 법률의 원래 취지가 구미계 교포의 투자 유치에 있었다는 것을 말해 준다. 정부는 내심으로는 오히려 이 법률의 제정으로 말미암아 중국이나 구소련의 동포들이 대량으로 한국에 유입, 정착하는 사태를 두려워했던 것이다.

결국 이 두 법률은 겉으로는 국제화와 열린 사회를 표방하고 있지만, 내용적으로는 우리 동포든 다른 민족이든 경제적 약자는 이 땅에 발붙이지 못하게 하겠다는 경제주의에 충실한 것이다. 이 두 법률은 공교롭게도 모두 현재 우리 땅에 와서 일하고 있는 외국인 노동자들을 그 혜택의 외곽에 있게 만들고 있다. '국적법 개정안'은 동남아시아인들을, '해외동포법'은 중국 조선족들을 배제한다. 이 법률들이 행여 그 동안 우리 사회에서의 외국인 노동자의 존재가 가져다 준 사회적 갈등과 긴장을 염두에 둔 것이라면, 그래서 그들을 우리 사회 국제화의 걸림돌로 생각했다면, 우리 사회의 진정한 국제화는 요원하다 할 수밖에 없다.

경제주의는 강자의 논리이며, 언제나 피차별자를 섭생하며 자란다. 우리의 국제화가 이처럼 경제주의의 논리에서 벗어날 수 없다면, 앞으로도 우리는 인종에 따라, 그들이 하는 일에 따라, 버는 돈의 크기에 따라 차별하는 일을 멈출 수 없을 것이다. 이러한 차별의 논리는 우리 사회의 내부에서도 그대로 관철된다. 이런 점에서 외국인 배척이나 외국인 노동자에 대한 차별은, 다른 '인종' 혹은 다른 '민족'에 대한 배척과 차별이라는 별개의 독립적인 것으로서 파악되어서는 안 될 것이다. 그것은 오히려 가난한 사람을 비롯해서 지방인 · 여성 · 장애자 · 고아에 이르기까지 사회적 약자를 차별하는, 한국 사회에 존재하는 전체적 차별 구조의 한 부분으로 파악해야 할 것이다. 그러므로 경제주의가 여전히 득세하는 한, 우리의 외부에 대한 차별뿐만이 아니라 내부에 대한 차별도 온존할 것이다.

4. 파시즘의 일상 문화

너 뉘집 아들이야?
언어 안의 파시즘 김근

한국 교회의 승리주의 김진호

한국 건축, 파시즘의 증식로
그림자 없는 건축의 아침에 쓰는 편지 전진삼

너 뉘집 아들이야?

언어 안의 파시즘

김근

존재 증명으로서의 체계

언어는 기본적으로 보수적인 것이기 때문에 우리는 옛사람들이 썼던 말을 상당 부분 답습하여 사용한다. 그러나 답습이라는 것은 어디까지나 시니피앙 상의 관성적 사용을 뜻하는 것이기 때문에, 오늘날의 시니피앙이 이전의 시니피앙과 같거나 유사하다 하더라도 시니피앙의 효과, 즉 의미마저 같거나 유사하게 이해되는 것은 아니다. 이것을 우리는 단어의 의미 교체라고 부른다. 그러나 단어에 있어서 의미 교체란 의미가 변화하고 분기하는 순간적 현상을 가리키는 말일 뿐이지, 의미의 본질적인 변화나 대체를 뜻하는 것은 아니다. 그러므로 하나의 단어가 어떤 시점에서 생산한 의미로 교체되었다면, 이전의 의미들은 사라져 버리는 것이 아니라 흔적으로 남아 그 주변에 배회하면서 시니피앙이 만드는 의미 효과에 영향력을 행사하려 한다. 그래서 하나의 단어 주위에는 그 단어가 겪어 온 역사적 의미들이 아우라처럼 산재하는 것이다.

파시즘이란 단어의 쓰임 속에서도 이러한 산재를 발견할 수 있다. 파시즘의 원어인 파시스모(fascismo)는 고대 로마 근위병의 장식인 파쇼(fascio)에서 유래한 것으로, 이는 무솔리니 체제의 사상적 근간인 전체주의적이고 집단적이며 민족주의적인 이데올로기를 지칭하는 말이었다. 그러다가 스탈린이 혁명에 대항하는 무장 자본주의자들을 적대적으로 지시하는 말로 사용하기도 하였고, 오늘날에 와서는 그 쓰임이 범람하여 모든 권위주의적인 것이 이 말로 표상되기에 이르렀다. 그러니까 파시즘에는 전체주의로부터 반혁명적 반동 의지, 그리고 권위주의에 이르기까지 광범위한 이데올로기적 개념들이 집적되어 있는 셈이다. 한 마디로 말해서 파시즘이란 말은 개인을 억압하고 배제하려는 이데올로기를 적대적으로 개념화하는 메타 언어인 것이다. 따라서 여기서 파시즘을 얘기할 때 그 개념은 이러한 모든 흔적들이 입회함으로써 형성되는 의미로 파악되어야 할 것이다.

이미 잘 알려져 있는 바와 같이, 우리가 실재한다고 믿고 있는 현실이란 상징 체계를 통해서 축조해 낸 질서적 세계로서 이를 흔히 노모스(nomos)라고도 부른다. 이 노모스가 상징 체계에 의해서 축조되는 것이라면 언어는 세계와 질서를 만드는 가장 주요한 도구가 된다. 파시즘 역시 전체주의를 근간으로 이루어지는 이데올로기적 세계라고 할 때, 언어의 구조와 그 사용 습관은 파시즘의 욕망을 형성시키는 대문자 타자로 작용하게 될 것이다.

이와 같이 우리의 주체는 대문자 타자인 언어에 운명처럼 맡겨져 있다. 언어는 실재를 현실로 포섭하는 상징 체계이다. 체계 밖에 존재하는 것은 실재라 하더라도 현실로 취급되지 아니한다. 따라서 체계가 보이지 않게 행사하는 이러한 무자비한 배제는 어떻게 해서든지 체계 속에 편입되어 있음으로 인해서 주체성을 확인받으려는 주체를 매우 강박적으로 만든다. 체계의 이러한 무자비한 폭력성을 우리는 우리 나라 이동 전화 시장의 별난 고속 성장에서 확인할 수 있다.

이동 전화란 돈을 지불하고 번호를 부여받음으로써 체계 속에 편입하는 일종의 존재 수단이다. 그러므로 이동 전화는 네트워크라는 체계가 주체에게 확인해 주는 존재 증명이 되는 셈이다. 그러면 일반 전화는 왜 존재 증명의 기능을 수행하지 않는가? 물론 그런 기능이 전혀 없는 것은 아니지만 일반 전화는 이동 전화처럼 사용자와 밀착됨으로써 체계 안에서 공시성을 유지하지 못한다. 체계란 공시적 차원에서 의미를 갖는 것이기 때문에 네트워크 안에 실시간으로 존재하지 않거나 또는 아예 배제되어 있으면 문자적 세계에서 '나'는 부재로 취급되는 것이다. 이동 전화를 갖지 못한 바람에 갑자기 만들어진 술자리에 초대되지 못한 것은 이 부재의 한 현상이리라. 이것이 다름 아닌 집단 따돌림의 본질이다. 그러므로 부재로 밀려나는 다급함을 극복하기 위해서는 어떻게든 이동 전화 네트워크에 편입할 수밖에 없다. 그러니까 우리 나라 이동 전화 시장의 비정상적 성장의 비밀은 집단 따돌림의 메커니즘에 있었던 것이다. 이러한 현상은 전통적으로 가족 내의 수형(樹形) 체계와 그 명칭이 각별히 발달하고 또 일찍부터 이에 적응함으로써 조직이 형성시키는 자리 매김으로부터 주체를 부여받아 온 우리의 문화에 기인하였으리라.

이처럼 주체의 형성에 있어서 체계가 끼치는 영향은 매우 중차대하다. 특히나 언어와 같은 상징 체계는 현실로서의 세계를 축조해 내기 때문에 속성이 전체주의를 지향하는 파시즘에 있어서 언어는 수단이자 그 자체가 질서 체계가 될 수밖에 없다.

그렇다면 구체적으로 언어는 주체를 어떻게 형성시키면서 체제 순응적으로 길들이는가? 우선 체계 내에서는 개체의 미미한 일탈도 전체에 영향을 끼칠 수 있으므로, 전체에 우선적 가치를 두는 윤리관이 필요한 곳에서는 언어와 같은 상징 체계의 활용은 매우 유용할 수밖에 없을 것이다. 그래서 파시즘은 그 속성상 언어를 통해서 전체주의 윤리관에 충실한 규범적 인간을 만들어 내려 한다.

규범적 인간을 만드는 언어

한자 사용을 어렵게 만드는 것 중의 하나가 파음자(破音字)이다. 그래서 한 때 파음자를 연결하여 다음과 같은 우스갯소리가 유행한 적이 있었다. "요즘 정치가들은 '홍당' (與黨)이나 야당이나 기회를 잡는 일에 약해. 기회가 '살도' (殺到)해 오면 얼른 '포촉' (捕捉)해야 하는데 말이야. 기회를 포촉하지 못하면 '패북' (敗北)하게 돼. 한 번 패북하면 영원히 '복흥' (復興) 불가능이야." 여기서 '홍당' 은 '여당' 을 잘못 읽은 것이고, '살도' 는 '쇄도' 로, '포촉' 은 '포착' 으로, '패북' 은 '패배' 로, '복흥' 은 '부흥' 으로 각각 읽어야 옳다. 이것은 물론 한자를 읽을 줄도 모르면서 아는 체하는 사람을 비아냥거리는 농담이다. 그러나 이 우스개를 듣고 웃는 사람들은 웃음의 이면에서 나도 틀리게 읽으면 조롱거리가 되겠지 하는 두려움을 느낄 것이다.

그렇다면 이러한 두려움의 원천은 무엇일까? 그것은 말할 것도 없이 언어가 규정해 놓은 표준적 체계라는 전체 안에 편입되어 있지 못하다는 사실이 폭로되었다는 생각 때문이리라. 다시 말해서 앞에서 말한 상징 체계가 만들어 내는 전체주의 윤리관이 죄의식을 생성시키는 것이다. 이것이 바로 대문자 타자가 우리를 지배하는 방법이다.

얼마 전에 잘 알려진 어느 정치인이 방명록에 '자신'(自信)을 '자신'(自身)으로 썼다고 해서 신문의 가십 기사로 다뤄진 적이 있었다. 사실 따지고 보면 누구나 흔히 저지를 수 있는 단순한 실수임에도 불구하고, 이를 사건으로 마름질한 것은 희화이자 일종의 따돌림으로 볼 수 있다. 그 정치인이 한글로 쓰다가 띄어쓰기가 틀렸거나 맞춤법이 옛날식이었더라도 신문이 기사화하였을까? 서구 유명인들의 자필 메시지에서 철자의 오류를 발견했을 때 이를 애교로 봐 줄지언정 흠으로 여기는 사람은 별로 없는 것도 사실이다. 유독 한자를 잘못 쓰거나 읽은 경우에만 이야깃거리가 되는데, 이는 사용자들이 규범적 질서로부터 벗어나 있어서는 안 된다는 강박 관념에 기반하고 있기 때문이며, 이 강박 관념은 바로 상징 체계의 태생적인 전체주의 윤리관이 만들어 내는 억압으로부터 온다.

위의 예는 언어의 파시즘적 속성을 설명하기 위하여 한자 사용상의 극단적인 경우를 예로 든 것이지만, 언어가 체계인 이상 모든 언어에는 이러한 속성이 잠재해 있다. 따라서 언어를 사용하는 한 기실 우리는 파시즘으로부터 자유로울 수 없지만, 그렇다고 해서 또 사용하지 않을 수도 없는 것이 현실이다. 그래서 플라톤도 언어란 사용하는 사람에 따라서 진리에 이를 수도 있고 또 환상의 원천이 될 수도 있는 모호한 도구라고 하지 않았던가?

이러한 배경 때문에 파시즘은 언제나 상징 체계에 의존한다. 사상이나 행동의 통일을 요구하는 캠페인이나 데모에서 요란한 구호와 함께 일사불

란하게 펼쳐지는 손짓 · 몸짓의 유희가 늘 동원되는 것은 바로 이 때문이다. 현란한 유희 속에서 개인의 욕망은 유희의 기호가 지시하는 의미 속으로 환원될 수밖에 없기 때문에, 유희의 체계에 따라 움직이는 주체들은 체계의 윤리관을 그대로 재현하는 셈이 된다. 이렇듯 상징과 그 체계는 대립적인 양극 사이에 흩어져 있는 주체들의 흔적을 지우고 상징이 표상하는 의미로 치환하는 일을 수행한다. 그러므로 개체들은 상징 체계에의 편입 여부에 따라서 이 편이 아니면 저 편이 될 수밖에 없는 운명에 처하게 된다. 어떤 한 개인을 판단할 때에 그가 속해 있는 체계와 기호체를 먼저 보려는 경향은 바로 이 때문이다. 개체가 체계에 의해서 판단된다면 대립하는 주체들은 어떠한 경우에라도 같은 체계 안에 있게 마련이므로, 여기서 "싸우는 놈들은 둘 다 똑같다"라는 이른바 양비론이 등장한다. 양비론이란 타자들의 이해와 분노를 무조건 악한 것으로 환원시킴으로써 대신 자신이 화평의 메신저가 되는 일종의 착취 논리이다. 그러니까 어릴 적에 잘잘못을 따지기도 전에 단지 싸웠다는 이유 하나만으로 다반사로 야단을 맞아 본 우리는 화목의 중재자라는 선생님의 숭고한 이미지를 구축시켜 준 희생양들이었던 셈이다.

이것은 우리의 선험적 장(場)이 야기할 수 있는 모든 가능한 사건들 중에서 체계가 만들어 내는 이른바 양식 또는 상식에 해당하는 하나의 당위적 사건 외에는 발생으로 인정하지 않은 결과이다. 당위성에 입각한 이러한 인정/불인정은 언어의 코드가 결정한다. 이를테면 "어떻게 감히 그럴 '수'가 있느냐"라는 반어적 코드로 대응하면 상대방은 사건의 곡절을 해명하기에 앞서 윤리적으로 위축되고, 따라서 자신의 해명이 변명처럼 느껴지게 되는 효과를 일으킨다. '수'(數)란 원래 음양가의 술어로서 '자연적 이치로 정해진 길'이란 개념으로 쓰였다. 따라서 필연적인 하나의 사건 외에는 발생 불가능하다는 것이 '수 있느냐'의 코드가 말하는 이데올로기이다.

그러나 선험적 장에서는 구조가 야기할 수 있는 모든 사건이 잠재되어 있기 때문에 필연에 관계없이 무엇이든 조건이 구비되면 언제든지 발생할 수 있다. 이것이 현실임에도 불구하고 하나만을 인정하도록 요구하는 것이 이른바 제도의 폭력이다.

언어 역시 하나의 선험적 장을 형성하고 있으므로 언어의 특수한 구조는 사용자의 경험을 일정한 형태로 가능하게 만드는데, 이것을 우리는 문화라고 부른다. 그러므로 문화는 언어의 테두리를 벗어날 수 없을 뿐더러 그 구조대로 만들어진다.

전통 장례식에서 상주와 유족들은 짧은 지팡이를 짚고 상여 뒤를 따른다. 지팡이가 짧으니 허리를 구부리지 않을 수 없을 것이고, 허리를 구부린 채 오래 걸으니 고통스러워 통곡하지 않을 수 없을 것이다. 이 때 짧은 지팡이가 바로 장례식을 울음바다로 만드는 구조가 되는 셈이다. 물을 급히 마시지 않도록 바가지에 버들잎을 띄워 주었다는 지혜로운 시골 처녀의 전설에서 버들잎은 물을 천천히 마시는 방법 외의 다른 잠재적 방법들을 철저히 배제시키는 구조이다.

우리가 일상 사용하는 언어에도 물론 이런 기능을 수행하는 선험적인 구조가 존재하고, 이로써 우리의 문화를 형성할 뿐만 아니라 우리의 정체성을 차별화한다.

언어의 형태와 위계 질서의 구축

새 학기가 되면 대학생들은 이른바 '엠티'라는 행사를 치른다. 이 행사에 신입생, 복학생, 편입생 들이 서로 안면을 익히기 위해서 자기 소개 시간을 갖는데, 이 때 그들은 인사의 첫머리를 "몇몇 학번 아무개입니다"라는 천편일률적인 포맷으로 시작한다. 여기서 하나의 의문이 제기된다. 우리 나라의 대학교는 숫자로 사람을 관리해야 하는 교도소 체제도 아닌데, 왜 이름 앞에 학번이라는 숫자를 꼭 달아서 천명해야 할까? 대입 수능고사에서 수험 번호를 빠뜨리면 낙방한다는 교사와 부모들의 강박적 훈계 때문에 이름 앞에 번호를 쓰는 것이 버릇이 되었다면, 학번 숫자 여덟 자리를 다 말해야지 왜 앞의 두 자리 수만 밝히는 것일까? 앞의 두 자리는 다름 아닌 입학 연도인데 입학 연도의 숫자가 자기 소개 포맷의 앞자리를 차지할 만큼 그렇게 중요한 의미를 갖는가? 두 자리 숫자를 비교한 후 숫자가 순열적으로 앞서 있다고 판단되면 즉각 '해라' 체로 말투가 바뀌는 것을 보면 분명히 존재론적 의미가 있는 것으로 보인다.

그런데 여기서 납득이 가지 않는 것은 입만 벌렸다 하면 자유로움을 제일의 가치로 내세우는 젊은이들이 왜 숫자가 만들어 내는 추상적 위계에 자신의 실존을 순순히 그리고 기꺼이 끼워 맞추는지 모르겠다는 사실이다. 사실 우리는 일상사에서 이 숫자 비교 놀이 때문에 얼마나 많이 갈등하고 괴로워하고 있는가? 그래서 기업체에서는 이 갈등을 사전에 방지하려는 조치를 취하다 보니 IMF 초기에 취직이 안 된 취업 재수생 중 일부 숫자에 해당하는 사람들이 응모의 기회조차 박탈당하는 사태에까지 이르렀다. 연공 서열을 지양하고 능력으로 인재를 대우한다는 이른바 세계화의 구호가 현실과 얼마나 멀리 떨어져 있는지 실감할 수 있는 대목이다. 얼마 전에 공자가 뭐 어떻게 돼야 나라가 뭐 어떻게 된다는 긴 제목의 책이 불티나게 팔려서 온 나라가 떠들썩한 적이 있다. 이를 놓고 유림에서는 대성(大聖)을 모독한 부도한 짓이라고 성토하였고, 일각에서는 속 시원히 할 말을 했다고 지지하고 나섰다. 사실 따지고 보면 그 책의 담론이 학술적으로 입증된 내용도 아니고, 그렇다고 입언(立言)의 경지라고 할 만큼 문장이 수려한 것도 아닌 듯싶은데 왜 이렇게 난리인가? 필자는 이를 개인의 욕망이 위계 질서라는 타자와 갈등을 빚으면서 받는 스트레스를 공자라는 희생양에게 전이시킨 사건이라고 규정한다. 순열 체제에 도전하자니 체계 밖으로 밀려나는 것이 두려웠던 차에, 공자가 비판의 타깃으로 뜨자 그간에 겪은 욕망의 좌절을 이 책 한 권에서 보상을 받았던 것이다. 공자는 체제에 도전하는 자에게 조직의 쓴맛을 보여 주라고 가르친 적은 없다. 정작 공자와 유교의 본고장인 중국에서도 위계 질서가 주는 정서적 스트레스가 우리처럼 심하지는 않은 걸로 보아, 이러한 갈등이 꼭 공자가 혼자 뒤집어 써야 할 책임은 아닌 듯싶다.

여기서 우리는 라캉의 저 유명한 명제인 "무의식은 언어처럼 구조화된다"를 상기하게 된다. 즉 무의식에 각인된 기호와 이미지는 관념 내에 존재론적 의미를 구축하게 되므로, 사용하는 언어의 형태대로 무의식은 자연히 그렇게 구조화되고, 따라서 현실과 세계는 언어의 구조대로 변별되고 생성된다. 다시 말해서 언어가 현실을 찍어 내는 거푸집이 되는 셈이다. 그러니까 위계 질서로부터 받는 압박의 원천을 찾으려면 공자보다는 더 근본적으로 우리의 언어를 들여다 보아야 하는 것이다.

이런 예를 들어 보자. 우리는 위계/서열상으로 높거나 앞선 분의 직분 또는 호칭 뒤에 '님' 자를 붙여 부른다. 우리는 흔히 호칭의 대상이 신분이 높거나 존경받을 만하기 때문에 '님' 자를 붙여 부른다고 여기고 있지만, 실은 '님' 자 때문에 높은 분도 생겨나고 존경받는 분도 생겨나는 것이다. 그리고 존경의 강도에도 급수가 있는데, 이 급수는 '하옵니다'라는 아주 높임과 '합니다'라는 예사 높임 등의 형태에 의해서 결정된다. 존경과는 반대로 상대방을 낮추는 행위에도 마찬가지로 급수가 있는데, 이는 '하오'라는 예사 낮춤과 '하네'라는 아주 낮춤 등의 형태에 의해서 결정된다. 다시 말해서 언어 체계 내에서의 계급은 그대로 사회적 관계에서의 위계로 전이되고, 이 위계는 다시 학번과 같은 순열적 숫자로 치환되는 것이다. 그러니까 언어의 형태와 구조는 관념적 사고의 질까지 결정해 주는 대문자 타자로 기능하는 것이다. 외교적 행사에서 의전이 중요하게 취급되는 것은 바로 형식이 내용을 결정하는 이 기제 때문이다.

우리말에는 인구어(印歐語)에서처럼 성과 수, 시제 등을 까다롭게 일치시켜야 하는 문법 규칙은 없지만, 그 대신 존대어를 주체 존대, 객체 존대, 상대 존대 등의 문법 범주에 맞추어 반드시 일치시켜야 하는 엄격한 규칙이 존재한다. 이를테면 주어가 '아버님'이면 주격 조사는 '께서'여야 하고, 목적어는 '진지를', 술어는 '드신다'로 각각 일치시켜야 한다. 이러한 존대 어법의 규칙은 실제 사용에서는 문법성의 문제로 다루어지기보다는 금기(taboo)라는 특수성으로 작용한다. 왜냐하면 존대 어법에 대한 범칙은 현실적 불이익으로 돌아올 수도 있기 때문이다. 언제 돌아올지 모르는 불이익에 대한 불안은 곧 금기를 범한 불안과 내용적으로 같은 것이다. 속된 말로 "야, 자" 한번 잘못 써서 벌어지는 갈등과 또 이에 대한 보이지 않는 보복을 우리는 주위에서 얼마든지 직간접으로 경험하고 있지 않은가.

그러다 보니 금기를 어기지 않으려고 필요 이상으로 과도하게 존칭하려는 경향이 생긴다. 공식적인 회의석상에 게시한 회순(會順) 안내판에 "회장님 치사"라고 쓰는 일, 부장의 사무실은 '부장실'이라고 하면서 사장의 집무실은 '사장님실'로 부르는 일, 교수 앞에서 자기 상급생을 지칭하여 '선배님께서'라고 말하는 일, 그리고 기사 식당을 '기사님 식당' 등으로 명명하는 일들이 모두 이를 입증하는 예이다. 요즘 많이 고쳐지긴 했지만 아직도 일부 대학생 가운데에는 자신들이 선출한 학생회장을 '의장님'이라고 호칭하는 경우가 적지 않다. 예법이 생명과도 같았던 그 옛날에도 "지나친 높임은 오히려 예가 아니다"라고 경고하였다. 그런데도 이렇듯 과도한 존대로 흐르는 것은 언어의 체계성이 포섭하는 지배권 밖으로 밀려나지 않으려는 주체의 강력한 욕망이 기호로 발현된 결과이리라. 이처럼 언어는 그 구조대로 무의식을 형성하기 때문에 언어 형태만 변화시키면 얼마든지 주체를 전체의 질서와 윤리로 환원시키고 또 복종시킬 수 있다.

우리말은 인척간의 관계와 서열을 의미화하여 만든 호칭이 특별히 발달하였다. 이 호칭의 의미를 정확히 파악하려면 기하학적으로 만든 수형도(tree diagram)를 그려야 할 만큼 복잡하다. 이러한 기하학적 공간에서 만들어진 복잡한 호칭으로 자신과 타자를 인식하도록 훈련을 받았기 때문에 우리는 사람을 인식할 때 좌표적 인상으로 이해하는 경향이 짙다. 그래서 인척 관계가 전혀 없는 남하고도 이런 인상에 의거해서 관계를 맺으려 한다. 젊은 엄마들이 각자의 아기들을 놓고 비교할 때 생일이 하루라도 빠르면 자기 아이가 형 행세를 하는 것이 마땅한 것으로 여기는 것은 바로 이러한 선험성의 반복이자, 아기가 장래에 겪을 학번 비교 놀이의 첫걸음이 되는 셈이다. 사실 중년 이상의 나이에 접어들어서 따져 보면 위아래 십년 내기들은 같이 늙어 가는 처지라는 것은 누구나 인정하는 사실 아닌가. 더구나 동생/후배라 하더라도 먼저 세상을 뜨면 그 영정 앞에 허리 구부려 절하지 않을 수 없는 것이 우리 예법의 구조인데(이것 역시 저승이라는 다른 체계로의 편입에서 선배가 되는 순간이기 때문에 허리를 구부리는 것이긴 하지만), 입학 연도나 생년의 숫자가 순열적으로 앞서 있다고 해서, 또는 존대어법상에서 다른 형태로 불린다고 해서 체계의 보이지 않는 이름으로 다른 사람을 억압할 수는 없다.

앞서 말한 가계의 수형도는 언제나 '나'를 중심으로 만들어진다. 따라서 '나'의 주체와 정체성은 자연히 수형도를 구성하는 체계 텍스트에 의해서 결정되게 마련이다. 그러니까 나 자신을 알기 위해서는 가계 또는 가족이라는 전체적 틀을 먼저 인식해야 하는데, 이 틀이 무의식 속에 형성될 때에는 관계를 나타내는 호칭 및 촌수라는 매개를 통해서 각인된다. 이 매개가 지시하는 직접적인 기호 내용은 관계와 숫자이기 때문에 자연히 서열을 관념화한다. 따라서 '나'의 정체성은 개인의 이름보다는 호칭과 촌수 사이에서 분열되고 또 부유한다. 우리가 누구를 지칭할 때 이름으로 가리키기보다는 형, 누나, 언니, 동생, 조카, 외삼촌, 그리고 더 나아가 남을 부를 때에도 선생님, 선배님, 사장님 등으로 부르는 것이 더 익숙하게 느껴지는 것은 바로 이 때문이다. 사실 이름을 부른다고 해도 우리의 이름 구조는 체계의 구속으로부터 자유롭지 못하다. 왜냐하면 우리의 이름 안에는 이른바 항렬이라는 형태가 자리 잡고 있어서 항렬만 들으면 금방 가계 수형도 내의 위치와 서열을 알 수 있기 때문이다. 이름을 부르는 순간 '나'는 어쩔 수 없이 전체 속에 예속된다.

이러한 구조의 언어를 사용하는 한 우리는 전체주의 윤리의 지배에서 벗어나기가 매우 힘들다. 누구를 비난할 때 처음에는 개인의 잘못을 집중 성토하다가 상대가 잘못을 시인하지 않고 나름대로의 논리로 저항하면 으레껏 "너 뉘집 아들이야?"로부터 시작하여, "너 무슨 과야?" 또는 더 나아가 "너는 애비 에미도 없느냐?" 등과 같이 상대가 속해 있는 체계 텍스트를 들먹이는 경우를 주위에서 흔히 볼 수 있다. 즉 논리가 먹히지 않는다고 생각될 때 상대방의 논리를 무화시키고 논리성의 피안으로 뛰어넘을 수 있는 초논리적 논리가 바로 전체주의 윤리인 것이다. 어떤 형태로든 전체에 누를 끼치는 것은 전체주의 윤리에서 중죄로 분류된다. 윤리를 범한 자는 체계의 낙원에서 따돌려질 수밖에 없는 것은 당연하므로 누구든지 체계 텍스트를 들먹이면 긴장하게 되는 것이다.

여기까지 설명하면 이제 학생들이 학번의 두 자리 숫자에 집착하는 이유와 여기에 함축된 무의식적 메시지를 풀 수 있을 것이다. 짐작건대 이런 것이 아닐까? "나는 우리 학과의 체계 안에서 좌표 ○○ 위치에 있으며, 또한 체계의 윤리를 비교적 잘 지키는 사람이다. 따라서 나의 좌표보다 순열적으로 앞에 계신 형과 누나들을 깍듯이 잘 모실 테니 나의 좌표보다 뒤에 있는 동생들은 나를 잘 모시기 바란다."

결국 존대 어법의 형태는 상호 품앗이가 아닌 상하 품앗이의 형태를 배태한 거푸집으로 기능한 셈이 된다.

한약은 정성이다

우리말 중에서 개인의 자유로운 선택을 스스로 억누르거나 또는 포기하면서 타자의 이데올로기에 복종하게 하는 또 하나의 형태가 특수 보조사

(임자자리토로도 부름) '은(는)'을 사용하여 만드는 "○○은(는) △△이다"라는 구문이다. '은(는)'은 주이 뒤에 붙어서 주어를 다른 것과 구별하거나 제시하는 기능을 수행한다. 이 때 "개는 동물이다"라는 문장에서 알 수 있는 바와 같이 주어부의 '개'는 구체성을, 술어부의 '동물'은 개괄성을 각각 내포한다. 즉 '은(는)'은 주어부에 충당된 단어의 구체적 성격을 술어부의 개괄적 속성으로 귀결시키는 효과를 생산하는 것이다. 물론 주격조사 '이(가)'에도 이런 기능이 전혀 없는 것은 아니지만, '은(는)'이란 형태는 본래적으로 주어를 다른 것과 구별하고 또 제시하는 것을 주요 기능으로 삼기 때문에 주어가 갖는 다른 속성의 가능성을 매우 차별적으로 배제한다. 개는 여러 가지 방법과 측면에서 정의할 수도 있고 또 여러 가지 속성으로 묘사할 수도 있겠지만, "개는 동물이다"라고 말했을 때는 '동물'이라는 개괄적 속성 외에 다른 속성은 배제되는 경향이 생길 뿐만 아니라, 듣는 사람이 다른 속성을 아예 사고하지 못하도록 차단한다. 다시 말해서 "다른 것이 동물인지 아닌지 모르겠지만, 개의 속성이 동물이라는 것만큼은 달리 생각할 것도 없이 확실하다"는 뜻이다. "여자는 여자다"와 같은 동어반복의 문장에 이르러서 "○○은(는) △△이다"의 이 같은 이데올로기적 효과는 극에 달한다.

여기서 이데올로기적 효과란 개인의 성정을 억압하는 가운데 메시지의 내용을 강박적으로 수행하게 만든다는 뜻이다. 그 대표적인 것이 "한약은 정성이다"라는 말이다. 이 말은 아마 한약이란 약재와 조제도 중요하지만, 이를 잘 달여서 약초의 엑기스가 잘 우러나오게 하는 것이 더 중요하다는 사실을 암시하는 것이리라. 약초의 엑기스가 잘 우러나오게 하려면 오래 끓여야 하는데, 오래 끓이려다 보면 자칫 그 귀한 약을 태우는 수가 있다.

그러니까 한 사람이 지키고 서 있어야 하는데(이 일은 대개 며느리의 몫이다) 지키는 이도 사람인 만큼 그도 게으름을 피울지 모른다는 불안감이 생기게 된다. 그렇다고 약 지킴이를 또 감시할 수도 없는 노릇이므로 이에 고안해 낸 것이 바로 "한약은 정성이다"라는 말이다. 이 말 한 마디로 약 지킴이는 약 달이는 일에 게으름을 피울 수 없게 된다. 왜냐하면 만일에 약효가 없을 경우 그 책임을 자신이 몽땅 뒤집어쓸 수가 있기 때문이다. 따라서 이 말 한 마디로 약을 먹을 환자는 약을 태우면 어쩌나 하는 걱정을 덜 수 있고, 약을 조제한 사람은 약효가 없다고 환불해 달라는 불평을 들을 필요가 없어진다. 약효가 없는 것은 근본적으로 달이는 이의 '정성'이 부족한 데서 연유했다는 다소 막연한 원인에다가 탓을 돌릴 수 있기 때문이다. 이 말 한 마디야말로 한 사람의 희생으로 전체 다수가 무거운 부담에서 벗어날 수 있는 훌륭한 기제인 셈이다.

한약의 약효를 어떻게 '정성' 하나로 규정하거나 차별할 수 있겠는가? 그런데도 한약의 성격을 '은(는)'의 형태를 사용한 문장 구조를 써서 배타적으로 표상함으로써 '정성'의 여부에 관심을 묶어 둔다. 따라서 어떤 형태의 말이 발화될 때에 그 말이 일으키는 긴장과 수행성, 그리고 더 나아가 그 긴장 속에서 희생되고 배제되는 것이 무엇이고 또 누구인지를 살펴볼 필요가 있는 것이다.

다행히 요즘은 약 달이는 일을 기계로 하기 때문에 약 지킴이의 중책을 맡은 사람들이 이러한 긴장에서 해방됐음직하건만, 그래도 기계로 짠 약보다는 사람이 정성으로 직접 달인 약이 더 약효가 좋다고 믿는 사람들이 여전히 적지 않은 것을 보면 앞의 '은(는)' 구조로 이루어진 격언이 우리 무의식의 형성에 얼마나 심대한 영향을 끼쳤는지를 짐작할 수 있을 것이다.

그러므로 "○○은(는) △△이다"의 구조가 일으키는 이데올로기적 효과를 분쇄하려면 "개는 동물이다", "한약은 정성이다"라는 형식으로 표상해야 하리라. 여기서 'x'는 말소 표시로서 "개가 동물이기는 하지만 개의 속성이 동물이란 사실에서 끝나는 것은 아니다"라는 유보적 의미를 상징한다. 후자 역시 이 말소 표시에 의해서 "한약의 약효는 정성에 의해 좌우될 수도 있겠지만, 정성만이 결정적인 요인은 아니다"라고 판단을 미룰 수 있을 것이다. 이러한 문자적 형식이 실제 언어 생활에서 불가능하다면, 적어도 이런 형태의 인식이 필요하다. 그래야만 전체의 이름 아래로 환원되거나 배제되는 타자들에게 흔적으로나마 가능성과 기회가 보장될 수 있기 때문이다.

파시즘을 전체주의와 그 윤리라는 흔적을 통해서 이해한다면 우리말의 구조적 형태에는 민주주의의 윤리를 자칫 왜곡하거나 개인의 정체성을 소외시킬 수 있는 파시즘적 요소가 없지 않아 있다. 이러한 요소는 물론 모든 언어가 갖는 보편적 구조일 수도 있고, 우리말만의 고유한 것일 수도 있다. 만일 전자의 경우라면 언어의 한계이기 때문에, 그리고 후자의 경우라도 문화적 유산에 속하기 때문에, 우리로서는 이 부조리를 피할 도리가 없다. 문제는 언어의 한계와 부조리를 알고 사용해야 한다는 사실이다. 일례로 요즘 조기 영어 교육이 유행하면서 성미 급한 젊은 부모들 중에 아이가 우리말에 익숙해지기 전에 영어를 모국어 개념으로 주입시키려는 사람들이 적지 않은 모양이다. 그들은 언어를 일단 주입시키기만 하면 나중에 적절히 써먹을 수 있는 여느 지식 정도의 것으로 생각하는 모양인데, 앞에서 말했듯이 언어란 우리의 관념을 지배할 뿐만 아니라 세계를 구축하는 체계이자 질서이다. 따라서 어느 나라의 언어를 배우면 그 언어를 사용하는 공동체가 역사적으로 형성해 놓은 우주관, 윤리관, 가치관 등이 함께 관념 속으로 딸려 들어오게 마련이다. 특히나 조기 교육일 때 이 효과는 더욱 강력하다. 영어 조기 교육을 시키는 것이, 이를테면 민주주의나 합리주의와 같은 서구적 가치를 추구하고 또 심어 주기 위한 것이라면 어쩌면 바람직한 것일 수도 있다. 그러나 이 때 아이가 우리의 전통적 가치와 사고 방식을 그대로 간직해 줄 것이라는 바람이나 믿음은 일찌감치 포기하는 것이 나을 것이다. 왜냐하면 언어라는 대문자 타자는 그러한 우리의 욕망을 위해서 쉽사리 타협해 주지 않는 나의 주인이기 때문이다.

어느 영어 조기 교육 교재 광고에서 머리를 치렁치렁 딴 청학동 학동들이 훈장에게 "안녕하십니까" 대신에 "굿 모닝" 하면서 꾸벅 인사를 하니까 훈장도 그렇게 답례하는 광경을 본 일이 있다. 이 광고의 내용은 분명히 뭔가 어색하다. 그러면 이 어색함은 도대체 어디에서 오는 것일까? "굿 모닝"은 인사말이나 답례말이나 형태가 같기 때문에, 쌍방간에 손짓·몸짓의 기호 표현이 다를 필요도 없고 또 달라지지도 않는다. 그러나 우리말에서 "안녕하십니까?"라는 인사말과 "그래 잘들 있었느냐?"는 답례말은 형태가 분명히 다르다. 쌍방간에 상이한 형태로 하는 인사말은 자연히 서로 다른 손짓·몸짓의 기호 표현을 수반할 수밖에 없을 것이다. 다시 말해서 영어에는 쌍방의 위상을 변별할 수 있는 구조적 능력이 희박하고, 우리말에는 쌍방 각자의 자리 매김을 확실하게 변별해 줄 수 있는 구조가 존재한다는 뜻이다.

그러니까 조기에 영어 교육을 받은 어린이가 어른에게 건방지게도 손을 흔들면서 "굿 모닝" 할 때, 이를 보고 버르장머리없다고 야단을 친다면 아이는 관념적으로 무척 헷갈릴 것이다. 아이들에게 영어를 조기에 가르치려고 마음을 먹었다면 이러한 무례를 참겠다는 다짐도 아울러 하는 것이 현명하리라.

한국 교회의 승리주의

김진호

'하늘'에 계신 우리 '아버지'

얼마 전 교회에서 한 사람으로부터 이런 질문을 받은 적이 있다. "주기도문의 '하늘에 계신 우리 아버지'를 그대로 해야만 하나요?" 무심코 반복하다 보니 잊어버렸던 오래된 문제 의식이 그녀 덕분에 되살아났다. 대답을 공론화할 필요가 있다는 생각에서 두 번에 걸친 설교로 답변을 시도했다. 하나는 '아버지'라는 호칭에 관한 것이고, 다른 하나는 '하늘에 계신'이라는 장소성에 관한 것이다.

'하나/느님 아버지'라는 말을 기독교인들은 한 주에 몇 번이나 되풀이할까? 내가 아는 어떤 분은 자전거와 충돌할 긴박한 위기 상황에서 자신도 모르게 "아이고, 아버지" 하고 주저앉아 버렸다. 이 때 그녀가 부른 아버지는 하느님을 가리킨다. 예배 때만 사용하는 게 아니라 이미 일상 용어가 되어 버린 것이다. 그런데 나를 혼동시킨 것은, 사석에서 그녀에게 하느님을 남성신이라고 믿느냐고 물었을 때, 그녀의 대답이었다. "하느님은

성이 없답니다." 그녀의 주장인즉슨, 하느님은 성이 없으나 아버지와 같은 든든함과 따스함이 깃든 분이라는 것이다. 아마도 이런 이해는, 그녀에게서 신이 성을 초월한 존재라는 지식과 인습적으로 갖고 있는 부성적 신 인식이 충돌하지 않은 채 공존케 하는 일종의 완충 장치 역할을 하고 있었던 모양이다. 이러한 완충 장치 속에서 신의 부성적 이미지를 완곡하게 우회적으로 표현함으로써(남성신은 부정하면서 온화한 부성적 이미지로 이해하는 것과 같은) 신성에서 권위적 부성을 소거시킨 것처럼 느끼게 하는 의미의 효과가 발생한 모양이다. 실제로 내가 아는 적지 않은 사람들이, 특히 많은 여성들조차 아버지의 이런 이미지를 추억하고 있고, 그런 점에서 "하나/느님 아버지"라는 표현에 그리 큰 거부감을 표현하지 않았다. 몇 년 전 베스트셀러의 반열에 올랐던 소설 『아버지』에서 보듯이, 오늘날의 아버지는 분명 권위와 능력의 상징이라기보다는 나약하면서도 사려 깊은 따스한 배려자의 모습으로 다가오고 있다.

그러나 가족을 위해 속물적 존재가 되기를 감수해야 하는 아버지의 현실적인 나약함을 안스러워하는 심정 이면엔, 이상화된 '(큰)아버지'에 대한 동경/욕망이 도사리고 있다. 1990년대 이후의 한국 소설들 속에 두드러진 화두의 하나가 바로 부성적 권위 부재의 가족에 관한 것이고, 많은 소설들에서 현존하지 않는 권위의 상징인 '큰아버지'(big-father), 이상화된 아버지가 갈구되고 있다[1]는 점이 그것을 말해 준다. 이러한 큰아버지를 향한 갈망은 때로는 불룩 튀어나온 배나 축 늘어진 어깨를 가진 모습이 아닌, 근육질의 액션 영화 스타나 스포츠 스타에 대한 욕망으로 투사되기도

---

1) 『문학동네』 제16호 (1998년 가을호)의 특집 원고인 서경석, 「가족을 향한 상상력의 양상」; 임옥희, 「우리 시대의 아버지의 우화」; 황국명, 「아버지 이야기의 역설」 등 참조.

하고, 또 때로는 카리스마적 영력이 돋보이는 어떤 종교 지도자에게로 투사되기도 하며, 심지어는 독재자를 갈구하는 욕망으로 표출되기도 한다.

"하느님 아버지"라는 호명은, 실은 하느님을 부르는 것이라기보다는 하느님 앞에 자신을 출현시키는 신앙적 행위를 가리킨다. 요컨대 신의 부름 앞에 응답하고 있는 것이다. 즉 여기엔 '부름–응답'이라는 관계의 도식이 담겨 있다. 그런데 응답의 첫 구절에서 우리는 "하느님 아버지"를 무수히 뇌까린다. 여기서 그 관계가 구체화된다. 다시 말하면 신 앞에 서 있는 우리의 정체성이 이러한 응답의 무수한 반복 속에서 형성되는 것이다. 그렇다면 "하느님 아버지"라고 무심코 부르는 기도 속에서 우리는, 의도하지 않는 가운데, 우리 안에 절대적인 존재, 모든 것을 다 알고, 하지 못하는 것이 없는 전능자를 향한 욕망을 품은 존재로서 만들어지게 되는 것이다. 그렇다면 예수님은 과연 우리에게 그러한 하느님을 가르쳐 준 것일까?[2]

두 번째 문제 제기는 "하늘에 계신"이라는 구절이다. 이것은 '하늘'은 하느님이 계신 곳이며, 그곳은 '땅'과 대립된다는 세계관/우주관을 함축하고 있다.("하늘에 계신 우리 아버지…… 뜻이 하늘에서 이루어진 것 같이 땅에서도……") 이 때 '땅'은 물론 인간이 살고 있는 공간을 상징한다. 여기서 인

---

2) 이 말은 "하느님 아버지"라는 표현을 예수가 실제로 사용했느냐 아니냐는 물음이 아니다. 현재까지 신약학계의 연구에 따르면, 「마태복음」에 나오는 주기도의 "우리 아버지"(*pater bēmōn*)는 예수님의 입에서 발설된 그대로인 반면, "하늘에 계신"(*en tois ouranois*)은 거의 예수의 말일 가능성이 없다는 데 학자들의 의견이 합치하고 있다. 그러나 이러한 '예수 말의 확실성(authenticity)' 논의는 예수의 역사성 물음을 개체주의적 시각에서 접근하는 인식론적 전제를 갖는다. 이러한 입장에 따르면 역사적 물음에서 주변 사람들과 그 맥락을 역사적 재구성의 부차적 요소로 후퇴시키고, 진정한 예수 말이 어떤 것인가를 최우선의 과제로 설정한다. 그러나 이러한 전제는 권력적인 인습적 가치 체계에 대한 발본적인 도전자인 예수조차도 시대의 인습적 언어의 감옥 속에 있었다는 것을 감안하지 않는다. 그런 점에서 우리는 예수의 '인식론적 단절'을 예수 말의 확실성 물음에서 묻지 않는 이러한 연구에 의존하지 않는다. 반면 민중 신학은 사건 속에서 예수 운동의 역사성을 묻고자 한다. 그것은 시공간적 맥락성 속에서 예수 사건의 유의미성을 물으며, 그런 점에서 주기도의 구절들에 대한 우리의 재현은 이러한 유의미성 물음과 연관된 해석을 필요로 한다.

간의 세계와 신의 세계를 단절적으로 보는 공간 인식이 전제되어 있다. 이 것은 기실 유다교의 이원론적 세계관을 표절한 것인데, 이에 의하면 두 단절된 공간 사이엔 영원의 거리가 가로놓여 있다. 누구도 둘 사이를 넘나드는 것이 절대 불가하다. 이러한 공간 인식하에서는 단절된 공간간의 교신을 어떻게 가능하게 할 것인가의 문제가 곧 삶의 절박한 과제를 표현하는 신앙적 언표로 자리 잡게 된다. 성서는 다양한 유형의 중계자들을, 바로 영원의 거리를 뛰어넘어 인간 세계의 삶에 개입하는 신의 사자(使者)들로 묘사하고 있다. '메시아/그리스도'라는 존재는 중계자의 한 유형인데, 다른 중계자들이 일시적이고 부분적인 반면, 메시아를 통한 개입은 결정적이고 전면적이다. 예수는 바로 이러한 메시아 사상의 계보 위에 서 있는 존재다. 단 예수 담론의 특이성은, 다른 중계자들/메시아들과는 달리, 그분 그자신이 곧 신이라는 데 있다. 신 자신이 중계자라는 건, 신이 인간이 된다는 건, 곧 신의 자기 부정을 의미한다. 더욱이 육화된 신이 왕이나 현자의 모습이 아니라 더없이 비참한 몰골의 사람이요 더없이 사나운 운명을 타고난 사람이라면, 신의 자기 해체가 가히 발본적임을 알 수 있다. 즉 예수 담론은, 신이 자신을 가능한 한 최악으로 비하함으로써, (인간적 존재가 신의 부름을 받아 스스로가 고양되고 완성됨으로써가 아니라) 신이 자신을 전면 부정함으로써 메시아적 역할, 즉 쌍방 교신의 통로를 열어 놓았다는 것이다. 요컨대 주기도의 이원론적 세계관에는 (단순한 표절이 아니라) 엄청난 변화를 상징하는 중차대한 재해석이 담겨 있다는 것이다.

여기서 우리는 신의 공간, 거룩을 독점해 온 공간, 바로 그것이 전면 부정되고 있음을 본다. 이제 신은 '하늘'이라는 인간적 영역과 단절된 곳에 존재하는 분이 아니라 인간의 공간 속에, 인간사의 희로애락과 더불어 존재한다는 것이다. 이 속에서 인간의 치졸함과 사악함이 있듯이 동시에 이 속에서 신의 형상을 닮은 거룩, 즉 자기 초월이 존재한다는 것이다. 예수를 통해서 시작되고, 초기 그리스도인들이 염원했던 새로운 신앙의 모습은 바로 이런 것이었다. 너무나 놀라운 사상이 아닌가?

그런데 문제는 이러한 놀라운 사상을 담을 만한 그릇이 없었다는 것이다. 예수나 동시대의 많은 당신의 추종자들은 여전히 어려서부터 자신의 존재를 온통 지배해 온 언어, 그리고 그 언어가 표상하고 있는 인식 세계 속에 살고 있었다. 인습적 가치를 전복시키는 새로운 사상을 꿈꾸고 있으나 여전히 낡은 언어의 재현 체계 속에 갇혀 있다. 이러한 '언어의 감옥' 속에서 예수님이 제자들에게 가르쳐 준 기도문이 탄생한 것이다. 아마도 예수님은 의식할 수 있는 한에서는 인습적 가치를 극복하려는 새로운 언어를 만들고자 노력했을 것이다. 그러나 여전히 낡은 언어 속에서 많은 것들을 의식하지 못한 채 이야기해야 했을 것이며, 그것을 듣는 청중 또한 마찬가지로 이 기도를 그러한 인식의 한계 속에서 기억했으리라.

전승 과정에서 아람어로 발설되었을 기도문이 헬라 어로 옮겨졌고, 또 우리말로 옮겨졌다. 번역은 단순한 말의 옮김이 아니다. 여기에는 "말씀 하나하나는 성령의 영감이 깃들여 있으니 일점일획도 바뀌어서는 안 된다"는 축자(逐字) 영감설적인 터무니없는 주장이 끼여들 여지가 없다. 성령의 영감이 문자의 본질주의적 의미 고정화에 기여하고 있다는 건 신성 모독에 불과하다. 왜냐하면 언어에 어떤 원형적 의미가 존재한다는 주장은 말의 통제를 열망하는 파시스트적 욕망의 표현에 다름 아니기 때문이다. 번역 행위는 예수를 번역자의 동시대로 재현시키는 과정이며, 그러한 재현 자체가 이미 번역하는 이들의 신앙 행위이다. 그렇다면 오늘 우리는 주기도를 어떻게 번

역할 것인가? 혹은 주기도 속에서 우리의 신앙을 어떻게 표현할 것인가?

인간의 타자인 신이여, 권세와 영광을 영원히 독점하소서!

주기도문의 번역을 주도해 온 장소는 교회다. 고대 로마제국 시대 이래 교회는 줄곧 그리스도인의 유일무이한 존재 양식을 결정하는 곳임을 자임해 왔다. 적어도 교회는 그러한 담론을 펼쳐 왔으며, 이것이 그리스도교 사상의 보편적이고 절대적 가치임을 주장해 왔던 것이다. 근대로 이행하면서 세속 권력과 교권이 상호 불가침 신사 협약을 맺은 이후에도 사정은 마찬가지다. 적어도 교회는 신앙의 문제에 있어서만큼은 여전히 배타주의적인 패권주의를 지향하고 있는 것이다. 아래에서는 하이데거 철학과의 간략한 비교를 통해서 근대적 신학의 형성 원리를 살펴봄으로써, 교회가 근대적인 자기 정당화 논리를 어떤 형태로 세공했으며, 그러한 미화된 이미지 이면에 숨겨진 신학과 교회의 파시스트적 욕구와 그것이 함축하고 있는 이데올로기적 효과로서의 세속 권력과의 공모의 양상을 들춰 내고자 한다. 그리하여 주기도문의 교회적 번역에 내포되어 있는 권력의 음모를 이야기하고자 한다.

하이데거는 인류 문명의 전개 속에서 존재 망각의 음울한 역사를 본다. 특히 근대의 기술주의 문명이 추구하는 유토피아적 틀/공작(Gestell) 속에서 존재 망각의 역사는 극한에 달했다고 보면서, 이것을 인간의 본향 상실의 위기로서 이해한다. 그는 아마도 나치즘에 동화됐던 자신의 과거를 염두에 두면서, 허위 유토피아주의인 '기술의 형이상학'을 파시즘의 유혹으로 보았다.[3] 그리하여 하이데거는 문명 사회 한가운데 존재하는, 그러나 기술 문명의 침탈로부터 제외된 원시림적 공간을 상징하는 슈바르츠발트 (Schwarzwald) 속으로 은둔함으로써, 이러한 단순한 전도(顚倒)를 통해서 존재의 위기를 넘어서고자 했다. 전도된 이 반기술의 공간에서 인간 존재는 모든 존재하는 것들과의 영적인 교합에 도달하게 된다는 것이다.[4]

흥미롭게도 교회는 이와 유사한 방식으로 위기를 돌파하는 묘약을 발견했다. 요컨대 존재의 본향을 상실한 문명적 공간인 근대 사회 한가운데서 교회라는 반근대적 공간을 유지함으로써 자기 존립의 비법을 창안해 낸 것이다. 교회는 언제나 인구가 밀집된 공간에 자리 잡는다. 또한 교회는 근대적 기술 문명의 이기를 적극적으로/무비판적으로 수용한다. 그러나 동시에 교회는 반근대적 가치로 구성된 폐쇄적 담론 공동체로서 자기를 재생산한다. 축자 영감에 대한 절대적 신봉, 반문명적인 영성적 열광주의, 성직자 권위의 전근대적 가부장주의, 확대된 가족주의로서의 교회의 폐쇄적 공동체주의 등, 한결같이 절대적이고 초월적인 힘을 추구하는 반근대적 가치를 통해 교회는 근대 사회 속에서 존립하는 반근대적 공간이 된 것이다. 요컨대 교회는 근대 사회 속에 위치하고 있으면서도, 또한 근대 사회의 문명적 성과를 무비판적이고 임의적으로 활용하고 있으면서도, 구원의 방주라는, 폐쇄적인 신앙적 게토로서 반근대적으로 자리 매김되어 있다.

여기서 우리는 전근대적 신화가 사라져 버린 근대 사회에서도 여전히 교회가 건장하게 생존하는 비결을 발견하게 된다. 즉 점차 급가속하는 근대적 문명의 질주 속에서, 모든 것이 생겼다가는 연기처럼 사라져 버리는 존재 상실의 시대를 살고 있는 근대적 인간을 향해, 변하지 않는 무언가에

---

3) M. Heidegger, 『형이상학 입문』, 박휘근 옮김(문예출판사, 1994) 참조.
4) 이것은 이미 그의 초기 저작이자 대표작이라 할 수 있는 『존재와 시간』의 배려/관계 맺음 (Bersorgen)이라는 개념으로 제기된 바 있다.

대한 향수에 젖어 있는 인간에게, 교회는 태고 또는 영원에 정향된 탈시간적이고 탈역사적인 불변하는 절대 가치를 판매하는 의미의 시장이 되었던 것이다. 요컨대 교회는 근대적 문명의 이기를 편의에 따라 임의로 활용하면서도, 진공 포장된 탈세적 절대성이라는 패스트푸드적 종교 상품을 발명해 내는 놀라운 창조성을 발휘했던 것이다.

하이데거는 근대 문명의 파시즘적 유혹에서 벗어나기 위해 반문명주의적 자연주의로의 전회라는 전략을 추구한다. 그런데 그의 이러한 논리는 인간의 주체가 역사-정치적인 '의지의 형이상학' 으로부터 후퇴하고,[5] '존재의 부름과 인간 현존재의 응답' 이라는 탈역사적이고 탈정치적인 존재론적 사유의 공간 속으로 진입함을 의미한다. 즉 인간의 주체 형성이 역사의 무대 밖에서 펼쳐진다는 것이다. 하버마스는 하이데거의 이러한 반역사적인 후퇴가 결과적으로 역사 속에서 벌어지는 주체 형성적 사건들에 무관심하고, 나아가 역사 전개에 순응적인 주체를 위해 봉사하는 철학을 낳고 말았다고 비판한다.[6]

그렇다면 그리스도교 신학은 어떠한가? 여기에서 우리는 제2차 세계대전 직후 한동안 신학의 지배적 담론의 자리를 지켜 왔던 (그리고 아직까지도 한국의 많은 신학자들에 의해 현대 신학의 대체어로 받아들여지는 경향이 있는) 신정통주의 신학에 주목해 보자. 이 조류는 교회 밖으로의 엑소더스/대탈주를 감행했던 자유주의적 신학에 대한 반제로서 교회로의 회군을 부르짖으며 신학 사상사의 무대 위에 등장했다. 구체적으로 신정통주

---

5) 하이데거는 서구 형이상학의 역사가 니체 철학에서 완성된다고 보면서, 그것을 인간주의적 '의지의 형이상학' 으로 정리한다. 강학순, 「후기 하이데거의 해석학 고찰」, 『생활세계의 현상학과 해석학』 (서광사, 1991) 참조.
6) Jürgen Habermas, 『현대성의 철학적 담론』 (문예출판사, 1995), 제6장, 특히 195쪽 참조.

의 신학은 나치즘으로 실현됐던 인간주의적인 파시즘의 유혹을 떨쳐 버리기 위해, 절대 타자를 향하는 탈역사적 신앙으로의 여행 도정에 올랐다.

절대 타자라고 했다. 이 말은 "신이 인간이 됐다"는 수사가 야훼 신앙사의 결정적 전환점이라는 초기 그리스도교적 문제 제기를 사실상 무효화시킨다. 왜냐하면 신과 인간 사이에는 다시 '영원의 늪'이 가로놓이게 되었기 때문이다. 다만 이제 전능자적 신의 이름에 예수라는 이름이 부가된 것이 다를 뿐이다. 단지 이름의 차이! 그리하여 신과 인간 사이에는, 아니 (결정적인 중계자로 등장하였으나 이제 다시 '하늘' 저 깊숙한 곳으로 숨어 버린) 예수와 인간 사이에는 또다시 중계자가 필요하게 되었고, 그 역할을 교회가 자임하게 된 것이다. 즉 교회는 영원히 이질적인 이원론적 두 가치, 변화하는 것과 영원한 것, 인간적인 것과 신적인 것, 속된 것과 거룩한 것을 중계하는 독점적 권위를 주장하게 된 것이다. 이 과정에서 세속과는 분리된 교회, 세속과는 분리된 성직자, 세속과는 분리된 정경 등에 관한 그리스도교적 담론은 더욱 견고한 담론적 권력을 차지하게 된다. 여기서 교회는 수직적인 위계 구조를 가진 근대의 파시즘적 영역으로 자리 잡는다.

한편 교회의 중계는 위의 이원론적 두 유형의 가치에서, 하나에서 다른 하나를 향한 전회로의 '강력한 부름'/협박을 의미한다. 그런데 교회의 중계 소임은 바로 여기서 정지하고 만다. 즉 일시적이고 부분적인 중계만을 교회는 실현할 수 있다. 거룩은 타자적인 신의 영역으로 귀환해 버렸고, 역사의 시간 외부의 궁극의 시간 속으로 그것의 실현이 유예되었다. 또한 그것을 중계한 존재라는 예수님조차 그 중계 행위를 재림이라는 궁극의 시간으로 지연시키고 말았다. 교회가 할 수 있는 것이란, 이것을 선포하고, 수용자들에게 회개를 요청하는 것뿐.

그러므로 이러한 신학의 주장은, 그 탈역사를 향한 전회는 역설적이게도 역사 내적인 이데올로기적 함의를 강하게 담게 된다. 즉 변혁에 대한 꿈은 영원 속으로 묻혀 버렸고, 그리하여 현실의 초월을 향한 변혁적 갈망에 대해 교회는 회의주의를 유포했다. 반면 현존하는 일상적 인식틀을 구성하는 지배적 가치에 대해서 교회의 신앙은 전투적인 수구주의적 양상을 띠게 된다. 낙태, 동성애, 전쟁, 인종, 이념 등 20세기 인류의 화두였던 여러 문제들에 대한 그리스도교의 태도를 보라. 결국 인간주의에 대한 비판을 이와 같이 단순히 전도시킨 신정통주의적 전복의 전략은 현상적 체제 유지의 이데올로기적 효과를 강력히 담보하고 있었던 것이다. 탈역사적 가치에서 역사로의 파견을 다양하게 실행하는 교회의 역사 참여의 순간조차도 말이다. 그리하여 근대성의 전지구적인 발현이 낳은 인간 존재의 근원적 불안, 그 본향 상실의 위기감은, 이러한 그리스도교 신학의 블랙박스를 통과하자 무해한 것으로 세속 사회에 되돌려진다. 이렇게 신정통주의 신학과 근대의 교회는 세속적 공간에 대한 지배력을 상실한 시대에, 세속 권력과의 공존의 묘법을 터득하였다.

오늘날의 그리스도인들은, 비록 현실이 존재 망각의 역사 도정의 절정에 있다 하더라도, 비록 세계 체제가 존재의 본향을 빼앗아 가 자신들을 정처없이 세계를 부유하게 하는 유랑자로 전락시켜 버렸다 하더라도, 신앙적 게토 속으로 들어가 '탈세적 절대성'이라는 신앙적 의미를 소비함으로써 '억압'을 수동적으로 감내하는 이상한 '용기'를 가진 자가 된다. 그리하여 예배 의식용 주기도문의 마지막 구절, "나라와 권세와 영광이 당신께 영원히!"라는 고백은 '인간의 타자인 신이여, 권세와 영광을 (영원의 미래의 때에) 독점하소서!'라는 의미를 담고 있으며, 그 속에는 '그때가

도래하기 전까지 현존하는 모든 권력, 모든 파시즘이여, 마음껏 착취하라. 내가 감내하리라'는 탈세적 신앙이 생략되어 있다.

탄탈로스와 아브라함, 교회의 선택?

그리스 신화의 탄탈로스 이야기와 성서의 아브라함 이야기는 공히 아들을 살해하는 비정한 부성(父性)이라는 소재를 다루고 있다. 그러나 두 이야기에서 아들을 죽이려 했던 아버지의 동기는 전혀 다르다. 탄탈로스의 아들 살해는 신의 영역으로 상승하고자 하는, 그리고 인간의 영역으로는 결코 되돌아올 수 없다는 욕구의 표현이다. 반면 아브라함이 아들 이삭을 제물로 바치는 행위는 자신의 상승 욕구의 근거를 절단한다는 것을 상징한다. 이 두 이야기는 상승 욕구에 직면한 삶의 두 가지 선택을 보여 준다. 나는 탄탈로스의 선택을 '상승주의적 가학성'의 관점에서, 그리고 아브라함의 선택을 '하강주의적 피학성'의 관점에서 볼 수 있다고 생각한다.

신과 인간, 예수와 인간 사이의 중계자임을 자임한 교회는 과연 어느 길을 선택했는가? 앞서 보았듯이 교회는, '하늘'과 '땅'이라는 접견 불가능한 이질적 공간관을 전제하면서, 세속으로부터 변별된 '의사 하늘'(quasi-heaven)의 지위를 누리고자 했다. 즉 양자를 매개하는 중간자의 역할을 '땅'과 차별화된 자신의 과시를 통해서 수행하고자 했다. 성서의 정경성(canonicity) 주장은 계시, 아니 신-인 대면의 다양성과 창조성을 억제하면서까지 진리에의 접근로를 일원화하고자 했던 교회의 신경질적 독점 욕구의 표현에 다름 아니다. 이것은 이단을 분별해 내기 위한 장치로서 고안된 것이라기보다는, 이단을 '만들어 내기' 위한 장치였다고 하는 편이 더 적합할 것이다. 골치 아픈 신앙적 이견들을 손쉽게 정리하기 위해, 그래서 단순 명쾌한 신조적 공동체[7]를 만듦으로써 유일신인 하느님과의 보다 용이한 대면을 가능하게 하기 위해 교회는 제물로 바칠 아들을 색출했다. 그들이 바로 이단인 것이다. 이것은 교회가 '슈퍼 에고-파시즘'에 몰두해 있음을 보여 준다.[8] 즉 자기 자신을 규율하지 않으면 안 된다는 병적인 집착에서 죄를 만들어 내고, 그것에 의해 죄인(이단)을 생산하고 배제해야만 하는 권력 욕구가 교회의 정체성을 형성했다면, 오늘날엔 이단 종파들에서 그러한 정체성이 극대화된 양상으로 발기하고 있다는 것이다.

탄탈로스의 길을 선택한 그리스도 교회의 '상승주의적 가학성'은 우리의 신앙 속에 깊숙이 내면화되어 있다. 그리스도인들의 타인, 타종교, 타문화에 대한 과도한 배제주의는 타의 추종을 불허한다. 더욱이 자신이 강자인 경우 결코 폭력을 삼가지 않는 종교로서 정평이 나 있다. 이 모든 것이 자신만이 거룩과 대면하고 자신만이 거룩을 체험하려는 상승 욕구와 관련되어 있음은 두말할 나위 없다. 그런데 비단 이러한 욕구는 자기 외부의 타자에게만 향하고 있지 않다. 제삿상 앞에서 몸부림하는 그리스도 교인의 모습에서 보듯, 그것은 자기 내부의 타자에 대해서도 신경질적으로 반응한다. 가타리(F. Guattari)의 표현에 따르면 전자는 '미시 파시즘'이라고 할 수 있고, 후자는 '슈퍼 에고-파시즘'이라고 규정할 수 있다.[9] 요컨대 교회의 담론은 그리스도인들을 파시스트로 만들어 내는 종교적 장치였

---

7) '가톨릭'이라는 말은 '하나의 보편적인 교회'라는 함의를 가진다. 1세기 말엽 이미 시작된 초기 가톨릭주의는 다양한 예수 운동의 계보들, 그리고 그 양상들간의 불협화음을 통합하여 단일 대오의 공동체로 만들려는 편집증적 욕구를 담고 있다. 그런데 이러한 편집증적 통일의 주요 장치가 바로 정경화, 성직자주의 등이었다.

8) '슈퍼 에고-파시즘'은 슈퍼 에고의 에고에 대한 규율이 마치 강박증처럼 존재 내부의 파시즘적 억압을 야기시키고 있다는 것을 가리킨다. 이에 대하여는 펠릭스 가타리, 「파시즘의 미시정치」, 서울사회과학연구소 엮음, 『탈주의 공간을 위하여』(푸른숲, 1997) 참조.

던 것이다. 그것은 이미 교회의 발생 초기부터 비롯된 것이며, 근대 사회에 이르러서 그 양태는 변모했을지라도 상승주의적 가학성의 종교라는 차원에서는 전혀 변한 것이 없다.

탄탈로스와 아브라함, 예수님의 선택?

이제 우리는 교회 이전, 즉 그리스도교 이전의 예수는 어땠는지를 물을 차례다. 예수에 관한 가장 오래된, 그리고 가장 분명한 신학적 언술은 '성육신'에 관한 것이다. 이것은 이미 서두에서 보았듯이 '신의 자기 비하/부정'을 의미한다. 다시 말하면 아주 초기부터 전승자들의 예수님에 관한 가장 확실하고 가장 핵심적인 이해는 그가 기존의 인습적인 신성에 대해 발본적인 도전을 가했다는 것이다. 유다 사회가 야훼 종교 공동체라는 점을 참조한다면, 즉 유다의 모든 사람들을 내적으로 통합시키는 가치의 준거가 인습적으로 이해되고 있던 야훼의 신성이라는 점을 감안한다면, 예수가 그러한 인습적 신상에 대해 근원적 문제 제기를 하고 있다는 것은, 당신의 투쟁의 대상이 로마의 식민주의를 포함한 물리적인 억압적 제도에 그치는 것이 아니라, 삶 자체를 규제하고 있던 일체의 권력이었다는 점을 의미한다.[10] 예수님 행태의 가장 특징적인 면모라고 알려진 비유나 기적은 사람들의 일상의 삶을 지배하고 있는 미시 권력과의 대결을 보여 주고 있다.[11]

그런데 예수의 이러한 실천은 항상 죽음의 그림자를 가지고 있다. "한 알

---

9) 펠릭스 가타리, 같은 글 참조.
10) 신성에 대한 도전을 통해서 이와 같이 삶의 규율 장치 자체를 문제시했다는 점에서, 비록 구체적 맥락은 조금씩 다르더라도, 1960년대 미국을 배경으로 하여 활발하게 일어났던 '사신(死神) 신학'이나 1970년대 이후 한국을 배경으로 하여 민중 메시아론의 형태로 제기된 민중 신학은 예수와 동일한 지향을 갖는다.

의 밀알이 땅에 떨어져 죽지 않으면 한 알 그대로이지만, 그것이 썩으면 엄청난 열매를 맺게 될 것이다." "누구든지 살고자 하면 죽을 것이요, 죽고자 하면 생명을 얻을 것이다." 이 말들은 타자를 지배하려는 권력(욕구)과의 투쟁이 자기 자신까지도 겨냥하고 있음을 보여 준다. 즉 승리의 열매로부터 자신을 소외시키겠다는 의지가 이 주장 속에 포함되어 있는 것이다. 실제로 예수님을 승계한 여러 예수 운동들은 그의 죽음 위에서 출발했다. 요컨대 예수 운동의 에토스는 '하강주의적 피학성'에 정초되어 있는 것이다.

교회의 해체와 예수의 복원

여러 유형의 교회를 통한 그리스도교적 경로의 특징은, 아브라함의 길을 따랐던 예수를 탄탈로스적 길로 대체한 데 있다. 교회의 담론은 모든 것을 버리고 유목민적 삶의 도정에 들어섰던 그분의 삶의 이야기가 소유에 기반한 정착민의 이야기로 번역되어 재현된 것이다. 하강주의적 신학은 상승주의로 재해석되었고, 피학성은 배제주의적 가학성으로 변형되었다.

결국 우리는 이러한 교회적 발전이 예수 운동의 승계에 있어서 실패임을 주장하고 있는 것이다. 탈권력을 향한 반파시즘적 신앙이 교회에 의해 파시즘적 권력 욕구로 변질되었기 때문이다. 그것은 그리스도교가 승리주의에 집착한 결과다. 즉 자신에게 허용된 공간을 항상 정복의 영역으로 이해했던 것이다. 그래서 그리스도교는 시대가 변하고 체제가 바뀌어도 언제나 굳건히 살아 남는 질긴 생명력의 종교가 되었으며, 더 나아가 모든 지배 권력과 너무나 동맹을 잘 맺는 종교로 존속하였다. 그리하여 그리스도교는 지배자

---

11) 예수의 비유와 기적에 관하여는 김진호, 『예수 역사학』, 48~53쪽 및 제7장 참조.

의 종교로서 안성맞춤인 틀을 가지고 있다. 그래서 교회는 실패했다.

만약 우리의 교회가 이러한 실패를 넘어서고자 한다면, 교회 속에 예수를 복원해야 할 것이다. 그것은 예수 죽음의 그림자를 교회의 신앙 속에 간직해야 한다는 것을 뜻한다. 예수가 육화된 신이라는 '신 죽음'의 선포처럼, 교회의 죽음 또한 선포되어야만 한다는 것이다. 그것은 성서의 정경적 권위, 성직자의 권위, 그리고 교회의 권위가 모두 그 독점적 지위를 포기할 때 가능해진다. 만약 그럴 수 있다면, 승리주의를 넘는 승리가, 죽음을 넘는 부활 사건이 일어날 것이다. 즉 자기 초월의 사건이 바로 여기에서 일어나는 것이다.

나는 주기도의 "하늘에 계신 우리 아버지"를 "우리와 함께 계신 님이시여"라고 고쳐 고백하고자 한다. 하늘과 땅의 이분법을 해체하고자 함이다. 성과 속의 이분법에 대항하고자 함이다. 교회와 세상의 이분법을 해체하고자 함이다. 그리 할 때, "당신의 이름을 거룩히 드러내소서"라는 다음 구절은 진정한 의미를 회복할 수 있다. 거룩은 바로 우리 안에서, 우리가 우리를 초월하는 사건 속에서 일어난다고. 승리주의를 넘어서, 예수의 죽음의 그림자를 우리 몸에 새기며 살아갈 때 자기 초월의 사건을 전유할 수 있다고.[12]

---

12) 내가 목사로 재직하고 있는 한백교회는 주기도문을 다시 쓰는 작업에 들어갔다. 여러 사람들이 예배중에, 혹은 사석에서, 그리고 홈페이지 상에서 서로 의견을 내놓으며, 자신들의 신앙을 담으려 노력하고 있다. 그러나 어떤 이들은 주기도문의 현대적 재현이라는 주장은 목사와 신학 연구자들의 전위적 주장에 불과하다고 말한다. 그것을 과연 교회 일반 신도들에게 어떻게 이야기할 수 있겠느냐는 것이다. 그러나 내가 보기엔 목회자는 가르치는 자라기보다는 교인들의 자유로운 신앙 고백을, 그러한 문제 제기를 방해하는 존재다. 만약 목회자가 독백적인 말하기를 그치고, 교회의 파시즘적 규율 장치 때문에 막힌 대중의 말문을 열어 놓는다면, 훨씬 창조적이고 훨씬 자유로운 주장이 교회의 신도들에 의해 주장될 것이다. 목회자는 한 사람의 토론 참여자로서 공론에 참여하며, 지도자로서 그 공론 과정이 공정하게 진행될 수 있도록 하기만 하면 충분하다.

한국 건축, 파시즘의 증식로

그림자 없는 건축의 아침에 쓰는 편지

전진삼

눈뜨며

건축가는 이 시대의 에덴을 꿈꾸는 종족의 다른 이름이다. 모든 건축의 기회가 에덴에 관한 욕망의 보고서이다. 더 이상의 에덴은 존재하지 않는다고 누가 말하랴. 건축가는 여전히 충실한 에덴의 종이다. 만유의 신, 지배자의 존재는 에덴을 에덴답게 한다. 에덴은 권력의 원천이다. 건축가는 누구보다도 권력의 맛이 얼마나 달콤한지를 잘 안다. 권력의 배경이 건축가를 자유롭게 하기 때문이다. 에덴으로 저들을 보내자. 환희의 땅에서 기회주의자로 점점 강화되는 저들 건축가의 영웅적 위신을 추켜세워 보자. 기회를 탐하는 인간의 욕망을 탓하랴.

파시즘의 증식로, 건축

이탈리아의 대표적인 근대 건축가 쥬세페 테라니(Giuseppe Terragni,

1904~1943. 그는 한때 극단적 우파 성향을 가진 파시스트의 순수성에 매료되어 스스로 파시스트의 일원이 되었고, 맹렬한 파시스트로 발칸 전선에서 상당한 전과를 올렸다고도 전한다. 그는 이탈리아 합리주의 건축의 태두로서 극단적 이상주의자로 정평이 나 있다. 가장 불운한 시대를 가혹하게 살다 간 건축가로 현재 그가 남긴 카사 델 파쇼는 전세계 건축 매니아들로부터 현대 건축에서의 파르테논 신전이라는 이름으로 순례되고 있다. 무솔리니의 이탈리아 파시즘이 순수 이상과 배반되는 양태로 나아가자 걷잡을 수 없는 혼란에 빠지게 되었고, 결국 그는 1943년 정신분열증을 보이며 최후를 맞았다.)가 파시스트 본부 건물(Casa del Fascio)을 설계한 것을 두고 서양의 건축사는 그를 파시스트 건축가라고 분류하지 않는다. 이는 그가 파시스트 이념을 건축으로 표현했다기보다는 건축의 본령에 천착하여 기능에 충실한 건물을 만들었다고 보는 것이다. 결과적으로 건축이 이념의 선전 도구로 전위에 섰느냐 아니냐 하는 판단에 근거하여, 테라니는 비록 파시스트 본부 건물을 설계했음에도 그의 건축 정의를 보호받고 있는 셈이다. 반면에 히틀러의 수석 건축가였던 나치 건축가 슈페어(Albert Speer, 1905~1981)가 파시즘의 대표적인 건축가로 분류되는 표면적인 이유는 그가 건축을 나치당 이념의 도구로 만들어 건축과 선동의 강제적인 공생을 추구하였다는 관점에서 비롯된다.

오늘날 건축이 어떠한 정체(政體)와 전위(前衛)에서의 도구적 역할을 수행하는 존재였느냐의 되물음을 통하여 수없이 많은 일상의 건축가들이 도덕적 자유를 획득하고자 하는 것은 나치당 이후 더 이상 슈페어와 같은 건축의 패륜아는 존재하지 않는다고 자기 울타리를 견고하게 치는 것과 다를 바 없다. 더 중요한 사실은 슈페어를 중용한 히틀러의 정치적 직관과 파시즘 건축의 과거 지향적 기억의 재생산 과정에서 드러난 건축의 유형,

즉 거대한 볼륨, 중심축의 설정, 외관의 대칭성, 공간의 통일성, 석조 건축의 견고성 등에의 눈뜸이다. 어쩌면 도구적 이성의 총체로서 20세기 건축의 지배 구도에 대한 참회의 시작점을, 맹목적 힘의 대상을 구체물로 등장시킨 파시스트 정치가들의 권력과 건축의 관계로 보는 시선은 20세기 후반부에 걸쳐 전세계를 장악한 자본주의 패권의 건축적 폐해를 덮기 위한 또 다른 조작이라고 혐의를 물을 수 있을 것이다. 거울에 투영된 역사의 복사가 진행중인 셈이다. 파시즘은 과거만큼이나 현재와도 관련되어 있다. 특히 부르주아 민주주의의 사회 공간 전체를 가로지르는 욕망의 사회적 산물로서 건축은 전체주의를 생산하는 증식의 기계로서 변함없이 역할한다는 점이다.

벌거벗은 임금님의 도시

우리가 상상하는 에덴은 불완전한 공간적 성질을 갖는다. 인간은 그곳의 불완전성을 완성시키는 도구이자 그곳의 적막한 시나리오를 기름지게 하는 아이콘으로서 존재한다. 우리가 사는 도시가 전세계 어디를 막론하고 문제를 안고 있는 것은 다 그런 연유이다. 억지 같겠지만 에덴의 확신이 있는 한 상대적으로 인간은 완벽한 존재이다. 문제를 발아시키는 장본인으로서, 또 신을 유쾌하게 하는 자기 성장체로서 그 튀는 반동의 깊이와 넓이만큼 존재의 완벽함을 확인받는 셈이다. 도시는 그들에 의해서 계획되고 건설된다. 그렇게 세워진 도시는 인간 지성의 집합 체계로서 부단히 신을 근거리로 내려오게 모의한다. 도시의 체계는 가히 조작된 신의 세계와 필적하는 것이다. 그래야만 인간은 그 도시에서의 삶에 만족하게 된다.

20세기 후반 비판적 지역주의가 고개를 치켜들면서 건축의 시선은 확산 일로의 물량적 도시의 거대화에 심각한 의문을 던진다. 제3세계 국가의 프리미티브한 공간 체계에 눈을 돌린다. 에덴의 특수를 누렸던 20세기 현대 도시들에서 사회적 병리 현상이 불거지기 시작한 것이다. 도시를 작게 유지할 수는 없을까? 인간이 그러하듯 도시도 스스로 구동하지 못하는 체계는 거부한다. 이 땅에서도 자본주의 사회화는 작은 도시를 점차 무력하게 만들었다. 자력 구동하지 못하는 작은 도시들이 기존 큰 도시의 위성 도시로 하나 둘 기생하듯 들러붙었다. 전체주의적 체계는 이렇게 자연스런 흐름 속에 우리 도시의 이념형이 되어 버렸다.

전국토의 1일 생활권화의 배면에는 지역적 특색을 살린 개발이 중요함을 지시하는 것이 있음에도 불구하고, 상대적으로 자본의 씀씀이가 큰 대도시민의 기호와 편의를 수용하려고 하는 작은 도시의 공간적 배려와 건축 공간의 보편화가 중시되는 것이 우리 국토의 현실이다. 지역 특화 개발은 보잘것없고, 오로지 보편적 도시화의 난개발만이 존재했다. 국토 어디를 가나 들판이고 구릉이고 할 것 없이 고층 아파트 단지가 군림한다. 전국토가 크고 작은 부동산 개발업자들의 전쟁터이다. 너무나 한결같은 고층 아파트는 이 땅의 주거 공간적 질서를 통합하는 전형적인 파시즘 건축의 양상을 드러낸다.

지방 도시가 저마다의 특색을 유지하지 못하는 데는 자기 도시를 상실한 그 지역민들의 무지와, 그 무지를 발판으로 오로지 자본 증식에만 혈안이 되어 버린 부동산업자들, 그리고 그것을 도시 발전의 모형으로 설정하고 자연 공간의 착취에 앞장서는 무분별한 테크노크라트의 관행이 섞여 있기 때문이다. 더욱이 거주하는 공간에 대한 민간의 의식이 생산적 삶의 질을 전제로 하는 선택이기보다, 투기적이며 과시적이고 비생산적이라는 점은 앞서의 전체주의적 도시 형성 과정에서 발기된 강제적 통일성에 우리의 일상사가 배접되었기 때문이다. 최근에는 아파트 산업이 초고층·호화판 자재 사용의 설계를 앞세우면서 최상층에 대한 선호도가 급증하고 있음을 선전하는 광고나 TV 기획물이 심심찮게 보이고 있다. 심지어는 최상층 1개 층에 해당하는 부분을 1가구가 단독 거주하는 옥상층으로 별도 설계하여 초고가에 마케팅을 하는 추세로 급변하고 있다. 막연하지만 최상층에 대한 일반인들이 가졌던 불신 구조를 가진 자의 우월주의를 극단화하면서 공간 점유자의 인식을 일거에 뒤바꿔 놓으려는 상술이 먹혀 들어가고 있는 셈이다. 공중권을 지배하는 것이 미래적 부동산 투자 가치라고 부추기는 업자들의 뻔한 상술에 이 사회를 이끄는 주도적 힘들이 벌거벗은 임금님 놀이를 하고 있는 셈이다.

방주(方舟), 매머니즘(Mammonism)의 교회 건축

이렇듯 지상권의 차선책으로 도심의 초고층 아파트의 최상층을 선취하고자 하는 욕망의 덩어리들은 에덴에서 추방된 인간이 다시 하늘로 닿기 위해 발버둥질 치며 바벨탑을 세우려는 것이나 마찬가지이다. 이는 우리가 오늘날 주변에서 쉽게 찾아볼 수 있는 교회 건축의 거대화 추세하고도 일맥 상통하는 부분이 있다. 특히 20세기 세계 교회사에 괄목할 만한 성장사로 기록될 한국 교회의 번창은 교회 신자의 기록적인 수적 증가와 더불어 대규모 교회의 건축으로 특징 지을 수 있다. 한 사람의 기도보다는 백 사람의 기도가, 그보다는 1만 신자의 합심 기도가 하늘을 움직이는 효험을 발휘할 것이라는 집요한 목회자들의 설교는, 적어도 우리의 생활 공간 주변에서 발견할 수 있는 교회의 다다익선적 쾌속 성장주의를 주도해 왔음에 틀림없다. 예배당이기보다 성전(聖殿)이라는 특별한 공간의 탄생은 그렇게 출발한다.

노아의 방주(the Ark)가 예시하는 건축의 규모를 인간이 닿을 수 있는 건축으로 적정 공간화시켜 거대화에 발동을 걸고 있는 목회자들의 과욕은 또 그렇다손 치더라도, 그것을 방조하고, 나아가 실현에 앞장서는 소위 건축가 집단은 어떤가? 오늘날 건축은 비판적 이성의 그릇으로 존재하지 않는다. 적어도 거대주의를 탐닉하는 교회 건축에서는 그렇다.

비판적 이성이 사라진 건축의 행위는 파시스트의 충성스런 하수인으로서 건축가의 위상을 추락시켰다. 이미 오늘날 이 땅의 교회가 공룡화되어 가고 있음은 우리 건축가들이 교회 건축을 대하는 태도의 변화를 전제로 하고 있다. 교회는 재화를 거두어들이는 또 하나의 창구이며, 적어도 건축가 본연의 사명을 감찰받는 곳은 아니라는 점이다. 건축가는 저들 목회자의 환심을 사는 편에 서서 동시 운집의 규모를 최대화하는, 생산성이 높은 공장 또는 대형 공연장 형식을 빈 교회 건축의 유형을 만들어 내는 것이다. 목회자에게 성공적인 신앙인의 삶을 살아냈다는 사회적 기호로서 교회의 건축은 더할 나위 없는 좋은 기회이며, 건축가는 이들의 욕망을 수행하는 전차(戰車)로서 역할하는 것이다. 인간이 꿈꾸는 모든 것은 지을 수 있다고 건축가들이 단언하는 것도 이런 연유이다.

교회 건축의 거대화를 방조하고 또 거기에 참견하려 들지 않는 건축의 일상성은 건축가가 더 이상 사회 계몽적 위치에 서 있지 못함을 의미한다. 의미 생산을 상실한 직종의 전문가 집단은 사회의 주류가 될 수 없다. 건축의 논리만으로 생존의 위협을 극복할 수 없다고 믿는 다수 건축가의 심약함에 더하여, 교회라고 하는 건축의 신성한 과제 앞에서 거대화로 치닫는 잘못된 경로를 계도하지 못함은 물론, 오히려 웃전 섬기듯 우리의 건축이 잡탕의 문화를 양산해 내는 선단에 서 있는 것은 아닌가 의심해야 한다. 교회가 에덴에서 비롯된 건축 공간의 유형이라면, 교회는 그 건축의 비대화를 재촉하는 성전이 되려 하기보다 온누리가 다 성전이며 교회는 단지 예배를 보기 위한 회당 정도라는 소박한 의사가 공유되어야 옳지 않은가.

잡종의 건축, 건축 대중주의의 적

우리가 사는 공간의 모습이 다양하지 못하다는 지적이 곧장 강제된 통일성과 일치하는 것은 아니다. 그보다는 잡탕의 성격을 갖는다는 표현이 적절하다. 다양함에도 불구하고 종잡을 수 없는 그 유형의 빈곤은 한 마디로 잡종의 건축을 일상의 환경 문화로 받아들이는 우리 삶의 터전의 단면이 되었다. 그러나 누구 하나 불평하지 않는다. 그것은 그곳에 거주하는 사람들과 '보고 있는 나'의 상황이 크게 다르지 않기 때문이며, "무슨 수로 해방의 맛을 즐기겠는가?" 의문하기 때문이다. 그것이 거주 심리를 지배하는 리얼리티이다.

건축은 이 사회의 지배적 담론 형성 구조에서 일탈되어 있다. 그것의 중요성이 사라져서가 아니라, 그것의 중요성을 일깨우는 건축 전문가 집단의 안이한 처신이 자초한 것이다. 건축의 제 가치가 변화하는 시대의 속성을 따라잡지 못함도 한 이유이다. 몸은 21세기에 놓여 있는데 건축의 생산 방식은 20세기에 묶여 있다. 건축 주문자와 건축가의 연결 통로가 제한적이다. 주문 생산 방식은 그러한 제한된 연결 통로를 통해서 더욱 강화된다. 자본과 권력의 손이 닿지 않는 곳에 머무는 건축가는 그 건축의 행위 또한 제한적이며, 그것에 투여되는 자본력의 한계로 말미암아 건축물에 도입되는 기술 또한 그만큼 뒤떨어진다. 기술력이 뒷받침되지 못한 건축은 부실 공사의 원인을 제공한다. 악순환이다. 바로 이러한 악순환의 건축물 생산 방식의 구조적 틈새를 통해서 제삼의 시장을 공략하는 민간업자들이 등장한다. 건축가에게 디자인을 주문할 때 발생하는 설계비를 따로 필요로 하지 않는 공사업자가 현장 공사 위주의 약식 설계에 따라 만든 집장사 집 등이 그 한 예에 속한다.

교육받은 건축가가 필요없는 건축 만들기는 이 사회가 무척 개방된 생산 방식을 도입하고 있는 것처럼 보이게 할 수도 있다. 그러나 실제 상황은 다르다. 어느 건축가는 답답한 심사를 이렇게 표현하고 있다. "디자인은 장난이 아니다." 잡탕의 건축 문화가 국토를 유린하고 있음을 개탄하는 말이다.

물론 전체 건축비가 싸다는 이유로 건축가의 설계가 아닌 공사업자의 제공 도면을 선택한 건축 주문자를 무턱대고 탓할 수는 없다. 업자에게 넘겨 지은 집으로 돈을 굴리면 굴렸지 내가 살려고 새집 짓는 것은 호사라고 판단하는 이들이 내놓은 땅에 소위 브로커라고 하는 개발업자가 붙어 공사를 시작하면서 바로 돈 주고 사는 별도의 도면 작업이 따르지 않는 것은 오히려 당연지사이다. 세상은 이렇게 계산이 빠른 인간형들로 인해 도시건 시골이건 발전(?)의 가속이 붙었던 것이다. 그러니 교육받은 건축가들의 속이 까맣게 탈 만도 하다.

정규 교육을 받았다고 하는 것이 직능 수행의 정당성을 완전하게 한다는 주장은 아니다. 건축 현장의 산 경험을 통해서 어느 정도까지는 공사의 질적 담보를 유지할 수 있는 역량을 부여받을 수 있다는 말이다. 그러나 그것이 건축 생산 방식의 전부가 될 수는 없다. 땅주인의 대리인으로서 공사업자가 설계비 지출 부담에 전전긍긍할 것이 아니라, 설계의 질적 우위를 확보하려는 민도가 형성되어야 하는 것이다. 장삿속은 보이는데 장인 의식은 보이지 않는 것이 우리 건축의 현실이다. 더불어 건축 주문자로서 건축가와 만나려는 건축주들의 관심 또한 커져야 한다. 단지 연줄과 안면만으로 밀어붙이는 건축가와의 관계이기보다는, 건축 및 다양한 매체를 통해서 등장하는 건축가들의 정보를 듣고 자기 의사와 교류가 가능하다 싶은 건축가를 선택할 수 있어야 한다. 건축가의 선택은 설계에 따른 지적 재산권에 해당하는 설계비의 제공을 전제로 하게 되는데, 그 비용의 규모는 건축가와 얼마든지 탄력적으로 협의할 수가 있다.

문제는 앞서도 언급했지만 건축을 주문할 수 있는 우리 사회의 상위 계층을 제외하고는 이러한 설계비 발생에 익숙하지 않다는 점이다. 한 가지 예로 분당, 일산, 중동 등과 같이 대표적인 신도시 아파트 단지의 대량 공급시조차도 공급 금액의 기준이 단위 평당 분양가로 일반에 공시되면서 아파트 단지 계획에서부터 건축 설계를 맡아서 했을 건축가들에 의한 설계비가 겉으로 드러나지 않는 관행이 유지되면서, 입주자들 또한 평당 분양가의 대부분을 공사비로 오인하는 등 시공업체에서 설계는 덤으로 해 준다는 의식의 공유가 팽배해져 있다는 사실이다. 시공 업체와 아파트 전문 설계자가 뒤로는 어떻게 계산하고 있든지 간에 일반인들의 관심권역 안에서 설계비라는 항목은 존재하지 않는다. 설계 행위의 비용 발생 부분이 전적으로 서비스된다는 아파트 생산 라인의 트릭은 분명 함정이 있는 것이다.

이 땅의 아파트 유형이 획일적이라는 비판을 받는 배면에는, 설계비라는 항목의 적정 배분을 도외시한 채 싼값에 손쉽게 디자인하고 공사하고 분양함으로써 기업의 이익을 챙기고자 했던 그 투명하지 못한 구조적 원인이 내재되어 있었기 때문이다. 신도시 개발과 연루되어 아파트 설계 행위를 통해 꽤 많은 돈을 벌었다는 건축 설계 사무소조차도 설계자의 익명성으로 공사의 단순화를 전제로 한 설계를 통해서 시공업자의 수익을 보장해 주고, 자사의 이익을 챙기기 위해서 고민을 특별히 더하지 않은 평범한 디자인으로 반복 대응하면서 복제된 도면의 청사진 굽기로 아파트 주거 문화의 발전 속도에 완급을 조절하는(?) 기막힌 처세를 해 왔다는 사실은 실로 우울한 현실이 아닐 수 없다.

건축 대중주의를 부르짖는 이들이 경계하는 부분이 바로 이 대목이다. 일반인들의 의식을 지배하고 있는 '트릭' 숭상주의는, 에덴에서의 인간이 똑같이 범했듯이 오늘에 와서도 크게 변하지 않았다. 건축의 본령이 일반 대중 사회에 전달되는 과정에서 최대한 건축이 생산되는 구조가 드러난다고 할 때, 그 다음 수순은 어떻게 각자의 이익을 쟁취하느냐 하는 현실적 문제가 관건이 된다. 건축의 대중주의가 오히려 건축을 실종시키는 나쁜 상황을 초래하는 것이다.

건축 엘리트의 파쇼적 혐의

한 나라 건축 문화의 정수는 소수 건축가군이 이끈다. 우리도 예외는 아니어서 1960년대 이래 가속된 환경 문화의 근대화 과정을 통해서 소위 스타급 건축가에 의한 괄목할 만한 건축 행위의 소산물이 도시를 하나 둘 채우게 되었다. 건축은 정치가에 의해 시위를 떠난 화살들처럼 도시의 곳곳,

국토의 곳곳을 명중하면서 엘리트주의에 사로잡힌 건축가를 생산해 내었다. 전후 폐허가 된 도시를 재건하기 위해 동원된 건축가들의 후위에는 외국에서 건축 수학을 마치고 돌아온 패기에 찬 신진 건축가들의 등장이 있었다. 이미 국내에서 활약하던 건축가들이 일제하에서 교육을 받았고, 이들 신진 건축가 또한 해방 이후 일본에서 교육된 이들이 주류를 이루었다는 점에서 특별히 다를 것은 없지만, 서양의 신건축 학문에 직접 노출된 일본에서 정규 교육을 받은 세대라는 점에서 일군의 신건축 엘리트로서 이들 새로운 건축가의 출현은 군사 정권하에서조차 주목되는 것이었다. 그 대표적 인물이 김수근(1931~1986), 박춘명 등이다. 이들은 이어지는 18년 동안 박정희 정권의 배경 아래서 건축가의 입지를 공고히 하게 되었고, 사회적으로도 건축가라는 종(種)이 뉴스 메이커로서의 위치를 점하는 계기를 만들게 된다. 건축이 군사 정권의 이념을 선전하는 도구로 사용된 자유센터(김수근 작. 노출 콘크리트 건물로 좌우 대칭의 입면 구성과 위압적일 만큼 강한

❍ 자유센터

수직 기둥의 연속 배치, 그리고 거대한 수평 구조물의 지붕 처리 등을 통해 군사 문화의 지배 구도를 강화시킨 작의를 내뿜고 있다)를 비롯하여 세종문화회관 (엄덕문 작. 1970년대와 1980년대의 각 시도별 문화 회관의 전형으로 이해됨으 로써 권위주의적이며 획일적인 사고 방식의 건축 모델이 되었다. 즉 한국 건축의 유형학적 전통을 현재화시켰다는 미명하에 정부 결재형 모범 답안으로 10여 년간 국내 문화 회관류 시설물의 유형을 지배하였다. 세종로 중심축을 지탱해 주는 육 중한 석조 건물로서 독재 정권의 정통성을 수호하는 중심 가로축에 문화 시설을 위치시킴으로써 도시 재건에서 경제 개발로, 경제 개발에서 문화 복지로 국민의 시선을 옮겨 가며 장기 집권의 야욕을 불태울 수 있었던 상징적 건축물이다), 그 이후 5 · 6공에 걸쳐 건립된 예술의 전당(김석철 작. 박정희 대통령에서 이어지는 군사 정권의 이미지를 수정하려는 의도가 강하게 엿보이는 이 프로젝트는 건축가의 드로잉에서도 잘 나타나듯이 건물이 위치한 강남의 우면산에서 서울의 강북 중심으로 연결 짓는 강력한 도시 축의 설정을 통해 강력한 정권의 통제하에 있는 문화의 일상성을 충실히 담아 내었다), 독립기념관(김기웅 작, 국민 성금의 대대적인 홍보와 모금을 통해 민족적 투혼의 한 본보기로 만들어진 건물로서 건축적 성취도 또는 프로그램의 당위성 여부와는 별개로 건축이라는 행위가 정치적 부산물의 파행적 모습으로 나타났다. 건축물의 과장된 스케일을 통한 과시적이며 물신 숭배적 문화 행정의 넌센스 그 자체이다) 등도 건축 엘리트를 교사한 정권의 야욕이 배후가 되었던 대표적인 프로젝트다. 이들 프로젝트는 한결 같이 정권의 안정을 희구하는 기념적 상징과 독재 정권의 칼날을 숨기기 위한 교화적 문화 시설이라는 점에서 건축이 권력자의 정통성을 확인해

◐ 예술의 전당 축제극장

주는 교두보가 된 사례로 꼽을 수 있다. 그 시절 지방에 지어지는 어떠한 문화 시설도 앞서의 건축물들이 담고 있는 유형에서 크게 벗어나 있지 않았을 뿐더러, 규모의 차이만 있을 뿐 아류작을 양산해 내는 이상 구도를 극복하지 못했다.

이 땅에서 건축 엘리트는 권력의 부침과 무관하게 생명의 지속성을 보여 주게 되는데, 이는 정권의 현격한 교체가 이루어지지 않았던 우리 헌정사의 특징과 무관하지 않다. 또한 오늘 '국민의 정부'에서조차 과거와 현재의 이념이 뒤죽박죽 섞여 있는 인간형의 집합적 정황을 놓고 보건대 건축 엘리트의 지조를 기대하는 것이 오히려 이상하다. 변절에 대한 혐의를 물을 수 없는 우리 건축계의 엘리트들은 시간이 지날수록 지나온 시간의 층위만큼 더욱 견고해진 자기 울타리를 쌓는다. 함부로 상대를 의심할 수 없으며, 비판받기를 꺼려하는 기이한 생존 방식으로 우리 건축계가 물들어 있다. 대학의 건축과 교수 사회가 집단적으로 부정 부패에 연루되어 있다는 점이 사회적으로 비난을 받아도 누구 하나 옷 벗고 나서는 이도 없을 뿐더러, 옷을 벗겨 내보내는 이도 없는 오늘의 대학 구도에서 보듯, 건축계의 엘리티즘은 가히 도덕적 폭력성을 전제로 하는 것이다.

새로움에 대한 콤플렉스

오늘날 한국 건축계의 가장 큰 이슈는 단연 새로움에 대한 콤플렉스로부터 기인한다. 자고 일어나면 무수히 쏟아져 내리는 선진 디자인 제국의 성과물을 받아들이기에도 벅찬 정황에 놓여 있음으로 인해, 최신 정보 입수와 가공 능력이 개인 또는 건축가 집단의 성패를 좌우한다. 더욱이 건축 설계 시장의 국제적 개방과 함께 부쩍 늘어난 한 현상으로, 국내의 내로라 하는 건축 설계 사무소들은 드러내 놓고 외국 건축가 및 설계 사무소의 디 자인 안을 거금을 들여 사 와서는 국내 업체들간의 설계 경기에서 피 터지 는 경쟁을 벌인다. 건축의 신사대주의가 부끄러운 줄 모르고 자행되는 것 이다. 그렇게라도 대응하지 못한다면 기업형 설계 사무소는 국내 발주의 굵직굵직한 대형 프로젝트를 수임할 기회를 갖지 못할 뿐더러, 궁극적으 로는 사무소 문을 걸어 잠궈야 하는 위기에 봉착한다는 것이 그 이유이다. 지금은 디자인의 오리지널리티와 국적성을 따져 묻는 시대이기보다 정당 한 거래를 통해 디자인이 귀속되었느냐를 문제삼는 시대이기에 저들의 동 반 비행(非行)을 통한 잘잘못을 따지고 드는 세태도 무척 무뎌졌다. 자연 디자인의 뉴 트렌드는 속속 국내에 유입되는데 걸름 장치는 전혀 없는 셈 이다. 오히려 걸러야 한다는 자의식이 시대 감각에 무척 뒤떨어지는 세상 이 되고 말았다. 그 결과 수없이 많은 아류가 난무하는 것도 이 시대의 또 다른 특징을 이루고 있다. 누가 아류고, 누가 본류인지를 모를 정도로 디 자인 정보 가공의 속도전 양상을 보이는 경쟁 양태가 날로 심화되고 있다.

외국에서 건축 수학을 마친 젊은 건축가들의 귀국 행렬이 잦아진 1990 년대 중반 이후 국내 건축계는 이들을 매개로 한 건축 디자인의 신정보 수 신과 발신이 비교적 용이해졌는데, 이런 환경의 설정도 변화하는 세태에 한몫 거들었다. 이들의 본격적인 등장은 국내산 건축가의 업역 축소는 물 론, 디자인 운영 능력에서도 상대적 박탈감을 주기에 충분했다. 건축을 주 문하는 자들에게는 선택의 폭이 넓어진 반면, 건축가들은 그만큼 생존을 건 치열한 경쟁 전선에 노출된 것이다. 이러한 분위기의 변화는 비교적 안 정적인 폐쇄 회로 안에 놓여 있던 국내 건축계에 일대 혁신을 가져와 대학

교육 제도의 개편 요구와 더불어 건축사 제도의 운용이 새로운 국면을 맞이하게 되었다. 이제까지의 '국내용' 기준으로는 더 이상 국제 사회에서 통용 불가하다는 최후 통첩을 WTO로부터 받아 놓고 있는 것이 오늘의 현실이다. 늘 그래 왔듯이 끝까지 고집할 수 없는 국내 기준을 가지고 갈 때까지 가 보고 막판에 가서도 안 되면 그때 가서 어떻게든 되겠지 하는 게으른 발상에 더하여 새로움에 대한 막연한 두려움이 국내 건축계의 준비 및 대응 소홀로 드러났다. 한국 건축 스스로 국제 사회의 변화하는 물결에 적극적으로 대응하여 헤쳐 나가지 못하고 어정쩡한 태도를 견지하고 있었던 점이야말로 극단적 사대주의의 발로가 아니고 무엇인가.

도시의 공룡(恐龍)들, 공룡(空龍)들

그러나 더더욱 위험한 현실은 대기업들에 의해 제안되고 있는 도시의 초대형 빌딩들이다. 그거야말로 기업의 자기 자본 증식만을 위해서 도시에 세워 놓은 화로(火爐) 같은 것이다. 국내 건축가들을 단체로 왕따시키면서까지 기업의 이윤 극대화에 초점을 맞춘 외국의 유명 건축가 또는 건축가 집단의 작품을 직수입해 들여 와 건립하는 경우는 비일비재하다. 잘 지은 건축물 자체가 기업의 대단위 선전판이 된다는 의식의 확장은 더 이상 특별한 것이 아니다 싶을 정도로 상식이 되었다. 이처럼 건축 디자인의 중요성이 부각되고, 또 초대형 건축물을 만들어 내기 위한 기술력의 확보와 그에 따른 자본력이 밑받침되어야 한다는 도식 아래 사업을 수행하는 주체의 대다수가 여전히 국내 건축가 집단보다는 외국의 건축가 집단을 선호한다는 점은 심히 우려되는 부분이다. 이는 국내 설계자의 능력을 인정하지 않으려는 태도도 일부 작용하고 있겠지만 국제 사회에서 외국 건축가의 국내 수용으로 국제 사회에서 포획할 수 있는 더 많은 호재가 기업의 경영자들 눈을 밖으로 돌리게 하는 요인이 되고 있다는 점을 간과할 수는 없을 것이다. 단순히 설계 행위의 용역 발주로 그치는 것이 아니라는 점이다. 해당 기업이 국제 사회에 침투하는 패스워드로서 건축물 설계권자의 외국인 중용은 예의 기

✪ 포스코센터

업 경영자들이 관심을 둘 만한 부분이다.

1980년대 이래 현재에 이르기까지 서울 시내에 세워진 초고층 빌딩, 인텔리전트 빌딩 등의 대부분이 순수히 국내 건축가의 손을 거치기보다는 직간접으로 외국인 건축가의 디자인에 기초했다는 점은 더 이상 화제가 될 수 없다. 부끄럽게도 진정한 화젯거리는 국내 건축가의 손을 통한 건축물 가운데서도 괄목할 만한 설계의 질적 우위와 시공 기술력이 밑받침된 사례가 많아졌다는 사실이다. 포스코센터(원정수 · POS-A.C. 작. 본격적인 인텔리전트 빌딩으로 테헤란로에 위치하고 있다. 하나의 저층부에서 두 개의 유리 매스가 솟은 고층의 건물로서, 도시의 가로를 건물의 내부로 끌어들이는 등 공공성이 두드러지는 오피스 건물이다)는 대표적인 경우로서 부단히 밖으로 시선을 주는 우리 기업 경영주들에게 시선을 교정할 수 있는 좋은 사례로 지

❍ 바른손센터

목될 수 있는 것이다. 비록 규모
는 크지 않지만 바른손센터(이종
호 · 양남철 작. 사당대로의 변곡점
에 위치한 이 건물은 중형 오피스로
서 건물 사면의 다양한 표정을 지닌
외관과 전혀 위압적이지 않은 건물
현관은 마치 도시의 골목길이 오피
스 건물로 연장된 듯한 공간의 수법
을 보여 주고 있다)와 같은 도시의
중형 건축물은 거대 도시 서울의
스카이라인을 책임 질 수 있는 패
기만만하고 능력 있는 젊은 건축

가를 우리가 다수 가지고 있다는 사실을 확인해 주는 좋은 사례이다. 그럼
에도 불구하고 이 땅의 졸부들은 여전히 외국 건축가들의 수입선에만 골
몰해 있다. 소위 '사모님' 부대라고 하는 분들의 대화 속에서조차 낯선 외
국의 건축가 이름을 들이대는 것이 기호 상품화할 정도라고 하니 당분간
은 이러한 분위기가 수그러들 기세가 아닌 것 같다.

에덴에 그를 보낸다

진실로 답답한 것은 우리가 살고 있는 집과 거리와 도시에 대한 시민들
의 자의식이 빈곤하다는 점이다. 한 뼘의 땅이라도 잃지 않으려고 바둥바
둥 경계선을 긋고 찾는 데는 일가를 이루는 사람들이 어떤 연유에선지 집

을 짓고 들어가 살면서부터는 먹통들이 되어 버린다. 아니 철저하게 자기 집 경계선 안에 자기를 가둬 버린다. 적어도 집의 내부 공간 살이가 드러나지 않는 한 집 바깥에 관하여는 관심조차 두기를 꺼려한다. 집의 내장은 바꿀 줄 알아도 집 외부의 관리는 무척 소홀하다. 자기 집 외관이 어떻게 주변에 보여지는지 관심이 없다. 남을 위해서 돈 쓰는 것이 그냥 싫은 거다. 더욱이 집 주변의 도로, 담장, 나무 등등과의 관계는 말할 나위 없다. 그것은 내 것이 아니다, 그렇게 단정하고 살아가는 듯하다. 공연히 관심 둬서 좋을 일이 없다. 그도 그럴 것이 길거리에 침 뱉고, 쓰레기를 버리고, 방뇨하고, 공공 기물을 파괴하면 법적 조치를 당한다고 하니 내 것이 아닌 것은 죄다 성가신 것이야, 하는 투다. 내 것은 모두 집 안에 있다. 그래서인가 집은 늘 꼭꼭 잠겨 있는 것이 우리의 가장 보편적인 일상의 단면이다. 시민의 자의식이 출발하는 가장 근본적인 경계는 자기가 사는 집의 내부를 감싸고 있는 집의 외부에 관심을 갖는 것부터 시작되어야 한다. 그 다음은 가로로, 나아가 도시 전체로 확산되는 것이다. 이 단순한 논리가 오늘날에조차 저 많은 시민들의 의식 밖에 머물고 있는 듯하다. 내 것이 아닌 가로와 도시가 무의식을 지배하는 동안 우리 안에 침투해 있는 지배 권력을 내쫓기란 여간 어려운 일이 아니다.

이 나라에서 건축이 그림자를 드리워야 할 곳은 너무나도 많다. 굳이 에덴을 동경하지 않아도 건축은 찬란한 빛을 대지에 뿌리는 소박한 인간의 마음으로부터 가능하다. 거기에 우리가 깃들고자 하는 건축의 그림자가 있다. 에덴에 그를 보낸다.

대전광역시 대덕구 오정동에 소재하고 있는 선교사촌을 지켜 낸 이 지역 민간인들(오정골을 지키는 시민의 모임)처럼 선교촌 내의 근대 건축물과

● 오정동 선교사촌 내 근대 건축물

자연 생태계를 지키는 내셔널 트러스트 운동과 같은 움직임은 하나의 방향타가 될 수 있을 것이다.

5. 잃어버린 기억을 찾아서

광기의 시대를 생각함 문부식

잃어버린 기억을 찾아서

광기의 시대를 생각함

문부식

물론 나는 알고 있다. 많은 친구들이 죽었는데

나만 살아 남은 것은 단지 운이 좋았기 때문인 것을. 지난 밤 꿈 속에서

이 친구들이 나에 대하여 이야기하는 소리를 들었다.

"강한 자는 살아 남는다."

그러자 나는 내 자신이 미워졌다.

—베르톨트 브레히트의 시 「살아 남은 자의 슬픔」 전문

시간의 상처 — 그 조각 모으기

1. 동작동 국립묘지 동30·동31 묘역에는 20여 구의 공수부대원들의 시신이 묻혀 있다. 그들은 1980년 5월 광주에서 죽은 병사들이다. 한때 국난을 이겨 낸 영웅들로 명명되었던 그들은 광주가 진압된 직후 자신들의 희생을 기리는 군악대의 장엄한 조곡이 연주되는 가운데 그곳에 묻혔을 것이다. 그때 그들의 신상 카드에는 "80년 5월 전라남도 광주에서 폭도들에 의하여 사망"이라고 기록되어 있었다.

1980년대 초까지만 해도 그곳엔 그들의 가족은 물론이고 그때 그들과 함께 광주에 있었던 공수부대 예비역 병사들의 발길이 끊이지 않았다. 그러나 언제부턴가 그곳을 찾는 사람들의 숫자가 줄어갔다. 어느 해부터인가 거기엔 그들의 동지들이 달아 놓았던 검은 리본만이 손가락을 대면 부스러질 정도로 퇴색된 채 겨우 비석에 매달려 있을 뿐이었다.

이것은 몇 해 전 내가 어느 잡지에서 읽은 기사의 내용을 떠올려 본 것이다. 그 기사의 제목은 「아무도 광주를 말하지 않는다」였다. 광주에 대해 이야기하는 사람들이 많아질수록 오히려 귀와 입을 막고 그것을 자신의 기억 속에서 지우려 안간힘을 쓴 사람들이 있었다. 전두환·노태우 이야기가 아니라, 1980년 5월 광주에 투입되었던 공수부대 특전사 병사들 이야기다. 그들이 지금 어떻게 살아가고 있는지를 추적해 가는 그 기획의 다른 기사에는, 제대 후 대인 기피 증세에 시달리다 어느 해인가 정신 착란 상태에서 형수를 죽이고 중학생 조카에게 흉기를 휘둘러 다치게 한 특전사 출신 어느 병사의 이야기가 실려 있었다. 1989년 광주청문회가 열릴 때 그는 꼼짝도 않고 텔레비전을 지켜보며 며칠씩이나 방구석에 처박혀 먹지도 않고 자지도 않았다고 했다. 그는 기사가 씌어진 1994년 5월 충청남도 공주에 있는 법무부 치료감호소에 있었다.

그 후 나는 그 기사를 잊고 있었다. 우리가 무심코 격동의 시대라 부르는 1980년대를 나와는 다른 위치에서 살아낸 사람들에 대한 나의 관심은 또 한 번 역사의 가파른 흐름 속에 묻히게 되었다. 1995년 11월 24일 '5·18 특별법' 제정 방침이 발표되면서, 광주는 어떤 연유에서건 그로 인해 깊은 상흔을 지니게 된 소외된 사람들에 대한 이야기가 아니라 커다란 역사와 사건의 목록으로 한순간에 자리 잡았다.

내가 광주를 잊어버리고 싶었던 것은 오히려 바로 그 무렵부터였다. 전두환·노태우가 구속되는 광경에 박수를 치는 사람들은 그것을 진두 지휘했던 당시 서울지검장 최환이란 자가 실은 1980년 5월 광주 직후 전두환에 의해 만들어진 국가보위비상대책위원회 내무분과위원이었던 사실에는 별로 관심을 가지지 않는 듯했다. '5·18 특별법' 제정을 천명한 대통령 김영삼이 그 법의 제정 기초위원장을 맡긴 자는 그때 5공 헌법의 선진성을 역설했던 '민정계' 의원 현경대였다. 물론 나와 관련이 있는 자도 있었다. 당시 서울지검 공안부장으로 5공 수사에 일조했던 최병국. 1982년 당시 부산지검 공안 검사였던 그는 내가 '부산미문화원방화사건'으로 구속되어 조사를 받을 때, "전두환 정권은 군사 파쇼다"라고 말하는 내게, '너는 왜 파쇼를 싫어하니? 나는 파쇼가 좋은데" 하고 능청을 부리던 자다. 어떻게 이런 일들이 가능하게 된 것일까? 이 자들은 도대체 어떤 방법으로 자신들의 영혼에 일어나는 혼란을 처리할 수 있었을까? 옛날 상전을 물어뜯는 이들 영리한 '사냥개'들의 영혼과 국립치료감호소에 수용되어 시간의 흐름을 놓친 채 망가져 버린 특전사 병사의 가련한 병든 영혼. 이 둘 사이에는 얼마만한 거리가 놓여 있는 것일까?

"한국의 모든 언론 매체는 독일 '괴벨스' 역할을 해야 한다"고 기염을 토하던 허문도를 기억할 것이다. 히틀러 시대를 살았던 독일 시인 브레히트는 그의 사진 시집 『전쟁교본』에서 나치의 세 거두인 히틀러·괴링·괴벨스가 함께 찍은 사진 옆에다 '너희들의 종말은 바그너적일 것이다'라고 썼다. 바그너 음악을 좋아했던 히틀러. 소련군이 베를린으로 진격해 오던 날 그는 자신의 관저 안뜰에서 관자놀이에 총알이 박힌 채 애인 에바 브라운과 함께 반쯤 타다만 시체로 발견되었다. 그의 종말은 바그너 음악처럼 장엄하기는커녕 운치 없는 삼류 비극 소설의 마지막 장면 같은 것이었다. 그러나 한국에서 파시스트들의 몰락은 수준 낮은 비극 소설 같은 것도 아니었다. 그것은 한 편의 잘 꾸며진 희극 공연이었다. 십여 년 전 전두환의 5공화국 신헌법의 제정에 압도적인 지지를 보냈던 관객들은 그가 경상남도 합천 고향집에서 끌려나와 감옥으로 향하자 연도에 몰려나와 박수를 친다. 그래도 그의 고향 사람들은 아침밥도 먹지 못하고 끌려가는 그를 동정하며 이 한국적 코미디에 비장감을 보태고 극적 효과를 높인다. 법정에서 검사는 그에게 사형을 구형한다. 이 대목은 분명 클라이맥스임에 틀림없다. 그런데 아무도 웃거나 울거나 하지 않는다. 이 역시 한국 정치 코미디의 특징 중 하나인데, 이유는 그에게 사형 구형을 내리는 자나, 그 자신이나, 관객 중 어느 누구도 그가 실수로라도 사형당하리라 생각하는 사람은 없었기 때문이다.

그로부터 2년 후. 한국 불교의 최대 종단이 주관한 전라남도 목포 법회에 전두환이 부하들과 함께 참석한다. 현 집권 여당인 국민회의 원내총무(지금은 사무총장) 한화갑이 그에게 말을 건넸다. "여기서 국민회의 입당 원서 돌릴까요?" 그 소리에 좌중 모두가 파안대소했다. 그 무렵 칠레의 민중 학살자 피노체트는 반인륜적 범죄자로 영국에서 체포되었어도 우리의 전두환은 여유 있게 웃고 있었다. 고작해야 그의 얼굴을 향해 달걀 몇 개가 날아왔을 뿐이었다.

1999년 5월 17일. 나는 광주 어느 5월 단체로부터 광주민주화운동을 계승하는 일에 공헌한 사람으로 선정되고 초청을 받아서 새마을 특급 열차를 타고 광주에 갔었다. 숙소인 1급 호텔에 가서야 나는 이 행사에 들어가는 비용이 그곳 광주 시장에게서 나온 것임을 알았다. 저녁엔 YMCA 건물 옥상에 올라가 도청 앞에서 거행된 광주민중항쟁 전야제 행사를 구경했다. 그것은 한 마디로 멋진 공연이었고 축제였다. 비애나 슬픔 같은 것은 그림자도 비치지 않았다. 무엇이 허전해서였을까? 나는 전야제가 끝나고 뭔가 심상치 않은 일이 벌어지길 기다리고 있었다. 그러나 충장로 한 모퉁이에서 들릴 듯 말 듯 구호 몇 마디 들려 오는가 싶더니 그것으로 끝이었다. 거기서 내가 들은 말로는, 김대중 대통령의 집권 기간중에는 광주에서 5월 이야기는 들을 수 없을 것이라고 했다. 만델라가 대통령이 된 나라 남아프리카공화국에선 인종 차별 시비가 사라졌던가? 인종 차별의 시시비비를 가리는 일은 그가 대통령이 된 때부터 본격적으로 시작될 수 있었던 것은 아닐까? 다음 날 5월 18일은 이른 새벽부터 비가 내렸다. 망월동 신묘역에서 열린 기념식에는 대통령을 대신하여 국무총리 김종필이 기념사를 낭독하고 있었다.

광주에서만 5월 광주가 사라진 것은 아니었다. 과거 같으면 말끝마다 광주를 들먹였을 1980년대 운동권 출신들도 언제부턴가 자신들을 '광주 세대'라 부르지 않고 '386'이라는 숫자로 부르기 시작했다. 나이와 학번과 출생 연도를 조합해서 자기 세대를 설명하려는 한심한 집단이 세계 어느 곳에 또 있을까 싶지만, 운동권을 떠나 정치권에 입학하려는 그들이 과거를 연상시키는 광주를 굳이 들먹이지 않는 심정은 이해 못할 바도 아니었다. 광주는 더 이상 우리를 묶어 주는 공동의 기억이 아니다. 기억의 끈을 스스로 놓아 버린 우리에게 그것은 서로를 불편하게 만드는 거추장스러운 기억일 뿐이다.

"강한 자는 살아 남는다"고 하지 않았던가? 여기서 강한 자란 자기 연민과 생존의 욕구가 강한 사람을 말한다. 약한 자는 공동의 비극 어느 지점에서 그것을 스스로 포기하거나 지키지 못한 사람이다. 1980년 5월 광주에서 마지막까지 총을 들고 도청을 지키다 죽음을 당한 사람들은 그런 의미에서 강한 자들이 아니라 약한 자들이었다. 그리고 이들을 죽인 기억 때문에 정신 이상이 되어 법무부 치료감호소에 갇혀 있는 그 공수부대 병사도 어쩌면 강한 자가 아니라 약한 자인지 모른다. '기억의 정치'? 그런 건 기억이라는 인간의 숭고한 정신적 능력을 스스로 내던진 대한민국엔 없다. 「칠레전투」라는 유명한 3부작 다큐멘터리 영화를 만든 파트리시오 구즈만 감독. 1973년 9월 피노체트 군사 쿠데타 이후 23년간의 망명 생활을 마치고 귀국해서 그가 그 영화의 후속편으로 만들었다는 또 한 편의 다큐멘터리 영화 「칠레: 지울 수 없는 기억」. 그 영화에는, 피노체트 쿠데타 당일 학교에 가지 않아도 된다고 기뻐하던 어린아이들이 20여 년이 지나 대학생이 되어 자기 나라에서 처음으로 상영된 「칠레전투」를 보고 나서 끝내 참지 못하고 눈물을 쏟는 장면이 나온다. 그 가운데 한 여학생은 울먹이며 "나는 이제 내 나라가 자랑스럽다"고 말했다. 건국 50년, 광주로부터 20년. 우리에게는 어떤 기억이 남아 있어 우리가 사는 이 나라도 아름답고 자랑스러울 수 있을까? 그 영화에는 '칠레 전투'의 목격자이자 칠레 민주주의 혁명의 정신을 잊지 않고 있는 여러 증언자가 나온다. 그 중 한 사람은 이렇게 말했다. "기억이라는 것에는 함정이 있어서 그것은 처음 자신을 비추는 거울이다가도 어느 사이 사람들은 그것을 가지고 놀게 된다." 기억이 곧잘 무용담이 되어 헐값으로 팔리는 나라 대한민국. 이곳에선 너나 할 것 없이 지난 날의 비극에서 눈을 돌린 채 영혼의 상처를 가지고 너무 거친 놀이를 하고 있다.

오, 난파당한 조국이여

아직도 우리는 애국가를 부르고 있음.

바다에 빼앗기지 않은 시신을 싣고

바람의 궐기를 기다리고 있음.

어떤 배도 근처를 지나지 않음……

—임동확의 시 「긴급송신 S.O.S.」 중에서

시간의 상처 — 그 조각 맞추기

2-1. "만일 광주가 없었다면 나는 이 자리에 서 있지 않았을 것이다." 1982년 '부산미문화원방화사건'으로 사형 구형을 받고 법정 최후 진술에서 나는 그렇게 말했다. 광주의 비극을 마치 혼자 짊어진 사람처럼 행세하고 싶어서 그랬던 것은 아니다. 그때까지 나는 태어나서 한 번도 광주에 가본 적이 없었고, 1980년 5월 그곳에서 벌어진 구체적인 비극의 참상을 목격한 것도 아니었다.

다른 사람들의 비극에 관심을 갖고 거기에 뛰어들어 자신의 의무를 다하려는 생각이나 행동이 인간의 어떠한 정신적 능력에서 비롯되는 것인지 나는 아직 정확히 알지 못한다. 동포애나 역사 의식 같은 것으로 그것을 설명할 수도 있을 것이다. 그때 우리가 분명한 사실로 받아들이고 믿어 의심치 않았던 것은, 광주의 비극은 광주 시민들만이 아니라 우리 모두의 비극이며, 그것에 대한 책임은 그날 학살을 명령한 전두환을 위시한 신군부와 그들의 잔악 행위를 묵인하고 이를 은밀히 지원한 미국 정부에 있다는 것이었다.

그 후 이 사실은 대체로 1980년 5월 광주에 대한 우리 사회의 통념이 되었다고 해도 과언이 아니다. 그렇게 되기 위해서는 물론 기억해 내기도 힘들 만큼 많은 사람들의 희생과 사실 규명을 위한 끈질긴 노력들이 뒤따랐다. 설사 지금 대부분의 사람들이 1980년 5월에서 시작된 역사의 흐름을 명료하게 기억하지 않는다 하더라도, 광주의 항거와 비극에 대한 역사의 기록 그 자체가 사라지는 일은 없을 것이다.

사회적 계몽의 차원에서는 1995년과 1996년의 역사 청산 작업이 전혀 무의미한 것이었다고는 할 수 없다. 사람들은 그 과정을 지켜봄으로써 "성공한 쿠데타는 처벌할 수 없다"는 말을 그대로 받아들여야 했던 정신적 무력감에서 해방될 수 있었다. 그것조차 없었더라면 우리는 우리 후대를 살아갈 아이들에게 사람을 죽이고도 권세를 누린 사람들은 반드시 죄값을 치른다고 말해 줄 최소한의 근거마저 얻지 못했을지 모른다.

만일 1980년 5월 광주가 전두환과 신군부만의 범죄이고, 그래서 그들로 인해 죽거나 다친 광주 시민들의 희생에 관한 문제만이었다면, 그것에 대한 기억은 1996년 어느 시점에서 끝나도 좋은 것이었다. 예를 들면 이런 것이다. 어느 한 집에 강도가 들었다. 그 강도는 흉기로 집주인을 죽이고 그 집에 있던 소중한 것들을 훔치거나 망가뜨렸다. 그러다 그 강도는 나중에 경찰에게 잡히고 재판을 받고 감옥에 갇혔다. 남은 가족들은 강도가 죽거나 평생 감옥에 살기를 바랐지만 자신들이 좋아하는 어느 친척이 나타나 이제 그만하면 그를 용서하고 화해하라고 했다. 그 친척의 말을 무시할 수도 없는 터라 가족들은 강도를 용서하기로 했다. 그래서 그 사건은 끝난 것으로 처리되게 되었다.

1980년 5월 광주에서 일어난 사태에 대해서도 위와 같은 가설은 성립할 수 있는 것일까? 계엄 해제와 민주화를 요구하던 광주 시민들 앞에 계엄군이 나타났다. 전두환은 그들에게 발포를 명령했다. 광주 시민들을 폭도라고 생각한 병사들은 아무런 의심도 없이 총을 쏘고 칼을 휘둘렀다. 광주 시민들은 궁지에 몰리고 공포에 질려 총을 들었다. 이제 그들이 의지할 수 있는 것은 두 가지 가느란 희망뿐이었다. 무자비한 야만의 총구 앞에서 인간으로서의 최소한의 의무는 저항해야 한다는 것. 그리고 조금만 더 버티면 같은 피를 나눈 동포들이 자신들을 돕기 위해 달려올 것이라는 것. 그러나 그날 그곳에 그들을 돕기 위해 달려온 사람은 아무도 없었다. 5월 27일 새벽 진압군의 마지막 살육이 자행되던 그날 그 시간 광주의 형제들은 서로를 도울 수조차 없었다.

내가 아는 1980년 5월 광주의 진실은 더도 덜도 아닌 바로 이것이다. 그날의 광주에 있지도 않았고 털끝 하나 다치지 않았던 내가 광주는 아직 끝났다고 생각할 수 없는 이유도 바로 어렵지 않게 확인할 수 있는 이 간단한 진실 때문이다. 아무도 그해 5월에 광주로 달려가지 않았다는 것. 광주 외의 어느 지역 어느 도시도 광주 시민들의 절규에 호응하지 않았다는 것. 그날 광주에 전두환은 없었다는 것. 대신 그의 명령으로 광주 시민을 살해한 어떤 병사가 지금 정신 이상으로 국립치료감호소에 갇혀 있다는 것. 그밖의 어느 병사도 누구 한 사람 광주에 찾아가 사죄한 적이 없다는 것. 전두환·노태우 없는 5공화국과 6공화국은 그대로 있다는 것. 무엇보다 이제 우리 모두가 광주를 기억하기 싫은 과거의 역사로 취급하려 한다는 것. 그래서 광주는 정당하게 청산되지도, 그 상처가 치유되지도 않았다는 것!

한 시대의 야만과 그것이 남긴 상처는 망각이나 기피함으로 극복되지 않는다. 전두환이 다시 집권하여 총칼로 광주를 짓밟고 그곳에 있는 망월동 묘역을 파헤쳐 광주를 재차 폭도의 도시로 만들 수 있는 가능성은 물론 거의 없다. 야만에 대한 우리의 이해가 광기에 의한 육체의 말살이라는 한정된 것에 그친다면, 그러한 야만의 역사는 어느 시점에서 끝났다고 단정해도 무방하다. 그러나 야만의 지배를 광기에 의한 정신의 지배, 즉 인간의 영혼을 노예로 만들고 그 육체마저 거짓된 구호와 허위의 가치에 종속시켜 소진되게 하는 총체적 악의 지배라 이해할 때, 지금 우리가 지닌 희망은 너무 부실하고 위태로운 것이 된다. 조금도 미안한 기색을 보이지 않는 전두환·노태우와 5·6공 부역자들. 그들에게 열심히 추파를 던지는 과거의 야당이자 현재의 집권자들. 언제부턴가 그들의 옆과 뒤에 서 있기 시작한 과거의 재야 투사들. 매일매일 드러나는 그들 사이의 공모와 부패. 그러나 선거 때만 되면 그들에게 표를 던지는 유권자들. 내가 아는 한 이러한 지극히 한국적인 현실의 모순된 상황에 대해 우리의 정치학은 아직 시원스러운 설명을 해내지 못하고 있다. 광기가 이성을 조롱하는 시대? 1980년대가 특수한 광기의 시대였다면, 지금 우리가 목격하고 있는 이 시대는 보편적 야만의 시대란 말인가?

1980년대에 우리 중 적지 않은 사람들이 광주를 이야기하다 감옥에 가거나 죽기도 했다면, 그 이유는 어떤 커다란 역사적 소명 때문이 아니라, 우리 모두가 1980년 5월 광주로 달려가지 않았고 또 침묵했다는 사실 때문이었다. 그로부터 20년 후 이 1990년대의 마지막 시간 속에서 우리가 또다시 광주를 이야기해야 한다면, 그것은 그때 우리 모두가 아무것도 하지 않았다는 사실을 집단적으로 망각하거나 은폐하려 하기 때문이다. "망각은 또 다른 학살의 시작"이라고 어느 시인이 말했다. 망각에 관한 한 지금 우리 모두는 공범자가 아닌가? 전두환을 용서하기 이전에 우리는 우리 자신을 너무 쉽게, 너무 빨리 용서해 버린 것은 아닌가?

2-2. "독일의 광기를 만든 사람은 히틀러임과 동시에 독일의 광기가 히틀러를 만들었다고 할 수 있다." 이것은 미국의 정신분석가 월터 C. 랑거라는 사람이 제2차 세계대전 종결 직전인 1944년 초에 작성한 미국 OSS 극비 보고서 『히틀러의 정신분석』에 나오는 말이다. 그 말이 사실이라면 다음과 같은 질문도 성립이 가능할 것이다. "1980년 5월의 광기는 무엇보다 전두환에게서 나온 것이지만, 동시에 그것은 우리들 모두가 지닌 광기가 아니었던가?" 마치 이에 대한 힌트와도 같은 히틀러의 '명언'. "위대한 웅변가는 청중들 대다수가 은밀히 생각하고는 있지만 말할 수 없는 것에 대해서 말하는 사람이다." 그렇다면 전두환은 그때 우리들 대다수가 '은밀히' 기대하고 원하던 것을 단지 대신해서 수행하였을 뿐인가?

권력은 지지하는 군중이 존재함으로써 성립하고 보존된다. 권력 없는 군중은 현실에서 있어 본 적이 없지만, 군중 없는 권력은 가설로도 불가능하다. 그런데 지극히 자명한 이 사실은 왜 1980년 5월 광주에 대한 우리의 이해에는 적용되지 않는가? "우리 모두가 전두환이고 노태우다"라는 말은 모든 사람이 한 사람도 빠짐없이 거짓된 권력의 부역자였다는 의미에서 나온 말은 아니다. 어떤 사람들은 말할 것이다. 그때 우리는 전두환을 지지하지 않았다. 우리는 다만 두려웠을 뿐이다. 그것은 틀린 말은 아니다. 또 어떤 사람들은 이렇게 말할지 모른다. 1980년 당시 민주화 역량이 전체 국민을 설득하여 야만을 막아 내기에는 역부족이었다. 이 또한 틀린 설명은 아니다. 1980년 '서울의 봄'으로 기억되는 그 숱한 민주화를 위한 노력은 우리가 역사의 반역에 대해 단지 침묵하거나 방관하지 않았다는 증거가 될 수 있다. 그러나 한 사회의 변화를 대립하는 집단 사이의 현실적 역관계로 이해하는 이러한 설명은 언제나 그렇듯이 역사의 일면만을 밝혀 줄 뿐이다.

개인 대 개인의 싸움에서도 한 사람이 완벽하게 패하는 경우는 힘이 모자란다는 사실과 내면적 굴복이 동시에 작용할 때다. 상대방의 압도적 힘에 쓰러질 때에도 내면적으로 굴복하지 않을 경우 패자는 사뭇 다른 태도를 나타내 보일 수 있다. 역사적 불의에 맞닥뜨린 개인과 집단의 경우에도 마찬가지다. 여기에는 현실적 역량도 중요하지만, 더불어 도덕적 태도와 내면적 자세 역시 그 못지않게 중요한 평가의 기준이 될 수 있다. 1980년 5월의 야만에 우리는 어떻게 대응하였는가? 1980년 5월 15일 '서울역 회군(回軍)'에 대한 평가는 전술적 차원의 문제일 수 있다. 그러나 1980년 '서울의 봄'의 민주화 열기는 왜 1980년 5월의 야만 앞에서 아무런 행동을 보이지 못했는가? 현실적 역관계에 대한 설명만으로 우리는 그때 광주를 제외한 다른 지역에서의 철저한 침묵을 다 이해할 수 있을까? 신군부의 물리력과 잔인함에 대한 공포와 두려움만으로 우리의 방관을 충분히 변명할 수 있을까? 차라리 우리의 양심과 도덕은 야만을 용인했다고 말하는 편이 옳지 않을까?

아직 우리는 단 한 번도 이 사실에 대해서 집단적 참회의 경험을 가져 보지 못했다. 지난 20년 동안 망월동으로 향했던 순례의 행진과 그 동안 계속되어 온 5월의 기념 행사들 속에서 죽어간 영령들에 대한 살아 남은 자들의 부끄러움은 수도 없이 고백되었을 것이다. 그러나 여기서 말하는 집단적 참회란 그러한 고백 행위만이 아니라 성찰의 작업을 포함하는 것이어야 한다. 그것은 다름 아닌 1980년 5월 우리 모두를 짓눌렀던 광기의 실체를 정직하게, 전면적으로 대면하는 데서 시작될 것이다. 그날 광주를 짓밟고 우리의 양심을 마비시켰던 광기의 진정한 실체는 무엇인가? 1980년 민주화에 대한 열망은 왜 어이없이 그 광기에 굴복하였는가? 그 광기는 전두환만의 것이었는가? 아니면 그것은 우리 모두의 내면에 깊이 자리 잡고 있던 반(反)이성의 다른 이름인가?

내가 믿기로 1980년 5월에 보여진 광기의 실체는 국가 폭력이다. 그것은 특정 정치 군인의 범죄 행위가 아니라 국가의 범죄 행위이다. 당시 신군부는 공식적으로 집권한 것은 아니었지만 국가 권력의 대부분을 장악하고 있다는 의미에서 '국가'였다. 국가를 자임한 이 권력이 국가 보위라는 명목으로 인간을 학살한 것이다.

국가는 추상적이고 권력은 구체적이다. 권력은 추상적 주체인 국가를 통해 자신을 정당화시킨다. 이것이 바로 국가주의다. 국가주의란 국가의 정당성을 움직일 수 없는 진리로 받아들일 것을 강요하는 이념이다. 1980년 5월 전두환의 폭력을 묵인하였다는 것은 우리가 그의 권력을 국가로 받아들였다는 사실을 의미한다.

전두환의 광주 학살은 전세계의 양식 있는 이들을 세 번 놀라게 했다고 한다. 첫째는, 우선 그 폭력이 가진 절대적 야만성 때문이었다. 1980년 5월 이후 자기 나라에 방영된 특집 방송을 통해 광주를 접한 독일인들은 이렇게 말했다고 전해진다. "히틀러가 잔인하였지만 제 동족을 한꺼번에 무자비하게 죽이지는 않았다." 그러나 제 동족을 상대로 한 학살 행위는 '킬링필드'를 포함하여 제3세계 독재 국가에서 드물지 않게 자행된 것이라는 점에서 광주 학살은 우선 야만의 전형 정도로 이해할 수 있는 것이다. 그러나 두 번째 반응은 자못 다르다. 그것은 광주 학살 이후의 전두환에 대한 한국 국민의 지지였다. 전두환은 광주 학살 이후 어떻게 그토록 짧은 시간 안에 국민의 지지를 획득할 수 있었을까? 세 번째 반응은 간단한 것이다. 그것은 광주에서 보여 준 한국 군부의 그 무자비한 속도의 학살 행위와 사후 처리에 대한 놀라움이다.

여기서 주목해 보아야 할 것은 두 번째와 세 번째 반응이다. 광주 학살은 제3세계 독재 권력의 야만 행위와 분명 다른 특징을 지니고 있다. 그것은 무엇보다 국가 권력이 다른 어느 나라와도 비교할 수 없을 만큼 이데올로기적인 우월성과 정당성을 독점하고 있다는 데 있다. 다른 나라의 경우 학살과 테러 행위는 특정 계급이나 특정 인종, 또는 명백히 적대적인 지역을 대상으로 하는 경우가 일반적이다. 그리고 폭력을 사용하는 데 있어서도 허약한 명분보다는 원시적인 폭력의 위력이 두드러지게 마련이다. 그러나 광주의 경우는 달랐다. 광주는 불의에 대한 저항의 전통이 강한 도시이기는 하지만, 그렇다고 1980년의 상황에서 유독 광주가 학살의 대상이 되기에는 권력이 내세우는 명분이 너무 약한 것이었다. 남파 간첩의 내란 선동, 무기를 탈취한 폭도에 의한 군인 살해, 이런 것들이 명분이 되기는 했으나, 이들 역시 그토록 무자비한 학살을 자행하는 데는 충분한 명분이 아니다. 그러나 문제는 '왜 광주인가', '도대체 어떤 명분으로' 라는 점보다는, 어째서 그런 취약한 명분에도 불구하고 그것이 광주 외의 다른 지역에 강력하게 먹혀 들어가고 학살 이후에도 신군부 집단이 지지를 끌어낼 수 있었는가라는 점이다.

바로 이것을 이해하는 열쇠가 국가주의이다. 남과 북을 막론하고 한반도에서 국가란 엄청난 신화다. 우선 제국주의의 지배에 의해 '나라'를 빼앗긴 경험은 제3세계 일반에서와 마찬가지로 (국민)국가에 선험적인 정당성을 부여하는 요인으로 작용했다. 독재자 이승만이 아직도 많은 사람에게 '국부'인 것은 우리의 의식에 권력자(집단)와 국가를 분별하는 능력이 충분히 형성되지 않았음을 의미한다. 더구나 1950년에 발발하여 3년간 지속된 한국전쟁은 서로가 서로에게 가한 물리력과 적개심만큼이나 휴전 이후 남북 간에 세계에서도 유례없는 적대적인 두 개의 국가를 만들어 내고, 남과 북은 군사적 최대주의와 경제력의 우위를 통해 상대방을 제압하는 것을 국가의 지상 목표로 설정한다.

남북한에서 반국가 행위나 반사회주의 행위는 그것을 죄악시하는 강도가 다른 제3세계 나라의 그것과 다르다. 다른 나라에서는 그것이 주로 권력 집단의 자의적인 판단에 의존한다면, 한반도 남북에서의 그것은 거의 전국민적 지지에 근거해 있다. 그것에 근거해 국가는 반국가적 행위를 한 인간에게서 인간성 자체를 박탈할 권리를 지니며, 국민들은 그가 감옥에서 온갖 비인간적 처우를 받으며 40년 이상을 갇혀 있거나 혹은 폭력에 의해 죽음에 이른다 해도 특별히 관심을 갖지 않는다. 우리의 내면은 이렇듯 오래전부터 국가주의의 강력한 지배를 받고 있었던 것이다. 바로 이것이 광주 학살이 그토록 무자비한 야만에도 불구하고 우리를 침묵시키고 야만의 권력이 국민적 지지를 그렇게 광범위하게 받을 수 있었던 근본적인 원인이다.

그러면 이제 한 가지 문제가 남았다. 전두환 신군부의 그 무자비한 속도의 학살 행위와 사후 처리! 이 문제는 바로 한국에서 30년이 넘는 세월 동안 어째서 군부 독재(군사적 권위주의 체제라고도 부르는)가 가능했으며, 우리 국민의 대부분이 그것에 지지를 보내 왔는가 하는 것과도 관련이 있다. 12·12 군부 내 쿠데타에서 1980년 8월 27일 대통령에 취임하기까지 전두환은 어떻게 그 짧은 시간 안에 권력의 정상에 오를 수 있었을까? 나는 한국의 국가주의는 반공주의와 근대화주의와 속도주의의 결합체라고 생각한다. 전두환에 앞서 박정희가 18년간이나 절대 권력을 유지할 수 있었던 것은 그가 군부와 중앙정보부 등 통치 수단을 통해 국가 권력의 상층부에서부터 일반 대중에 이르기까지를 장악하고 매수하는 데 성공한 것에 따르지만, 무엇보다 그의 권력은 그가 내세운 근대화 시나리오에 대한 국민적 지지가 있었기에 가능한 것이었다. 미국과 일본을 모델로 그들이 1백년이 넘는 시간에 걸쳐 이룩한 근대화를 자신의 자연적 수명의 마감 이전까지 단기간에 이루겠다는 맹목적인 확신. 그가 죽은 이후에도 우리 안에 엄연히 존재하는 그의 신화란 다름 아닌 속도의 신화이다. 한국 민중의 삶을 벼랑 끝으로 몰아가면서 인간 생명에 내재된 활동력을 그것이 소진될 때까지 압착하여 계속해서 밀어붙이는 방식의 맹목적인 속도의 근대화. 우리 국민은 그것에 열광했다. 그리고 마침내 이 광적인 속도 숭배는 우리에게서 인간다움을 위한 자기 반성의 가능성을 박탈했다. 교육을 통해서는 자기 성찰의 능력이 없는 수신(受信)형의 인간만이 양산될 뿐이었다. 무자비한 속도의 광주 학살과 사후 처리. 신속한 권력의 장악. 전두환과 신군부야말로 속도 숭배의 사회에서 국가 권력을 담당하기에 가장 적합한 집단이었다. 그런 의미에서 우리가 전두환의 야만을 용인했다는 말은 정확한 표현이 아닌지 모른다. 우리에게 조국 근대화를 약속했던 박정희가 죽고 난 빈자리. 우리 대다수는 그가 우리에게 약속했던 낙원을 대신 실현시켜 줄 과단성 있는 권력을 고대하고 있었는지도 모른다. "김대중은 위험하고, 김영삼은 무능하고, 김종필은 부패에 관련되어 있다"는 미국 외교관들과 한국 군부의 평가는 어쩌면 당시 국민 대다수의 생각과 동일한 것은 아니었는지?

국가주의의 주술은 생각보다 무섭고 놀라운 것이다. 그것은 우선 인간의 이성을 마비시켜 반(反)이성으로 이끌며, 인간이 지닌 영혼의 가장 중요한 능력인 연민을 앗아 간다. 만일 우리가 그것으로부터 우리의 의식을 분리시켜 내지 않는 한, 우리는 잠수정을 타고 온 북한 젊은이들을 우리의 군인들이 무자비하게 죽이는 광경 앞에서도 영혼의 고통을 느끼지 않아도 된다. 왜냐하면 국가가 인간성을 인정하지 않은 그들은 인간이 아닌 무장공비였을 뿐이니까. 우리는 따이한에 의해 학살된 베트남 양민에 대해서도 미안해야 할 의무가 없다. 따이한은 국가의 명령에 따라 자유 수호를 위해서 임산부의 배에 대검을 찌르고 어린아이의 머리에 총알을 박은 것뿐이니까. 모든 것은 국가가 한 것이고, 우리는 그저 국가를 대신해서 행동했을 뿐이다.

광주에서도 마찬가지였다. 광주로부터 10년이 지난 뒤 자신들을 취재하러 온 기자에게 당시 계엄군이던 공수부대 병사들이 한결같이 했던 말이 있다. "우리는 군인들이다. 명령에 따를 수밖에 없는 처지였던 것이다. 옳고 그름을 따지는 것은 다른 사람들의 몫이다." 그 중 어떤 사람은 이렇게 말하기도 했다. "다시 그곳에 가게 된다면? 내가 군인인 한 명령에 따라 똑같이 행동하지 않겠는가?"

'도구적 인간'? 한나 아렌트가 우리에게 가르쳐 준 것 가운데 여기서 우리가 되새겨 보아야 할 것은 '악의 평범성'이라는 개념이다. 이스라엘의 예루살렘에서 열린 나치 전범 아돌프 아이히만의 재판 과정을 지켜본 그는 아이히만이 유태인 말살이라는 반인륜적 범죄를 저지른 것은 결코 그의 악마적 성격 때문이 아니라, 아무런 생각 없이 직무를 수행하는 '사유하지 않음' 때문이었다고 했다. 이 점에 있어선 이근안도 마찬가지다. 1980년 5월 광주에서 그저 명령에 따랐을 뿐인 공수부대원들과 동일하게, 그 역시 국가가 시키는 대로 사람의 관절을 뽑고 물에 젖은 몸에 강약을 바꾸어 가며 전류를 갖다 댔다. 그의 포악해 보이는 얼굴은 사실 그가 지닌 '평범성'에 비하면 별로 중요한 것이 아니다. 그는 오랜 도피 생활중 대부분을 가족과 함께 보냈고, 마치 고행하는 은둔 수도자처럼 성서를 읽고 30여 권의 책을 집필하기도 했다. 내가 진정으로 궁금한 것은 그가 어떻게 그 긴 시간 동안 멀쩡한 정신으로 자신이 고문한 사람들의 비명소리를 잊고 지낼 수 있었을까 하는 것이며, 그런 그를 그의 가족은 어떻게 대하고 받아들였을까 하는 점이다. 내가 보기에 그의 가족이 그를 구박하거나 내쫓으려 했다는 흔적은 보이지 않는다. 바로 이것이다. 국가주의를 지탱해 주는 기본 단위는 개인이 아니라 가족(주의)이다. 가족의 안전과 행복을 위해서라는 동인이 없다면 개인은 국가주의에 일상적으로 동원될 의지를 갖지 못하게 될 것이다. 다른 한편 도구적 인간의 정신적 갈등을 해소시켜 주는 곳은 바로 이 '무도덕적 가족주의'이다. 궁금하지 않은가? 우리의 가족은 아버지와 장남의 범죄나 불륜은 곧잘 용서해도, 어머니와 딸이 저지른 사소한 잘못은 쉽게 용서하지 않는다. 국가와 통하는 가족의 창구는 가능한 단일한 것이 바람직하다는 데서 굳어진 관습이다. 국가주의는 모든 가정을 평범하게 만든다. 우리는 자신이 지은 죄를 가정에 돌아가 씻는다. 그것을 반복하면서 평범한 사람의 모습으로 악에 동참하고 있는 것이다.

이것이 국가(주의)라는 현대의 신(神)의 섭리이다. 그런데 이 섭리는 국가와 자신을 완전히 일치시키는 사람에게만 작용하는 것은 아니다. 1980

년 5월 계엄군에 맞서 싸우던 광주 시민군들의 차량에 휘날리던 태극기를 생각해 보라. 그들은 자신을 총과 탱크로 짓밟으려는 국가 권력에 태극기를 휘날리며 애국가와 「진짜 사나이」를 부르면서 저항하려 했다. 1985년 5월 광주 학살을 방조·지원한 미국 정부에 항의하기 위해 서울 미국문화원을 점거했던 '삼민투' 학생들의 가슴에 붙어 있던 커다란 태극기를 상기해 보라. 그들은 미국에 저항할 만큼 의식 수준이 높았지만, 정작 자신의 가슴에 단 태극기가 국가주의 이데올로기의 기호요 상징이 될 수 있다는 생각은 하지 못했다. 우리가 1980년대의 법정에서 '국가' 보안법에 의해 단죄받으면서도 "대한민국 만세! 민주주의 만세!"를 외칠 때 우리는 우리의 조국 대한민국이 한 번도 제대로 된 민주주의를 경험해 보지 못한 전근대적 국가라는 생각은 해보지 못했다. 우리에게 국가는 언제까지나 목숨이라도 바쳐야 할 애정의 대상이었다. 전두환은 국가를 잠시 더럽히고 모욕하고 있을 뿐이다. 우리는 국가를 '좋은 권력'으로 대체시켜야 한다. 이것이 바로 혁명이라고 우리는 생각했었다.

바로 여기서 국가사회주의의 광기에 대항했던 독일의 반나치 저항 운동과 우리의 반독재 운동의 다른 점이 드러난다. 그들은 나치의 광기를 체험하면서 근대의 경험을 통해 얻은 자유와 이성을 오직 하나의 추상적 주체인 '국가 이성' 히틀러에게 헌납하고 스스로 천박한 군중으로 전락해 갔던 자신들을 철저히 반성했고, 자율적 시민으로서 자신들의 존재를 재생시켰다. 반면 '제3제국'의 붕괴를 통해 국가신(神)의 종말을 경험한 독일인들과는 달리, 우리에게 있어 국가주의는 지금까지 전혀 극복되지 못한채 남아 있다. 우리 중 대다수의 사람들은 광주 학살을 광주만의 문제로여기거나, 국가 권력의 의도에 따라 광주를 타자화시킴으로써 살아 남으려 했다. 그리고 야만의 권력에 대항하려 했던 소수의 사람들조차도 그것을 극복하는 길을 상층부 권력의 교체에 국한시키거나, 근본적인 혁명을 상정하는 경우에조차 그것을 국가 권력의 계급적 성격의 변화로 간주함으로써 이후 현실적 모델로 생각했던 현실 사회주의의 몰락과 함께 스스로를 해체시켰다. 다시 한 번 강조하건대 광주의 비극은 광기에 찬 국가 권력에 의해 자행된 시민 학살이었다. 내가 집단적 참회의 필요성을 제기한 것은 1980년 5월에 나타났던 이 야만의 실체를 직시함으로써 그것을 정당화하는 이데올로기로 작용했던 국가주의의 주술로부터 벗어나 국가 권력에 의해 희생된 시민적 자유와 이성을 회복하는 길을 함께 찾아 나서자는 제안을 하고 싶었기 때문이다. 우리는 다시 이렇게 질문을 던져야 한다. 우리에게는 아직 일체의 국가 행위를 비판할 수 있는 자율적 시민의 확산을 통해, 지난 시기 우리 사회 운동의 구성적 무능력을 극복하고 탈권력화된 시민 공동체를 꿈꿀 수 있는 가능성이 남아 있는 것인가?

2-3. 마침내 김대중 정권 시대가 열렸다. 50년 만의 정권 교체. 여기까지 오는 데도 얼마나 많은 인내와 희생이 따랐던가? 두 차례에 걸친 민간 정부의 경험과 개혁의 명분하에 이루어진 부분적 개선으로 우리는 이제 그나마 1980년의 저 끔찍한 야만의 광기를 되풀이해서 경험하게 되지는 않을 것이라는 희망을 갖게 되었다. 그러나 우리는 희망이 시작되는 순간부터 그것이 배신당할지 모른다는 불길한 예감을 갖게 되었다. 전두환의 기대대로 대통령이 된 김대중은 감옥을 열고 그곳에 들어가기 전의 모습 그대로 그를 석방해 주었다. '국민의 정부'는 그에 대해 국민에게 아무런 동의도 구하지 않았다. 과연 누가 승리한 것일까? 이성인가, 아니면 야만

인가? 우리의 이성은 이 때부터 커다란 혼란에 부딪혔다. 전두환은 잘못을 뉘우친 일이 없는데 우리는 그를 용서한 것이 되어야 했다. 광주의 진실은 여전히 은폐되어 있고, 그 비극의 현장에서 상처받은 이들은 여전히 치유되지 못했는데 5·18은 축제가 되어야 했다. 야만은? 면죄부를 받은 야만은 이제 당당하게 자유 경쟁의 정치 질서 속으로 진입하였다. 무엇이 그렇게 급했던 것일까? 국민 대화합과 지역주의의 극복? 아니면 '공동 정권'의 유지와 정권 재창출을 위한 사전 포석? 화해의 사도 김대중은 자신을 죽이려 했던 박정희를 용서하고, 죽은 독재자의 기념관을 세우는 일을 국민의 세금으로 지원하겠다고 약속했다. 그러고 나서 이렇게 묻는다. "피해자가 가해자를 용서하니 이 어찌 아름답지 않은가?" 박정희 개발 독재 시대의 그 숱한 역사의 희생자들의 고통과 피눈물과 분노를 모두 자신이 대신할 수 있다고 믿는 이 가당찮은 오만! '파시스트=진리를 독점하려는 자.' '전체주의=국민의 정치적 행위 능력 몰수를 통한 국민 소외의 정치 질서.' 그렇다면 김대중의 박정희화? 새로운 전체주의를 예고하는 불길한 징후? 그 많은 억울한 죽음과 영혼의 상처를 그대로 둔 채 20년의 긴 시간 동안 우리는 결국 퇴행의 길을 걸어 1980년 5월 그 이전으로 되돌아왔는가?

> 길을 안다고 나는 감히 말하지 못한다
> 그러나 나는 보았다 뒤돌아서서
> 길의 끝이 아니라 시작된 곳을 찾았을 때
> 길이 아니라 길을 내려 길을 보았을 때
> 길은 저 거친 대지의 것이었다
> ─백무산의 시 「길은 광야의 것이다」 중에서

시간의 상처—치유의 길을 찾아서

3. 1980년대와 1990년대의 거의 20년을 나는 한 사건에 붙들려 있었다. 나의 기억 속에는 지금도 20년 전 부산 송도의 바닷가 한쪽 구석에 쭈그리고 앉아 울던 초라한 신학생 하나가 있다. 높은 역사 의식이 있었던 것도 아니고, 그 시대의 여느 대학생들에 비해 비판적 사회 의식이 확고한 것도 아니었던, 그저 평범한 신학생에 불과한 내가 그때 왜 그렇게 몸살을 앓고 있었던 것일까? 비록 한 번도 가 본 적 없는 곳이지만 내가 살고 있는 나라의 한 도시에서 수많은 사람들이 억울하게 죽어 갔다는 사실 앞에서, 1980년의 다른 영혼들이 그러했듯이 나 또한 깊은 상처를 받았기 때문에 그랬을 것이다. 나는 그때 한 사람을 떠올리고 있었다. 나치즘의 광기가 마지막 기승을 부리던 20세기 중반의 독일에서 히틀러 암살 계획에 가담하였다가 처형당한 청년 신학자 디트리히 본회퍼. 참혹한 학살의 시대에 그리스도인이 된다는 것은 무엇인가라고 끝없이 자문하던 그가 던진 질문 하나. "미친 사람이 차를 마구 몰고 갈 때 내가 목사라는 이유로 희생된 사람의 장례나 치러 주고 그 가족들을 위로해 주는 것으로 만족할 것인가? 그보다는 그 미친 운전수에게서 차의 핸들을 빼앗아 버려야 하지 않겠는가?" 나는 내가 살고 있는 시대 역시 그러한 질문을 던질 수밖에 없는 극단의 시대라고 생각했다. "예외적인 시대에는 예외적인 행동을 해야 한다!" 그래서 나와 내 친구들은 부산 미국문화원에 불을 질렀다. 광주의 비극을 상기시키고 미국과 전두환의 더러운 결탁을 고발할 수 있다면, 과장 없이 말하더라도 나는 "나의 목숨도 바칠 수 있다"고 생각했다.

그러나 그 사건으로 대학생 한 명이 죽고 여러 사람이 다쳤다. 나는 너무나 당황하고 혼란스러웠다. 사람을 살해한 죄악을 고발하려다 사람을 죽게 한 이 모순되고 어처구니없는 결과를 어떻게 할 것인가? 망자 앞에서 나는 한없이 부끄럽고 죄송했다. 이것 하나만으로도 나는 1980년대의 다른 양심수들과 달랐다. 나는 법정에서 무죄를 주장하지 않았고, 10년 가까운 감옥살이를 하면서 단 한 번도 이를 억울하다고 생각한 적이 없다. 만일 내가 진심으로 영혼의 뉘우침이 없다면, 1980년 5월 광주에서 무고한 양민을 학살하고도 태연할 수 있는 내란 군부와 다를 바가 어디 있겠는가?

"우리가 최선의 도덕적 확신에 따라 행동한다 하더라도 우리의 행동에 의해 좋은 결과가 증명되지 않는다면, 우리의 확신이 최선의 것이었음을 어떻게 보여 줄 수 있는가?" 이것은 언젠가 읽은 김우창 선생의 글이다. 그의 다른 글에는 이런 지적도 있다. "도덕적 명분과 사회적 경쟁은, 긍정적이기도 하고 부정적이기도 한 정치적 치열성을 만들어 낸다. 그러나 이 치열함의 양의성보다 더 중요한 것은 도덕과 명분의 일치가 도덕에서 그 깊이와 참 의미를 앗아간다는 것이다. 도덕이 명분이 될 때, 그것은 스스로 생각하고 판단하고 동의하는 내면의 과정이 아니게 되는 것이다."

"도덕이 명분이 될 때"…… 이 말은 죽음을 강요하는 질서에 죽음으로 저항하려 내달려 갔던 나의 젊은 날을 되돌아보게 해 주는 말이었다. 나는 내 운명을 바꾸어 놓았고, 또 그로 인해 내 영혼의 상처와 부채가 된 한 사건을 통해 나를 반성할 수 있게 된 것을 감사하게 생각한다. 나는 "목숨을 걸고 싸운다"는 말을 너무 쉽게 사용했다. '극단의 도덕'! 그것은 원래 우리의 것이 아니라 박정희와 같은 파시스트들의 것이었다. '목숨을 건 투쟁'? 그건 우리보다 먼저 히틀러와 박정희가 시도했던 것이다. 삶을 위한 투쟁을 투쟁을 위한 삶으로 변질시키는 것, 그것이야말로 파시즘의 근본

해악이다. "어떻게 해서든지 민족의 이 위기를 구출해 내야겠다는 결심이 나로 하여금 밤잠을 못 이루게 하였다"고 말한 박정희는, 한강 다리를 넘어와 민주주의를 파괴하고 군사 파시즘을 심어 놓았다. "강렬한 열정의 폭풍만이 국가의 운명을 돌릴 수 있지만, 그 열정은 그것을 가진 사람만이 불러일으킬 수 있다"고 히틀러는 말했다.

그들의 과도한 열정이 만들어 놓은 세계는 어떠한 것이었는가? 냉혹하고 고독한 정상을 향하여 일직선으로 치달리는 세계. 정상을 향한 목적에 도움이 되지 않는, 부수적이지만 다양하고 본질적인 것을 경멸하는 세계. 그리고 무섭도록 효율만을 추구하는 이 세계를 한국에 이루어 놓으려 했던 결과는 참혹한 광주의 비극으로, 삼풍백화점의 붕괴로, 인천 호프집 화재로 나타났다. 다시 한 번 지나간 20년과 광주를 되돌아보자. 우리는 거기서 무엇을 보았는가? 1980년 5월 우리는 민주주의를 외치는 광주 시민들을 향해 금남로를 가로질러 달려가는 캐터필러의 무서운 질주를 보았다. 그뿐이었는가? 우리는 거기에서 또 보았다. 속도가 정지된 길가에서 권력의 노예가 아니라 자신이 인간임을 확인하던 사람들의 빛나는 환희를. 그 위에서 잠시 푸르렀던 하늘과 그것이 암시해 주었던 새로운 세계를……

이제 극단의 열정을 가진 어떤 자가 아무리 주술을 읊어도 박정희의 유신 체제와 같은, 전두환 군사 파시즘과 같은, 1980년 5월 광주의 비극을 강요하기도 했던 그런 악마적 세계는 되돌아오지 않을 것이다. 그러나 파시즘은 극단적 형태의 정치 체제로만 자신의 생명을 유지하는 것이 아니다. 그것의 본질은 어떤 특정 정치 체제에 있다기보다는 인간이 다른 생명과 자연을 포함한 이 세계를 자신의 기술적 통제하에 두고자 하는 근대적 인간 중심주의와, 경제적 가치를 인간적 가치의 우위에 두는 근대 자본주의 체제의 욕망 구조에 그 뿌리를 두고 있다. 조금만 사려 깊게 둘러본다면, 이러한 파시즘의 유산은 우리 안에 넓게 그리고 깊숙이 남아 있다. 권력자만이 아니라 그에 저항하는 자들까지도 매료시키고 사로잡는 권력의 위력. 모든 것을 가격으로 환산해야 직성이 풀리는 물신주의. 살아 남기 위한 나날의 각박한 생존 경쟁. 승리자가 되지 않고는 삶을 영위하지 못한다고 생각하는 초조함과, 승리하면 모든 것을 짓밟을 수 있다고 생각하는 지긋지긋한 권위주의. 이 모든 것 속에 파시즘은 오늘도 살아 있다. 우리는 오늘 이 순간에도 여전히 두 개의 세계관이 서로 투쟁하고 대립되어 있다는 사실을 안다. "알다시피 사람은 저마다의 가격이 있다. 그런데 대부분의 경우에 그 가격이 매우 낮다는 걸 알면 놀랄 것이다."(히틀러) "모든 사람과 사물이 저 나름의 귀중한 의미와 목적을 가지고 있다고 믿는 사람은 파시스트가 될 수 없다."(어느 생태주의자) 그 혹독한 광기의 시대에도 살아 남은 우리들은 과연 어느 편에 설 것인가?